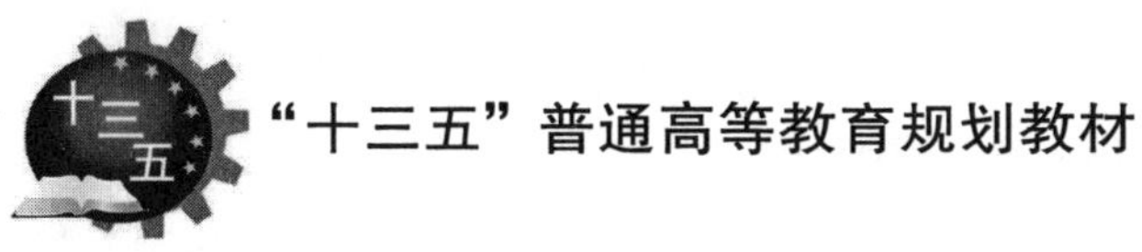

“十三五”普通高等教育规划教材

成本会计学

CHENG BEN KUAI JI XUE

唐自新　主编

中国质检出版社
中国标准出版社

北　京

图书在版编目(CIP)数据

成本会计学/唐自新主编. —北京:中国质检出版社，2018.9
ISBN 978-7-5026-4624-0

Ⅰ.①成…　Ⅱ.①唐…　Ⅲ.①成本会计　Ⅳ.①F234.2

中国版本图书馆 CIP 数据核字(2018)第160228号

内 容 提 要

本书根据现行的《企业会计准则》，在借鉴国内同类教材的基础上，结合作者多年的一线教学经验编写而成。主要内容包括成本会计概论、费用的分类、成本核算程序、各项费用的分配方法、产品成本计算基本方法、产品成本计算辅助方法、成本报表与成本分析。本书以成本相关理论为出发点，演绎了费用的发生归集到分配的全过程。学生通过本书的学习后，能够形成一个完整、全面的“成本观”，为今后相关专业的学习、工作打下坚实的基础。

本书既可作为会计、审计、税务专业的学生用书，也可作为会计实务的工作者、经济管理各专业人员学习成本会计的参考用书。

中国质检出版社
中国标准出版社　出版发行
北京市朝阳区和平里西街甲2号(100029)
北京市西城区三里河北街16号(100045)
网址:www.spc.net.cn
总编室:(010)68533533　发行中心:(010)51780238
读者服务部:(010)68523946
中国标准出版社秦皇岛印刷厂印刷
各地新华书店经销
*
开本787×1092　1/16　印张15.25　字数389千字
2018年9月第一版　2018年9月第一次印刷
*
定价:38.00元

前言

本书是作者根据多年一线的教学经验，在总结了多年科研、教研成果以及吸收了其他优秀教材精华的基础上编写而成的。成本会计课程是继会计学（基础会计）、财务会计（中级会计）课程之后，会计类专业的一门重要的专业必修课程，也是理论与实际密切联系、会计核算与数理计算分析并重的实用课程。

本书以成本会计的基本理论为先导，以成本会计实践技能为基础，结合相关的法律法规，既比较全面、系统地阐述了成本会计的理论内涵，又突出了成本会计的实务核算操作。

本书注重成本会计的相关基础理论简练阐述，注重成本会计案例实务核算操作，内容安排上注重循序渐进的学习认知规律，注重学生对成本控制、成本分析能力的培养。

本书以制造业企业的成本、费用的归集和分配为主线，详细介绍了成本核算的基本方法、成本控制以及成本分析的基本方法。

本书在编写过程中，拜读和借鉴了许多专家和学者的著作，同时也得到了张颖丽老师的大量帮助，在此谨向他们表示深深的感谢和敬意！同时也感谢李保忠、张艺颖编辑的鼎力帮助！

受时间和水平所限，书中难免会有错误和纰漏，敬请专家和读者不吝指正。

编者

2018 年 5 月

目录

第一章　成本会计概论

【学习目标】

1. 理解成本的含义、成本的经济实质，以及实际工作中的成本开支范围与理论成本之间的区别。

2. 了解成本的作用。

3. 理解成本会计的含义及其在会计系统中的地位。

4. 明确成本会计的基本职能、扩展职能。

5. 明确成本会计的任务；理解成本会计的对象。

6. 了解成本会计机构的设置，明确成本会计人员的职责和权限，掌握成本会计工作应遵循的主要原则，了解成本会计制度所包括的内容。

第一节　成本会计的含义

一、成本的含义

成本是商品经济的价值范畴，是商品价值的主要组成部分。人们要进行生产经营活动或达到一定目的，就必须耗费一定的资源（人力、物力、财力），其所耗资源的货币表现及其对象化称为成本。成本是会计学理论中的一个非常重要的经济指标。成本就其内涵来讲可以分为广义成本和狭义成本。

（一）广义成本

广义成本是指特定会计主体为实现一定目的所发生的、可以用货币计量的价值牺牲，泛指所有耗费，一般是通过为之消耗的资源来计量的。

（二）狭义成本

狭义成本专指对象化的耗费，也就是分配到成本计算对象上的耗费。成本对象是分配成本的客体。例如，我们计算产品成本的时候，需要将资源耗费分配给不同的产品，这时产品就是成本对象。产品是我们最熟悉也是最常见的成本对象，但是成本对象绝不仅仅局限于产品。成本对象可以是所关心的、希望知道其成本数据的任何事物，如顾客、部门、项目、作业等。通俗地讲，你想知道谁的成本，谁就可以称为成本对象。

二、成本的经济实质

（一）认识成本的必要性

成本作为一个价值范畴，在社会主义市场经济中是客观存在的。加强成本管理，努力降低成本，无论对提高企业经济效益，还是对提高整个国民经济的宏观经济效益，都是极为重要的。要做好成本管理工作就必须首先从理论上充分认识成本的经济实质。

（二）商品价值的组成

成本是商品经济的产物，是商品价值的组成部分。商品价值取决于生产该种商品的社会必要劳动量，它由三个部分组成：一是生产经营过程中耗费的物化劳动价值，即生产中已耗费的生产资料转移的价值（C）；二是劳动者为自己劳动所创造的价值（V）；三是劳动者为社会劳动所创造的价值（m）。在商品价值的三个构成部分中，已耗费的生产资料转移的价值（C）和劳动者为自己劳动所创造的价值（V）是成本的构成部分，即成本是商品价值中的 $C+V$ 部分。产品成本就其实质来说，是产品价值中的物化劳动的转移价值和劳动者为自己劳动所创造价值的货币表现。

综上所述，成本的经济实质是：在生产经营过程中所耗费的生产资料转移的价值和劳动者为自己劳动所创造价值的货币表现，也就是企业在生产经营中所耗费的资金总和。

三、成本的内容

以上所述成本的经济实质属于商品的理论成本。在生产实践中，生产经营过程中发生的耗费是多种多样的，根据成本核算的要求，这些耗费有的应计入产品的生产成本，有的则作为期间费用直接计入当期损益。具体如何计入，要根据法规制度来加以界定。成本的确定是由国家通过法规制度即成本开支范围加以界定的，成本的开支范围规定的成本属于实际成本范畴，实际工作中的成本开支范围与理论成本包括的内容是有一定差别的。比如，为了促使企业加强经济核算，减少生产损失，对于一些不形成产品价值的损失性支出，如工业企业的废品损失、停工损失等也计入了成本。这些损失性的支出，从实质上看，并不形成产品价值，而是纯粹的损耗，其性质并不属于成本的范围，但是考虑到经济核算的要求，将其计入了成本。

在实际工作中，为了确保会计信息口径一致、相互可比，防止乱挤乱摊成本，国家相关会计制度对产品成本开支范围进行了规定。开支范围主要包括以下各项内容。

1. 应列入产品成本的内容

（1）为制造产品而消耗的原材料、辅助材料、外购半成品、燃料的原价和运输、装卸、整理等费用；

（2）为制造产品而耗用的动力费；

（3）企业生产单位支付给职工的工资、奖金、津贴、补贴和提取的福利费；

（4）生产用固定资产的折旧费用；

（5）企业生产单位因生产原因发生的废品损失，以及季节性、修理期间的停工损失；

（6）企业生产单位为管理和组织生产而支付的办公费、取暖费、水电费、差旅费、运输费、保险费、设计制图费、试验检验费和劳动保护费等。

2. 不得列入产品成本的内容

为了严肃财经纪律、加强成本管理，会计制度规定下列各项开支不得列入产品成本。

(1)购置和建造固定资产、无形资产和其他长期资产的支出。这些支出属于资本性支出，在财务上不能一次列入成本，只能按期逐月摊入；

(2)对外投资的支出及分配给投资者的利润支出；

(3)被没收的财物，支付的滞纳金、罚款、违约金、赔偿金，以及企业赞助、捐赠等支出；

(4)在公积金中开支的支出。

四、成本、费用和支出三者之间的关系

成本是指为生产某种产品或进行某项劳务而发生的费用，是对象化了的费用。费用是指企业在销售商品、提供劳务等日常活动中所发生的经济利益的流出。支出是指企业资金的付出。一般来说，企业的一切货币支付统称为支出。在会计学意义上，支出比费用范围要广，费用的内涵也比成本宽。成本是企业的支出，也是企业的费用，但支出与费用并不等于成本。成本、费用、支出三者之间的关系如图1－1所示。

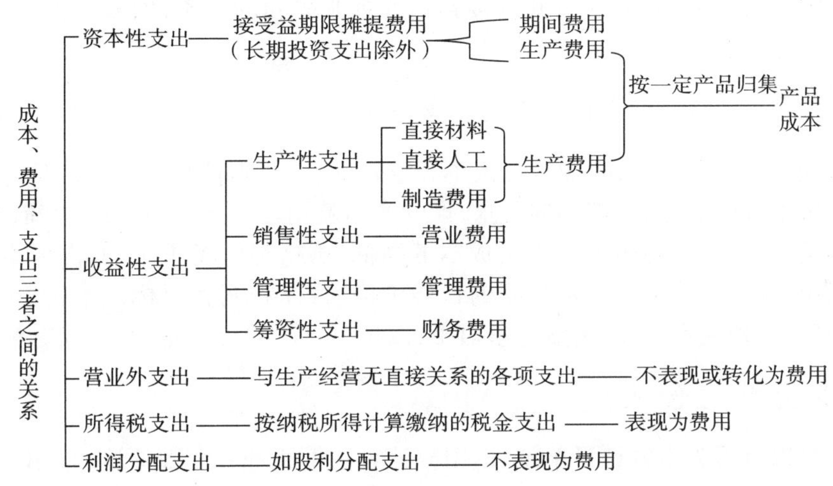

图1－1　成本、费用、支出三者之间的关系

五、成本的作用

(一)成本是补偿生产耗费的价值尺度

为了保证企业再生产的正常进行，企业生产中的耗费必须从商品销售收入中得到补偿，即对资金耗费进行补偿。企业是自负盈亏的商品生产者和经营者，其生产耗费是用自身的生产成果即销售收入来补偿的。而成本就是衡量这一补偿份额大小的价值尺度。企业在取得销售收入后，必须把相当于成本的数额划分出来，用以补偿生产经营中的资金耗费。这样才能维持资金周转按原有规模进行。如果不能按照成本来补偿生产耗费，企业资金就会短缺，再生产就不能按原有的规模进行。成本作为补偿生产耗费尺度的作用，对经济发展有着重要的影响。

(二)成本是综合反映企业工作质量的重要指标

成本是一项综合性的经济指标，企业经营管理中各方面工作的业绩，都可以直接或间接地

在成本上反映出来。例如,产品设计的好坏、生产工艺的合理程度、各种资产的利用、使用情况、劳动生产效率的高低、产品质量的高低,以及供、产、销各环节的工作是否协调等,都可以通过成本直接或间接地反映出来。

(三)成本是制定产品价格的重要依据

产品的价格是产品价值的货币表现,而产品的价值由市场价值来体现,由于市场价值体系不完善,所以才将成本作为制定价格的依据。在现阶段,人们还不能直接计算产品的价值,而只能计算成本,通过成本间接地、相应地掌握产品的价值。因此,成本就成了制定产品价格的重要因素。

(四)成本是企业进行经营决策的重要依据

在社会主义市场经济条件下,对企业的客观要求就是努力提高其在市场上的竞争力和经济效益。要做到这一点,首先必须进行正确的生产经营决策。企业的很多决策都需要用到不同的成本数据,企业进行生产经营决策,需要考虑的因素很多,成本是主要因素之一。因为,在价格等因素一定的前提下,成本的高低直接影响着企业盈利的多少;而较低的成本,可以使企业在市场竞争中处于有利地位。

(五)成本是企业获取竞争优势的重要手段

在现代市场经济的背景下,企业管理离不开成本信息,成本信息是企业获取竞争优势的手段。对于企业来说,谁能够满足市场的需求,谁的产品就销售的快,从市场上赚取的利润就多。在价格一定的情况下,利润的多少取决于成本的高低,价格是市场决定的,而成本是企业决定的。企业应从市场出发,科学地确定产品的目标价格、目标利润和目标成本,力争将企业成本降低到最低限度,实现成本领先,击败竞争对手,以扩大自己的市场份额,赚取更多的利润。

六、成本会计的含义

成本会计是以货币为主要计量单位,运用会计的基本原理和一般原则,采用一定的技术方法,对企业生产经营过程中发生的各项耗费进行连续、系统、全面、综合地核算和监督的一种管理活动。由于成本有广义和狭义之分,成本会计也可分为广义成本会计和狭义成本会计。

(一)广义成本会计

广义成本会计是成本会计与管理的直接结合,它按照成本最优化的要求,采用现代数学和数理统计的原理和方法建立起数量化的管理技术,对企业生产经营过程中发生的资源耗费进行预测、控制、核算、考核等一系列价值管理,皆在提高经济效益的一种管理活动。

广义成本会计包括成本核算、成本预测、成本决策、成本预算、成本控制、成本分析和成本考核等内容。广义成本会计从经营着眼,从技术着手,着眼于规划未来,控制现在,核算与考核过去。它贯穿了成本管理的全过程,促使企业合理利用内部有限资源,降低成本,以便企业生产经营实现最优化运转,提高企业的市场竞争能力。

(二)狭义成本会计

狭义成本会计是对生产经营过程中发生的费用进行归集、分配,计算出有关成本计算对象的总成本和单位成本，并加以分析和考核。狭义成本会计侧重于产品成本的核算。

七、成本会计在会计系统中的地位

会计系统是任何组织取得财务和管理信息不可缺少的工具。会计信息的使用者，从企业组织的角度可分为内部使用者和外部使用者。企业管理部门是会计信息的内部使用者，利用相关的会计信息计划、控制企业的日常经营活动和决定企业重大会计事项，为企业未来制定重要的发展规划和方针服务。投资者、债权人、社会公众等是会计信息的外部使用者，关注企业的财务状况和经营成果，为其本身的投资、贷款、交易等作出决策。国家政府作为社会管理者，利用相关的会计信息，满足国家宏观经济管理的需要。为了满足以上两类会计信息使用者的要求，企业会计又可分为财务会计和管理会计两大门类。

(1)财务会计是指通过企业已经完成的资金运动全面系统地核算与监督，以为外部与企业有经济利益关系的投资人、债权人和政府有关部门提供企业的财务状况与盈利能力等经济信息为主要目标而进行的经济管理活动。主要是通过会计报表为企业外部的信息使用者提供会计信息。财务会计以历史的角度看问题，关注过去发生的事情，强调客观性、可检验性和一致性，需要受制于“公认会计准则”。

(2)管理会计是指以企业现在和未来的资金运动为对象，以提高经济效益为目的，为企业内部管理者提供经营管理决策的科学依据为目标而进行的经济管理活动。管理会计主要提供各种具有前瞻性的预报信息，它的理论基础是经济学、数学、预测和决策学以及行为科学等，可以采用灵活多样的方法和手段，无须受“公认会计准则”的约束。

(3)成本会计与财务会计和管理会计有着密切的、内在的联系。成本会计主要处理企业获取和消耗资源的成本及其相关信息。成本会计具有两重性，既是财务会计的一个重要组成部分，也是管理会计的一个重要组成部分，财务会计中关于资产的计价及其价值耗费的核算是成本核算的基础；反过来，财务会计也要依据成本会计所提供的有关成本费用信息进行存货等资产的计价和利润的计算确定。管理会计是在成本会计的基础上产生和发展起来的，它的诸多方面都与成本有关，成本会计所提供的信息是管理会计所需资料的重要来源。成本会计与财务会计和管理会计的关系如图 1－2 所示。

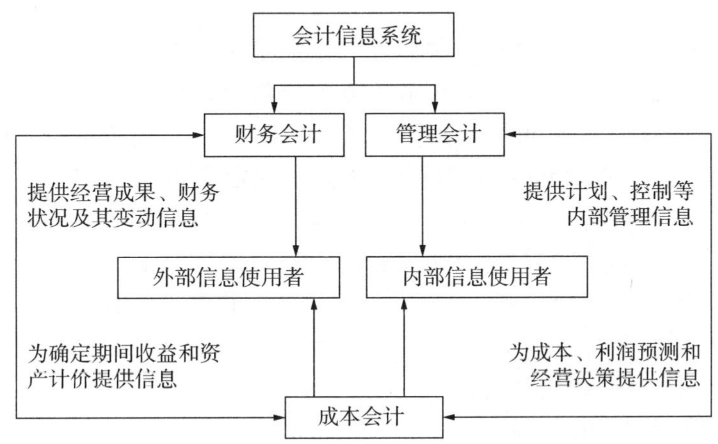

图 1－2　成本会计与财务会计和管理会计的关系

第二节　成本会计的职能任务和对象

一、成本会计的职能

成本会计的职能是指成本会计在经济管理中的功能。成本会计是会计的一个分支,具有反映和监督两大基本职能。

(一)成本会计的基本职能

1. 反映的职能

(1)反映职能的含义

成本会计的反映职能是指从价值补偿的角度出发,反映生产经营过程中各种费用的支出以及生产经营业务成本和期间费用等的形成情况,为经营管理提供各种成本信息的功能。反映职能是成本会计的首要职能。

(2)反映的职能的内容

就成本会计反映职能的最基本方面来说,是以已经发生的各种费用为依据,为经营管理提供真实的、可验证的成本信息,从而使成本分析、成本考核等工作建立在有客观依据的基础上。随着社会生产的不断发展,企业经营规模的不断扩大,经济活动情况的日趋复杂化,成本管理需要加强计划性和预见性。正是由于这样的需要,促使成本会计的反映职能从事后反映发展到了分析预测未来,这样才能满足经营管理的需要,才能更好地发挥其在经营管理中的作用。

2. 监督的职能

(1)监督职能的含义

成本会计的监督职能是指按照一定的目的和要求,通过控制、调节、指导和考核等,监督各项生产经营耗费的合理性、合法性和有效性,以达到预期的成本管理目标的功能。在社会主义市场经济中,任何企业为了达到自己预期的经营目标,不仅要制定计划、分配资源和组织计划的实施,而且必须进行有效的监督,以使各项经济活动符合有关规定的要求。

(2)监督职能包括的内容

成本会计的监督,包括事前监督、事中监督和事后监督。首先,成本会计应从经济管理对降低成本、提高经济效益的要求出发,对企业未来的经济活动的计划或方案进行审查,并提出合理化建议,从而发挥对经济活动的指导作用;在反映各种生产经营耗费的同时,进行事前监督,即以国家的有关政策、制度和企业的计划、预算及规定等为依据,对有关经济活动的合理性、合法性和有效性进行审查,限制或制止违反政策、制度和计划、预算等的经济活动,支持和促进增产节约、增收节支的经济活动,以实现提高经济效益的目的。其次,成本会计要通过成本信息的反馈,进行事中、事后的监督,也就是通过对所提供的成本信息资料的检查分析,控制和考核有关的经济活动,及时从中总结经验,发现问题,提出建议,促使有关方面采取措施,调整经济活动,使其按照规定的要求和预期的目标进行。

3. 反映职能与监督职能的关系

成本会计的反映职能与监督职能是辩证统一、相辅相成的。没有正确、及时地反映,监督就失去了存在的基础,就无法在成本管理中发挥制约、控制、指导和考核等作用;而只有进行有效的监督，才能使成本会计为管理提供真实可靠的信息资料，使反映的职能得以充分发挥。

（二）成本会计职能的扩展

随着企业生产经营环境的变化，其管理要求也在不断的提高，随着管理科学与成本会计的结合，促进了成本会计职能在成本核算和监督基础上的发展和延伸。现代成本会计的主要职能包括成本预测、成本决策、成本计划、成本控制、成本核算、成本分析和成本考核七个方面。

1. 成本预测

成本预测就是依据与成本有关的数据及信息，并结合未来的发展变化情况，运用定量、定性分析方法，对未来成本水平及变化趋势做出的科学估计。成本预测的主要内容有：

（1）预测计划期内总成本水平和成本变化的趋势；

（2）通过成本预测来揭示成本计划的执行和完成情况；

（3）预测单位产品成本水平的变化趋势；

（4）预测企业各项技术经济工作的经济效果。

2. 成本决策

成本决策是指在成本预测的基础上，运用专门的方法，在若干个与经营活动成本有关的方案中，选择最优方案，据以制定目标成本的过程。进行成本决策，确定目标成本是编制成本计划的前提，也是成本的事前控制、提高经济效益的重要途径。成本决策的主要内容有：

（1）合理生产批量的成本决策；

（2）零部件自制或外购的成本决策；

（3）接受追加订货的成本决策；

（4）亏损产品是否停产的成本决策；

（5）产品转产的成本决策；

（6）自制半成品出售或进一步加工的成本决策；

（7）产品薄利多销的成本决策等。

3. 成本计划

成本计划是根据成本决策所制定的目标成本，具体规定在计划期内为完成经营任务所需支出的成本费用，确定各个成本对象的成本水平，并提出为达到目标成本水平所应采用的各种措施的过程。成本计划是降低成本费用的具体目标，也是进行成本控制、成本分析和成本考核的依据。成本计划一般包括两部分内容：

（1）按照生产要素确定生产耗费，编制生产费用预算；

（2）按照生产费用的经济用途，即按照产品成本项目编制产品单位成本计划和全部产品成本计划。

4. 成本控制

成本控制是指在经营活动过程中，根据成本计划具体制定原材料、燃料、动力和工时等消耗定额和各项费用定额，对各项实际发生的成本费用进行审核与控制，并及时反馈实际费用与定额之间的差异及其原因，进而采取措施的活动。成本控制一般是按成本费用发生的时间顺序划分为事前控制、事中控制和事后控制三个阶段。成本控制有利于企业产品成本按照人们事先预算确定的成本水平发生，防止并克服生产过程中的损失和浪费现象，使人力、物力和财力得到合理利用，达到节约各项消耗，降低产品成本，提高经济效益的目的。

5. 成本核算

成本核算是指将生产经营过程中发生的各种生产费用进行归集和分配，采用一定的方法计算各种产品的总成本和单位成本。成本核算可以考核成本计划的完成情况、评价成本计划的控制情况，同时也为制定价格提供依据。

6. 成本分析

成本分析是指利用成本核算和其他有关资料，与计划、上年同期实际、本企业历史先进水平以及国内外先进企业等的成本进行比较，确定成本差异，并分析差异形成的原因，查明成本超支、节约的责任，以便制定有效措施，进一步改善经营管理，挖掘降低成本的潜力。成本分析可以为成本考核、成本预测、成本决策以及成本计划的制定提供依据。

7. 成本考核

成本考核是指在成本分析的基础上，定期对成本计划或成本控制任务的完成情况进行检查和评价，并结合责任单位的业绩给予必要的奖惩，以充分调动广大职工执行成本计划的积极性。

成本会计的各项职能是相互联系、相互补充的一个有机整体。在这一体系中，成本核算是最基本、最重要的职能，成本预测、决策、计划必须以成本核算资料为重要依据；成本控制也需要依据成本核算提供的各种信息实施控制；成本考核和成本分析更需要成本核算提供成本计划实际完成情况的数据资料。没有成本核算就没有成本会计，没有成本核算职能就不存在成本会计的其他职能。成本会计各项职能相互关系如图 1 –3 所示。

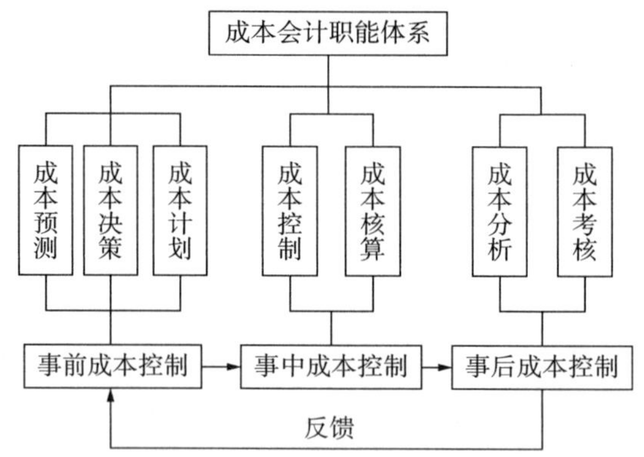

图 1 –3　成本会计各项职能相互关系

二、成本会计的任务

（一）进行成本预测，编制成本计划

企业为了适应市场经济规律的要求，正确地组织生产经营活动，必须在经营管理中加强预见性和计划性。为了使企业成本管理工作有计划地进行和对费用开支有效地进行控制，成本会计工作应在企业各有关方面的配合下，根据历史成本资料、市场调查情况以及其他有关方面的资料，采用科学的方法来预测成本水平及其发展趋势，拟定各种降低成本的方案，进而进行成本决策，选出最优方案，确定目标成本，然后再根据目标成本编制成本计划，制定成本费用的控制标准以及降低成本应采取的主要措施，以作为对成本实行计划管理、建立成本管理的责任

制和控制费用支出的基础。

(二)严格控制各项费用支出,不断降低成本

企业作为自主经营、自负盈亏的商品生产者和经营者,应贯彻增产节约的原则、加强经济核算、提高经济效益。这是市场经济对企业的客观要求,而成本在这方面负担着极为重要的任务。为此,成本会计必须以国家有关成本费用开支范围和开支标准,以及企业的有关计划、规定、定额等为依据,严格控制各项费用的开支范围,积极探求节约开支、降低成本的途径和方法,促进企业经济效益的不断提高。

(三)正确核算成本,及时提供成本信息

成本核算提供的信息,是企业进行存货计价、正确地确定利润和制定产品价格的依据,也是进行成本管理的基本依据。所以,成本会计应按照国家有关法规、制度的要求和企业经营管理的需要,及时、正确地进行成本核算,提供真实、有用的成本信息。这也是成本会计的基本任务。

(四)开展成本分析,进行成本考核

成本是综合性很强的指标,在成本管理工作中,还必须认真、全面地开展成本分析工作,以揭示影响成本升降的各种因素及其影响程度,从而促进成本管理工作的改善,提高企业的经济效益。因此,成本会计必须按照成本计划等的要求,进行成本考核,肯定成绩,找出差距,鼓励先进,鞭策落后。

三、成本会计的对象

(一)成本会计对象的含义

成本会计的对象是指成本会计反映和监督的内容。明确成本会计对象,对于确定成本会计的任务,研究和运用成本会计的方法,更好地发挥成本会计在经济管理中的作用,有着重要的意义。

(二)以工业企业为例来说明成本会计的对象

工业企业的基本生产过程分为供应、生产和销售三个阶段。生产经营过程中发生的费用包括在生产产品过程中发生的生产费用、在产品销售过程中发生的销售费用、为组织和管理生产经营活动发生的管理费用、为筹集生产经营所需资金而发生的财务费用。

1. 生产产品过程中发生的费用

在产品的生产过程中,即从原材料投入生产到产成品制成的制造过程中,一方面制造出产品,另一方面要发生各种各样的生产耗费,具体来说包括以下各种耗费。

(1)劳动资料的消耗,生产条件的劳动资料,包括厂房、建筑物、机器、设备等的消耗。

(2)劳动对象的消耗,包括原材料等的耗费。

(3)人工的消耗,即劳动者借助于工具对劳动对象进行加工,以工资的形式支付给劳动者的报酬。

以上产品制造过程中各种生产费用的支出和产品生产成本的形成，都是成本会计反映和监督的主要内容。

2. 产品销售过程中发生的费用

在产品的销售过程中，企业为销售产品也会发生各种各样的费用支出。例如，应有企业负担的运输费、装卸费、包装费、保险费、差旅费、广告费，以及为销售产品而专设销售机构的职工薪酬等，构成企业的销售费用。销售费用的发生，也是成本会计反映和监督的内容。

3. 行政管理部门发生的各种费用

企业的行政管理部门为组织和管理生产经营活动，也会发生各种各样的费用，称为管理费用。例如，企业行政管理部门人员的薪酬、固定资产折旧、工会经费、业务招待费等。管理费用的发生，也是成本会计反映和监督的内容。

4. 筹资过程中发生的费用

企业为筹集生产经营所需资金也会发生一些费用，称为财务费用。例如，利息净支出、汇兑损益、金融机构的手续费等。财务费用的发生，也是成本会计反映和监督的内容。

按照会计制度的规定，上述销售费用、管理费用和财务费用，与产品生产没有直接联系，而是按发生的期间归集的，应直接计入当期损益，它们构成了企业的期间费用。

综上所述，可以把工业企业成本会计对象概括为：工业企业生产经营过程中发生的产品生产成本和期间费用。

（三）其他各行业成本会计的对象

商品流通企业、交通运输企业、农业企业等其他行业企业的生产经营过程都有其特点，但按照现行企业会计准则的有关规定，从总体上看，它们在生产经营过程中所发生的各种费用，同样是部分形成经营业务成本，部分作为期间费用直接计入当期损益。因此，可以将成本会计对象概括为：企业生产经营过程中发生的生产经营业务成本和期间费用。

第三节　成本会计的工作组织

成本会计工作是一项综合性的管理工作，贯穿于企业生产经营活动的全过程。因此，通过合理组织、充分发挥其积极作用，是做好成本会计工作的前提条件。企业成本会计工作的组织，主要包括设置成本会计机构、配备必须的成本会计人员、确定成本会计工作的组织原则、制定成本会计制度。

一、设置成本会计机构

（一）成本会计机构的设置

成本会计机构是指在企业中直接从事成本会计工作的机构，是企业会计机构的组成部分。设置成本会计机构应明确企业内部对成本会计应承担的职责和义务，坚持分工与协作相结合、统一与分散相结合、专业与群众相结合的原则，使成本会计机构的设置与企业规模大小、业务繁简、管理要求相适应。

成本会计工作是会计工作的一部分。在大型企业会计部门中，一般单设成本会计机构。

在小型企业会计部门中，一般不单设成本会计机构，可以指定专人负责成本会计工作。成本会计机构内部，可以按成本会计所负担的各项任务分工，也可以按成本会计的对象分工，在分工的基础上建立岗位责任制，使每一个成本会计人员都明确自己的职责，每一项成本会计工作都有人负责。

（二）成本会计机构的组织分工方式

企业内部各级成本会计机构之间的组织分工有集中工作和分散工作两种基本方式。

1. 集中工作方式

集中工作方式是指企业的成本会计工作，主要由厂部成本会计机构集中进行，车间等其他单位的成本会计机构或人员只负责原始记录及原始凭证的填制，进行初步的审核、整理和汇总，为厂部成本会计机构进一步工作提供基础资料。

（1）集中工作方式的优点

①便于及时地掌握整个企业的成本信息；

②便于集中进行成本数据处理；

③可以减少成本会计机构的层次和成本会计人员的数量。

（2）集中工作方式的缺点

对于直接从事生产经营活动的各单位和职工来说，不便于及时掌握本单位的成本信息，从而不便于及时控制成本和推行责任成本制。

2. 分散工作方式

分散工作方式是指成本会计工作中的计划、控制、核算和分析由车间等其他单位的成本会计机构或人员分别进行。成本考核工作由上一级成本会计机构对下一级成本会计机构逐级进行。厂部成本会计机构除对全厂成本进行综合的计划、控制、分析和考核以及汇总核算外，还应负责对下级成本会计机构或人员进行业务上的指导和监督。成本预测和决策工作一般仍由厂部成本会计机构集中进行。分散工作方式的优缺点与集中工作方式正好相反。

一般而言，大中型企业规模较大，组织机构复杂，会计人员数量较多，为了调动各级、各部门控制成本费用、提高经济效益的积极性，一般采用分散工作方式。小型企业规模小，会计人员数量也较少，为了降低成本管理的费用和提高会计工作的效率，一般采用集中工作方式。

二、配备必需的成本会计人员

在成本会计机构中，配备思想品德优秀、精通业务的成本会计人员是做好成本会计工作的关键。

（一）对成本会计人员的要求

就思想品德而言，要求成本会计人员应具备脚踏实地、实事求是、敢于坚持原则的作风和高度的敬业精神。就业务素质而言，要求成本会计人员不仅要具备较全面的会计知识，而且要掌握一定生产技术和经营管理方面的知识。

（二）成本会计人员的职责

（1）在上级的领导下，忠实地履行自己的职责，认真完成成本会计的各项任务；

(2)参与制定企业的生产经营决策;

(3)结合实际情况,向有关人员宣传、解释国家有关的法律、政策和制度,并督促他们贯彻执行;

(4)深入了解生产经营的实际情况,注意发现成本管理中存在的问题,并提出改进的建议,当好参谋。

(三)成本会计人员的权限

(1)成本会计人员有权要求企业有关人员认真执行成本计划、国家有关的法律、法规和财经纪律;

(2)有权参与制定企业的生产经营计划和各项定额,参与与成本管理有关的生产经营管理会议;

(3)有权督促检查企业各单位对成本计划和有关法规、制度、财经纪律的执行情况。

三、确定成本会计工作的组织原则

任何工作的组织都必须遵循一定的原则,成本会计工作也不例外。企业应根据本单位生产经营的特点、生产规模的大小和成本管理的要求等具体情况来组织成本会计工作。具体来说应遵循以下几项主要原则。

(一)成本会计工作与技术相结合

为了在提高产品质量的同时不断降低成本,提高经济效益,在成本会计的组织上应贯彻与技术相结合的原则。要求工程技术人员要懂得相关的成本知识,树立成本意识;成本会计人员必须改变传统的知识结构,具备与正确进行成本预测、参与经营决策相适应的生产技术方面的知识。

(二)成本会计工作与经济责任制相结合

由于成本会计工作是一项综合性的价值管理工作,涉及面宽、信息灵,因此,为充分发挥成本会计的优势,成本会计工作应当于成本管理上的经济责任制有机地结合起来,这样可以使成本管理工作收到更好的效果。

(三)成本会计工作与职工群众相结合

成本的耗费是在生产经营的各个环节中发生的,成本的高低取决于各部门、车间、班组和职工的工作质量。职工群众最熟悉生产经营情况,最了解哪里有浪费现象,哪里有节约的潜力。把成本会计工作建立在广泛的职工群众基础上,增强广大职工群众的成本意识和参与意识,调动职工群众的积极性和创造性,这样才能实现加强成本管理,降低成本的目标。

四、制定成本会计制度

(一)成本会计制度的含义

成本会计制度是成本会计工作的规范,是会计法规和制度的重要组成部分。企业应遵循国家有关法律、法规和制度,如《中华人民共和国会计法》《企业会计准则》等的有关规定,并适应企业生产经营的特点和管理的要求,制定企业内部成本会计制度,作为企业进行成本会计工作具体和直接的依据。

(二)成本会计制度的内容

各行业企业由于生产经营的特点和管理的要求不同,所制定的成本会计制度有所不同。就工业企业来说,成本会计制度一般应包括以下几个方面的内容:

(1)关于成本预测和决策的制度。

(2)关于成本定额的制度和成本计划编制的制度。

(3)关于成本控制的制度。

(4)关于成本核算规程的制度。包括成本核算对象和成本计算方法的确定;成本项目的设置;各项费用分配和归集的程序好方法;完工产品和在产品之间的费用分配方法等。

(5)关于责任成本的制度。

(6)关于企业内部结算价格和内部计算办法的制度。

(7)关于成本报表的制度。

(8)其他有关成本会计的制度。

(三)成本会计制度的制定

成本会计制度是开展成本会计工作的依据和行为规范,其是否科学、合理直接影响成本会计工作的成效。因此,成本会计制度的制定是一项复杂而细致的工作。在成本会计制度的制定过程中,有关人员不仅应熟悉国家有关法规、制度等的规定,而且应深入基层做广泛、深入的调查和研究工作。在反复试点、具备充分依据的基础上进行成本会计制度的制定工作。成本会计制度一经确定,就应认真贯彻执行。但随着时间的推移,实际情况往往会发生变化,若出现新的情况,应根据情况变化,对成本会计制度进行修订和完善,以保证成本会计制度的科学性和先进性。

思考题

1. 如何理解成本的经济实质?
2. 试述理论成本与实际成本的区别。
3. 简述成本的作用。
4. 如何理解成本会计在会计系统中的地位?
5. 试述成本会计的职能。
6. 试述成本会计的任务。
7. 简述成本会计对象。
8. 简述成本会计人员的职责和权限。
9. 成本会计工作组织应遵循哪些原则?
10. 成本会计制度包括哪些内容?

第二章　成本核算的基本程序

【学习目标】

1. 掌握费用按各种标准的分类，以及这些分类之间的区别和联系。
2. 理解和掌握费用要素、成本项目和费用项目。
3. 了解费用的各种分类在成本核算和成本管理中的作用。
4. 理解成本核算的要求。
5. 掌握企业成本核算的一般程序。
6. 掌握成本会计使用的主要会计科目及其用途和结构。

第一节　费用的分类

企业在生产经营过程中的耗费是多种多样的，为了科学地进行成本管理，正确计算产品成本和期间费用，需要对种类繁多的费用进行合理分类。费用可以按不同的标准进行分类，其中最基本的是按费用的经济内容（性质）和经济用途进行分类。

一、费用按经济内容（性质）的分类

（一）费用要素

费用按经济内容（性质）的分类称为费用要素。企业的生产经营过程，也是物化劳动（劳动对象和劳动手段）和活劳动的耗费过程，因而生产经营过程中发生的费用，按其经济内容分类，可以分为劳动对象方面的费用、劳动手段方面的费用和活劳动方面的费用三大类。也成为费用的三大要素。

在此基础上，为了具体反映各种费用的构成和水平，可将其进一步划分为八个费用要素。

（1）外购材料。外购材料是指一切从外单位购进的各种材料，包括原料及主要材料、半成品、辅助材料、包装物、修理用备件和低值易耗品等。

（2）外购燃料。外购燃料是指一切从外单位购进的各种固体、液体和气体燃料。

（3）外购动力。外购动力是指从外单位购进的各种动力。

（4）职工薪酬。职工薪酬是指企业为进行生产经营而发生的各种职工薪酬。

（5）折旧费。折旧费是指企业按照规定的固定资产折旧方法，计算提取的折旧费用。

（6）利息支出。利息支出是指企业应计入财务费用的借入款项的利息支出减利息收入后的净额。

（7）税金。税金是指应计入企业管理费用的各种税金，如房产税、车船税、土地使用税、印

花税等。

(8)其他支出。其他支出是指不属于以上各要素但应计入产品成本或期间费用的费用支出,如差旅费、租赁费、外部加工费以及保险费等。

按照以上费用要素反映的费用,可以称为要素费用。

(二)要素费用分类核算的作用

(1)反映企业一定时期内在生产经营中发生了哪些费用、数额是多少,据此分析企业各个时期各种费用的构成和水平。

(2)反映了企业生产经营中外购材料和燃料费用以及职工工资的实际支出,可以为制定计划和定额提供资料。

(3)这种分类不能说明各项费用的用途,因而不便于分析各种费用的支出是否节约、合理。

二、费用按经济用途的分类

按照会计制度的要求,企业的成本核算采用的是制造成本法。因此,费用按经济用途的分类,又可以分为两大类,一类是计入成本的费用,即成本项目;另一类是不计入成本,而是作为计入当期损益的期间费用,即费用项目。

(一)成本项目

计入产品成本的生产费用按经济用途的分类称为成本项目。对于工业企业来说,一般应设置以下四个成本项目:

(1)直接材料。直接材料(也称原材料)是指直接用于产品生产、构成产品实体的原料、主要材料以及有助于产品形成的辅助材料费用。

(2)直接燃料和动力。直接燃料和动力(也称燃料和动力)是指直接用于产品生产的各种直接燃料和动力费用。

(3)直接人工。直接人工指直接参加产品生产的工人的薪酬费用。

(4)制造费用。制造费用是指不能直接计入产品成本,而需要通过采用适当的分配方法分配以后计入产品成本的费用。制造费用包括企业内部生产单位(车间)的管理人员工薪酬费用、固定资产折旧费、租赁费、机物料消耗、低值易耗品摊销、取暖费、水电费、办公费、运输费、保险费、设计制图费、试验检验费、劳动保护费、季节性或修理期间的停工损失以及其他制造费用。

(二)费用项目

不计入产品成本的期间费用按经济用途的分类称为费用项目。费用项目可以分为销售费用、管理费用和财务费用。

(1)销售费用。销售费用是指企业在产品销售过程中发生的费用,以及为销售本企业产品而专设的销售机构的各项费用。销售费用包括运输费、装卸费、包装费、保险费、展览费和广告费以及为销售本企业商品而专设的销售机构的职工薪酬费用、业务费等。

(2)管理费用。管理费用是指企业为组织和管理生产经营所发生的各项费用。管理费用包括公司经费、工会经费、社会保险费、劳动保险费、董事会费、聘请中介机构费、咨询费、诉讼费、业务招待费、房产税、车船税、土地使用税、印花税、技术转让费、无形资产摊销、职工教育经费、研究与开发费、排污费、存货盘亏或盘盈等。

（3）财务费用。财务费用是指企业为筹集生产经营所需资金而发生的各项费用。财务费用包括利息支出（减利息收入）、汇兑损失（减汇兑收益）以及相关的手续费等。

费用最基本的分类如表 2－1 所示。

表 2－1　按费用的经济内容（性质）和经济用途的分类

<table>
<tr><th>费用分类的方法</th><th>类型</th><th>具体项目</th></tr>
<tr><td rowspan="3">按经济内容分类</td><td>劳动对象方面的费用</td><td rowspan="3">（1）外购材料；（2）外购燃料；（3）外购动力；（4）职工薪酬；（5）折旧费；（6）利息支出；（7）税金；（8）其他支出</td></tr>
<tr><td>劳动手段方面的费用</td></tr>
<tr><td>活劳动方面的费用</td></tr>
<tr><td rowspan="7">按经济用途分类</td><td rowspan="4">成本项目
（计入产品成本）</td><td>直接材料</td></tr>
<tr><td>直接燃料和动力</td></tr>
<tr><td>直接人工</td></tr>
<tr><td>制造费用</td></tr>
<tr><td rowspan="3">费用项目
（不计入产品成本）</td><td>销售费用</td></tr>
<tr><td>管理费用</td></tr>
<tr><td>财务费用</td></tr>
</table>

三、生产费用的其他分类

（一）按与生产工艺的关系分类

生产费用按与生产工艺的关系，可以分为直接生产费用和间接生产费用。

（1）直接生产费用。直接生产费用是指由于生产工艺本身引起的、直接用于产品生产的各项费用，如原料及主要材料、生产工人工资和机器设备折旧费等。

（2）间接生产费用。间接生产费用是指与生产工艺没有直接联系，间接用于产品生产的各项费用，如机物料消耗、辅助工人工资和车间厂房折旧费等。

（二）按计入产品成本的方法分类

生产费用按计入产品成本的方法，可以分为直接计入费用和间接计入费用。

（1）直接计入费用。直接计入费用（或称直接费用），是指可以分清哪种产品所耗用、可以直接计入某种产品成本的费用。

（2）间接计入费用。间接计入费用（或称间接费用），是指不能分清哪种产品所耗用、不能直接计入某种产品成本，而必须按照一定标准分配计入有关的各种产品成本的费用。

（三）按与业务量之间的依存关系分类

费用按与业务量之间的依存关系，可以分为固定费用和变动费用。这里的业务量可以是生产或销售的产品数量，也可以是反映生产工作量的直接人工小时或机器工时。

(1)固定费用(固定成本)。固定费用是指其总额在一定时期和一定业务量范围内,不受业务量增减变动影响而保持不变的成本。例如按直线法计算的固定资产折旧、管理人员的工资、机器设备的租金等。

(2)变动费用(变动成本)。变动成本是指其总额随着业务量的变动而成正比例变动的成本。例如,直接材料、直接人工、包装材料等都属于变动成本。

第二节　成本核算程序

一、成本核算的要求

成本核算就是按照国家有关的法规、制度和企业经营管理的要求,对生产经营过程中实际发生的各种劳动耗费进行计算,并进行相应的账务处理,提供真实、有用的成本信息。为了充分发挥成本核算的作用,在成本核算工作中,应贯彻执行以下各项要求。

(一)严格遵守国家规定的成本开支范围和费用开支标准

成本开支范围是国家对企业在生产过程中发生的各种支出是否应计入成本所做的相关规定,如企业为生产某种产品所发生的各项费用应当列入产品成本;企业进行基本建设购入固定资产等与企业正常生产经营活动无关的费用支出,不列入产品成本。

费用开支标准是对某些费用支出的数额、比例做出的具体规定,如固定资产和低值易耗品的划分标准、业务招待费的提取比例等,都应根据国家规定的标准开支,不能突破这个标准。

(二)正确划分各种费用界限

为了正确地进行成本核算,正确地计算产品成本和期间费用,必须正确划分以下五个方面的费用界限。

1. 正确划分应否计入产品成本、期间费用的界限

(1)凡不属于企业日常生产经营方面的支出,均不得计入产品成本或期间费用。例如,购入的固定资产成本、发生的意外损失等。

(2)凡属于企业日常生产经营方面的支出,均应计入产品成本或期间费用。例:生产产品发生的各种费用、管理费用、销售费用、折旧费用等。

2. 正确划分产品生产费用(产品成本)与期间费用的界限

正确划分哪些费用应计入产品成本,哪些费用应作为期间费用。应当防止混淆产品生产费用与期间费用的界限,以便正确确定当期损益。产品成本与期间费用的划分方法与成本计算方法有密切的关系,不同的成本计算方法也决定了成本费用的归属。我国会计准则规定,采用“制造成本法”。

3. 正确划分各月份的费用界限

成本核算是按月进行的,要正确计算各月的损益。本月发生的费用,都应在本月全部入账,不能将其一部分延至下月入账,这也是会计核算的基本要求。更重要的是,应该贯彻权责发生制原则,正确地核算待摊费用和预提费用。要防止利用待摊费用和预提费用的办法人为地调节各月成本、人为地调节各月损益的错误做法。

4. 正确划分各种产品的费用界限

企业在生产多种产品的情况下，为了正确计算各种产品的成本，必须将应计入本月产品成本的生产费用在各种产品之间正确地进行划分，以便正确地计算确定某种产品的成本。凡属于某种产品单独发生，能够直接计入该种产品的费用，均应直接计入该种产品成本；凡属于几种产品共同发生，不能够直接计入某种产品的费用，则应采用适当的分配方法，分配计入这几种产品的成本。

5. 正确划分完工产品与在产品的费用界限

在月末计算产品成本时，如果某种产品已全部完工，那么这种产品的各项生产费用之和，就是这种产品的完工产品成本；如果某种产品均未完工，那么这种产品的各项生产费用之和，就是这种产品的月末在产品成本；如果某种产品既有完工产品，又有在产品，则将这种产品的各项生产费用，采用适当的分配方法在完工产品与月末在产品之间进行分配，分别计算完工产品成本和月末在产品成本。

（三）正确确定财产物资的计价和价值结转方法

企业的生产经营过程，同时也是各种劳动的耗费过程。在此耗费中，财产物资的耗费占有相当的比重。这些财产物资计价和价值结转方法是否恰当，会对成本计算的正确性产生重要的影响。财产物资的计价和价值结转方法主要包括：

（1）固定资产原值及折旧方法；

（2）修理费用的分摊方法；

（3）固定资产与低值易耗品的划分标准；

（4）材料成本及其计价方法；

（5）低值易耗品和包装物价值摊销方法等。

为了正确地计算成本，对于各种财产物资的计价和价值结转，都应该采用既合理又简便的方法。国家有统一规定的，应采用国家统一规定的方法。各种方法一经确定，应保持相对稳定，不能随意改变。

（四）做好各项基础工作

企业应重视建立健全有关成本核算的原始记录，制定必要的消耗定额，建立健全材料物资的计量、收发、领退和盘点制度，制定内部结算价格和结算办法。具体包括以下几项基础工作。

1. 原始记录制度

原始记录是反映经营活动的原始资料，是进行成本预测、编制成本计划、进行成本核算、分析消耗定额和成本计划执行情况的依据。企业对生产过程中发生的各种经济活动都要有真实的原始记录。成本核算人员要会同企业的其他有关部门，认真制定既符合成本核算需要，又符合各方面管理需要，既科学又简便易行，讲求实效的原始记录制度。还要组织有关人员认真做好各种原始记录的登记、传递、审核和保管工作，以便正确、及时地为成本核算和其他有关方面提供资料和信息。

2. 计量验收记录

成本核算是以价值形式来核算企业生产经营管理中的各项费用的。但价值形式的核算是以实物计量为基础的。因此，为了进行成本管理，正确地计算成本，必须建立和健全材料物资的计量、收发、领退和盘点制度。凡是材料物资的收发、领退，在产品、半成品的内部转移，以及产成品的入库等，均应填制相应的凭证，办理审批手续，并严格进行计量和验收。库存的各种材料物资、车间的在产品、产成品均应按规定进行盘点。只有这样，才能保证账实相符，保证成本计算的正确性。

3. 定额管理制度

产品的各项消耗定额，即是编制成本计划、分析和考核成本水平的依据，也是审核和控制成本的标准；而且在计算产品成本时，往往要用产品的原材料和工时的定额消耗量或定额费用作为分配实际费用的标准。因此，企业为了建立和健全定额管理制度，就必须制定先进、合理、切实可行的消耗定额，并随着条件的变化而不断修订，充分发挥其应有的作用。

4. 企业内部价格制度

对原材料、半成品、厂内各车间相互提供的劳务制定厂内计划价格，作为企业内部结算和考核的依据。厂内计划价格也要随着条件的变化而不断的修订，以保证成本核算的正确性。其目的是为了更好地进行计划管理，分清企业内部各单位的经济责任，便于分析和考核企业内部各单位成本计划的完成情况和管理业绩，以及加速和简化成本核算工作。

（五）选择适当的成本计算方法

产品成本是在生产过程中形成的，产品的生产工艺过程和生产组织不同，所采用的产品成本计算方法也应该有所不同。计算产品成本是为了加强成本管理，因而，还应该根据管理要求的不同，采用不同的产品成本计算方法。因此，企业只有按照产品生产特点和管理的要求，选用适当的成本计算方法，才能正确、及时地计算产品成本，为成本管理提供有用的成本信息。

二、成本核算的程序

成本核算的一般程序是指对企业在生产经营过程中发生的各项费用，按照成本核算的要求，逐步进行归集和分配，最后计算出各种产品的成本和各项期间费用的基本过程。根据成本核算的要求和费用的分类，可以将成本核算的一般程序归纳如下。

（一）确定成本计算对象

产品成本计算对象，就是生产费用归集的具体对象，即费用的承担者，通俗地讲就是计算什么（谁）的成本。产品成本的计算过程，实际上就是将生产费用在成本计算对象中归集和分配的过程，因此要计算产品成本，必须首先确定成本计算对象。

（二）确定成本项目和费用项目

进行成本核算不仅要提供成本计算对象的总成本和单位成本以及各种期间费用的总体发生情况，而且还要按照成本项目、费用项目反映它们发生的详细、具体的情况，以满足成本管理的需要。因此，确定成本项目和费用项目是成本核算的重要环节。

（三）确定成本计算期

成本计算期是指生产费用计入产品成本所规定的起止日期，也即每隔多长时间计算一次成本。从理论上讲，成本计算期应当与产品的生产周期一致。但在实际工作中，成本计算期还必须考虑企业生产的特点和分期考核的要求。

(四)审核和控制各项费用支出

审核和控制生产费用主要是指企业要严格按照国家规定的成本开支范围和费用开支标准,确定各项费用是否应该开支,开支的费用是否应该计入产品成本。

(五)设置成本、费用明细账

产品成本和期间费用的核算,是通过对企业生产经营过程中发生的各种劳动耗费的明细核算来完成的。为此,必须按成本计算对象及成本项目设置产品成本明细账;按照期间费用的种类及费用项目设置期间费用明细账。

(六)费用的归集和分配

成本核算的过程,实际上就是费用的归集和分配过程。这一过程的基本程序如下。

1. 确定费用的归属

对企业的各项支出进行严格的审核和控制,并按照国家的有关规定确定其是否应计入产品成本、期间费用,以及应计入产品成本还是期间费用。

2. 正确处理费用的跨期摊提工作

包括将本月实际支出而应该留待以后月份摊销的费用正确地进行核算;将以前月份开支的需要跨期摊销的费用中应由本月负担的份额,正确地摊入本月的成本;将本月尚未开支但应由本月负担的费用,预提计入本月的成本。

3. 正确划分各种产品的界限

将应计入本月产品成本的各项生产费用,在各种产品之间按照成本项目进行分配和归集,计算出按成本项目反映的各种产品的成本。这是本月生产费用在各种产品之间横向的分配和归集,是费用界限的划分工作。

(七)计算完工产品和月末在产品的成本

对于月末既有完工产品又有在产品的产品,将该种产品的生产费用(月初在产品生产费用与本月生产费用之和)在完工产品与月末在产品之间进行分配,计算出该种产品的完工产品成本和月末在产品成本。

三、成本核算主要设置的会计科目

在成本会计中为了进行成本核算,企业一般应设置“基本生产成本”“辅助生产成本”“制造费用”“销售费用”“管理费用”“财务费用”“待摊费用”“长期待摊费用”“预提费用”等科目。如果需要单独核算废品损失,还应设置“废品损失”科目。

(一)“基本生产成本”科目

基本生产是指为完成企业主要生产目的而进行的产品生产。为了归集基本生产所发生的各种生产费用,计算基本生产产品成本,应设置“基本生产成本”科目。

1.“基本生产成本”科目核算的内容

核算基本生产车间发生的各种费用。“基本生产成本”科目借方登记企业为进行基本生产而发生的各种费用;贷方登记转出的完工入库的产品成本;余额在借方,表示基本生产的在产品成本。

2. 明细账的设置

“基本生产成本”科目应按产品品种或批别、生产步骤等成本计算对象设置产品成本明细账,账内按基本生产产品的成本项目分设专栏或专行。其格式如表 2－2 所示。

表 2－2　产品成本明细账

车间名称:××车间

产品名称:××产品　　　　单位:元

<table>
<tr><th colspan="2">20××年</th><th rowspan="2">摘　要</th><th rowspan="2">产量</th><th colspan="3">成本项目</th><th rowspan="2">合计</th></tr>
<tr><th>月</th><th>日</th><th>直接材料</th><th>直接人工</th><th>制造费用</th></tr>
<tr><td rowspan="6">12</td><td>1</td><td>月初在产品成本</td><td rowspan="6">2 000</td><td>10 000</td><td>4 000</td><td>6 000</td><td>20 000</td></tr>
<tr><td rowspan="5">31</td><td>本月生产费用</td><td>60 000</td><td>24 000</td><td>36 000</td><td>120 000</td></tr>
<tr><td>生产费用合计</td><td>70 000</td><td>28 000</td><td>42 000</td><td>140 000</td></tr>
<tr><td>本月完工产品成本</td><td>50 000</td><td>20 000</td><td>30 000</td><td>100 000</td></tr>
<tr><td>完工产品单位成本</td><td>25</td><td>10</td><td>15</td><td>50</td></tr>
<tr><td>月末在产品成本</td><td>20 000</td><td>8 000</td><td>12 000</td><td>40 000</td></tr>
</table>

如果企业生产的产品品种较多,为了按照产品成本项目汇总反映全部产品总成本,可以设置基本生产成本二级账。

(二)“辅助生产成本”科目

辅助生产是指为基本生产和其他部门服务而进行的产品生产和劳务供应。为了归集辅助生产所发生的各种生产费用,计算辅助生产所提供的产品和劳务的成本,应设置“辅助生产成本”科目。

1.“辅助生产成本”科目核算的内容

核算辅助生产车间发生的各种费用。“辅助生产成本”科目借方登记企业为进行辅助生产而发生的各种费用;贷方登记转出的完工入库产品的成本或劳务成本;余额在借方,表示辅助生产的在产品成本。

2. 明细账的设置

“辅助生产成本”科目应按辅助生产车间和生产的产品、劳务分设明细账,账中按辅助生产的成本项目或费用项目分设专栏或专行进行明细登记。

(三)“制造费用”科目

制造费用是指车间(包括基本生产车间和辅助生产车间)内发生的不能直接计入某种产品成本,而需要在期末采用适当的分配方法,将费用分配以后计入产品成本的费用(也称间接计入费用)。为了核算企业为生产产品和提供劳务而发生的各项制造费用,应设置“制造费用”科目。

1.“制造费用”科目核算内容

核算企业为生产产品和提供劳务而发生的各项制造费用。“制造费用”科目借方登记实际发生的制造费用;贷方登记分配转出的制造费用;该科目期末无余额(除季节性生产和采用按年度计划分配率分配法分配制造费用的企业外)。

2.明细账的设置

“制造费用”科目应车间、部门设置明细账,账内按费用项目设立专栏进行明细登记。

在本书中辅助生产车间“制造费用”科目的设置有两种方法:

(1)一般核算设置制造费用科目;

(2)简化核算不设置制造费用科目。

制造费用明细账通常采用多栏式,如表2-3所示。

表2-3 制造费用明细账

单位:元

20××年		摘要	费用项目					合计	转出
月	日		机物料消耗	职工薪酬	折旧费	运输费	其他		
12	31	现金支出					2 000	2 000	
		原材料费用分配表	6 000					6 000	
		职工薪酬分配表		18 000				18 000	
		折旧费用分配表			10 000			10 000	
		辅助生产费用分配表				25 000		25 000	
		结转制造费用							61 000
合计			6 000	18 000	10 000	25 000	2 000	61 000	61 000

(四)“废品损失”科目

需要单独核算废品损失的企业,应设置“废品损失”科目。

1.“废品损失”科目核算内容

核算各种生产车间发生的各种废品损失(不可修复废品的生产成本和可修复废品的修复费用)。“废品损失”科目借方登记不可修复废品的生产成本和可修复废品的修复费用;贷方登记废品残料回收的价值、应收的赔偿款以及转出的废品净损失;该科目月末结转后应无余额。

2.明细账的设置

“废品损失”科目应按车间设置明细账,账内按产品品种分设专户,并按成本项目设置专栏或专行进行明细登记。

“废品损失”科目的设置有两种方法:

(1)单独设置“废品损失”科目进行核算;

(2)不单独设置“废品损失”科目,而是通过基本(辅助)生产成本进行核算。

(五)“销售费用”科目

为了核算企业在产品销售过程中所发生的各项费用以及为销售本企业产品而专设的销售机构的各项经费,应设置“销售费用”科目。

1.“销售费用”科目核算内容

核算企业在销售过程中发生的各项费用。“销售费用”科目借方登记实际发生的各项产品销售费用；贷方登记期末转入“本年利润”科目的产品销售费用；期末结转后该科目应无余额。

2. 明细账的设置

“销售费用”科目的明细账，应按费用项目设置专栏，进行明细登记。

（六）“管理费用”科目

为了核算企业行政管理部门为组织和管理生产经营活动而发生的各项管理费用，应设置“管理费用”科目。

1.“管理费用”科目核算内容

核算企业行政管理部门为组织和管理生产经营活动而发生的各项管理费用。“管理费用”科目借方登记实际发生的各项管理费用；贷方登记期末转入“本年利润”科目的产品管理费用；期末结转后该科目应无余额。

2. 明细账的设置

“管理费用”科目的明细账，应按费用项目设置专栏，进行明细登记。

（七）“财务费用”科目

为了核算企业为筹集生产经营所需资金而发生的各项筹资费用，应设置“财务费用”科目。

1.“财务费用”科目核算内容

核算企业为筹集生产经营所需资金而发生的各项费用。“财务费用”科目借方登记实际发生的各项财务费用；贷方登记应冲减财务费用的利息收入、汇兑收益以及期末转入“本年利润”科目的财务费用；期末结转后该科目应无余额。

2. 明细账的设置

“财务费用”科目的明细账，应按费用项目设置专栏，进行明细登记。

（八）“待摊费用”科目

为了核算企业已经支出，但摊销期限在一年以内的各项费用，应设置“待摊费用”科目。

1.“待摊费用”科目核算内容

核算企业已经支付，但摊销期限在一年以内（含一年）的各项费用。“待摊费用”科目借方登记实际支付的各项待摊费用；贷方登记分期摊销的待摊费用；该科目的余额在借方，表示企业尚未摊销的各项待摊费用的摊余价值。

2. 明细账的设置

“待摊费用”科目应按费用种类设置明细分类账，进行明细核算。

（九）“长期待摊费用”科目

为了核算企业已经支出，但摊销期限在一年以上的各项费用，应设置“长期待摊费用”科目。

1.“长期待摊费用”科目核算内容

核算企业已经支付，但摊销期限在一年以上（不含一年）的各项费用。“长期待摊费用”科目借方登记实际支付的各项长期待摊费用;贷方登记分期摊销的长期待摊费用;该科目的余额在借方,表示企业尚未摊销的各项长期待摊费用的摊余价值。

2. 明细账的设置

"长期待摊费用"科目应按费用种类设置明细分类账,进行明细核算。

思考题

1. 简述费用按经济内容的分类。
2. 简述费用按经济用途的分类。
3. 解释:成本核算、费用要素、成本项目、费用项目、直接计入费用、间接计入费用、直接生产费用、间接生产费用。
4. 简述成本核算的要求。
5. 为了正确计算产品成本,应该正确划分哪些费用的界限?
6. 为了正确计算产品成本,应做好哪些基础工作?
7. 简述成本核算的一般程序。
8. 简述成本会计主要使用的会计科目及各科目的核算内容。

第三章　要素费用的分配

【学习目标】

1. 了解要素费用分配的内容及方法。
2. 掌握要素费用中材料费用分配的内容和方法。
3. 掌握外购动力费用分配的方法。
4. 掌握职工薪酬的内容、工资总额的组成以及工资费用的计算和分配方法。
5. 了解其他职工薪酬分配的方法。

第一节　要素费用分配概述

一、按归属(用途)分配要素费用

企业发生的各项要素费用应按其用途和发生地点进行归集和分配。

(一)基本生产车间的要素费用分配

基本生产车间发生的生产费用支出,按用途分配计入“基本生产成本”、“制造费用”总账账户及其所属明细账户。基本生产成本明细账,即产品成本明细账是按产品品种等成本计算对象设置和登记的,账内按成本项目分设专栏或专行。

1. 直接计入费用的分配

在发生各种要素费用时,对于基本生产车间直接用于产品生产,而且专设成本项目的各项费用,如构成产品实体的原材料费用、生产工艺用燃料和动力费用、生产工人的薪酬费用等,应单独记入“基本生产成本”总账。如果是某一种产品的直接计入费用,还应直接记入该种产品成本明细账的相关成本项目。如果是几种产品共同耗用的间接计入费用,则应采用适当的分配方法,分配记入各该产品成本明细账的相关成本项目。

2. 间接计入费用的分配

对于基本生产车间直接用于产品生产,但没有专设成本项目的各项费用以及间接用于产品的费用,如折旧费、车间办公费、车间机物料消耗、车间管理人员薪酬费用等,应先记入“制造费用”总账账户及所属明细账,然后通过一定的分配程序,转入或分配转入“基本生产成本”总账账户及其所属明细账的“制造费用”成本项目。

(二)辅助生产车间的要素费用分配

对于辅助生产车间发生的费用,应根据不同情况分别进行处理。

(1)若辅助生产车间设置“制造费用”明细账,则其费用的处理可以比照上述基本生产车间费用的处理方法进行。

(2)若辅助生产车间不设“制造费用”明细账,则对于直接或间接用于辅助生产的各项费用,均记入“辅助生产成本”总账及其所属明细账的相关费用项目。对于辅助生产费用应按照其用途采用一定方法进行分配。

(三)企业行政管理部门要素费用分配

在企业经营管理过程中发生的用于产品销售的费用、行政管理部门发生的费用,以及为筹集生产经营所需资金而发生的筹资费用等各项期间费用,不计入产品成本,而应按其用途分别记入“销售费用”“管理费用”“财务费用”的总账账户及其所属明细账的相关费用项目,然后转入“本年利润”账户,计入当期损益。

对于构建和建造固定资产的费用,购买无形资产的费用等资本性支出,不计入产品成本和期间费用,分别按其用途记入“在建工程”“无形资产”等账户。

二、共耗费用分配的通用形式

(一)分配方法的选择

对于共同发生的费用,即各项间接计入费用,应该选择适当的方法进行分配。所谓适当的分配方法,是指分配依据的标准与分配对象有比较密切的联系,因而分配结果比较合理,而且分配标准的资料比较容易取得,计算比较简单。

(二)选择分配标准应考虑的因素

在选择分配标准时,一般应考虑以下四个方面的因素。

(1)科学性。即分配标准要具有各个成本对象共有的特征,有典型的代表性,与分配对象的物化劳动或者活劳动消耗有直接的联系,或表现为正比例关系。

(2)先进性。要体现出时代感,要有助于企业加强成本管理。

(3)易得性。各受益对象所耗用分配标准的资料应当是容易取得的,并且可以进行客观计量。

(4)稳定性。任何一种分配标准的选择都具有主观性,选择不同的分配标准将会产生不同的分配结果。为了便于各期间接费用之间的比较分析,分配标准不宜经常变动,应该保持相对的稳定性。

(三)分配费用的标准

分配间接计入费用的标准主要有以下三类。

(1)成果类。如产品的重量、体积、产量、产值等。

(2)消耗类。如生产工时、生产工资、机器工时、原材料消耗量或原材料费用等。

(3)定额类。如定额消耗量、定额工时、定额费用等。

(四)分配费用的计算公式

(1)费用分配率。费用分配率 = 待分配的费用 ÷ 分配标准总额

(2)某分配对象应分配的费用。某分配对象应分配的费用 = 该对象的分配标准额 × 费用分配率

三、要素费用分配表

各项要素费用的分配是通过编制各种费用分配表进行的，根据分配表据以登记各种成本、费用总账账户及其所属明细账。要素费用分配表的编制，应根据成本核算的体制、凭证的数量及传递程序等具体条件的不同而有所区别。企业如果实行的是集中核算方式，则其费用分配表应由财会部门编制；企业如果实行的是分散核算方式，则其费用分配表应由各车间、部门的成本会计人员来编制。要素费用分配表无论由谁来编制，其编制的要求和基本方法是一样的。

四、要素费用分配的账务处理

企业根据要素费用分配表进行要素费用分配的账务处理，一般通用的账务处理为：借记有关成本、费用科目，如“基本生产成本”“辅助生产成本”“制造费用”“管理费用”“销售费用”“财务费用”等科目；贷记相应要素费用对应的会计科目，如“原材料”“应付职工薪酬”“累计折旧”等科目。并且据以填制要素费用分配的记账凭证。根据发生费用的原始凭证或者要素费用分配的记账凭证，登记各种成本、费用总账账户及其所属明细账。

第二节　材料费用的分配

企业生产经营过程中领用的各种材料，包括原料及主要材料、辅助材料、半成品、修理用备件、包装物、低值易耗品等，无论是外购，还是自制，都应根据审核后的领、退料凭证，按照材料的具体用途进行归集和分配。

一、材料费用的分配

(一)按归属(用途)分配材料费用

1. 基本生产车间耗用材料

(1)用于产品生产，构成产品实体的原材料及有助于产品实体形成的辅助材料等材料费用，应直接或分配计入“基本生产成本”明细账的“直接材料”成本项目。原材料通常是按照产品品种分别领用，一般属于直接计入费用，可以直接计入各种产品成本的“直接材料”成本项目。对于不能按照产品品种分别领用，而是几种产品共同耗用的原材料，属于间接计入费用，应采用合理简便的分配方法在各种产品之间进行分配，再计入各种产品成本的“直接材料”成本项目。

(2)用于产品生产的燃料费用，应直接或分配计入“基本生产成本”明细账的“直接燃料和动力”成本项目。如果企业未单独设置“直接燃料和动力”成本项目，应计入产品成本明细账的“直接材料”成本项目中。

(3)用于车间物料的材料费用，应计入“制造费用”明细账的“机物料消耗”项目中。

2. 辅助生产车间耗用材料

(1)辅助生产车间材料费用的分配，原则上可比照基本生产车间进行处理，也即与基本生

产车间耗用材料的处理基本相同。

(2)辅助生产车间材料费用的分配也可以采用简化的办法,即全部记入"辅助生产成本"明细账的"原材料"项目中。

3. 行政管理部门耗用材料

(1)行政管理部门管理和组织生产经营活动而发生的各种材料费用,计入"管理费用"明细账的"其他"费用项目中。

(2)销售部门发生的各种材料费用,记入"销售费用"明细账的"物料消耗""包装物"等有关费用项目中。

4. 其他耗用材料

除了上述生产经营过程中使用的材料外,对于发出的其他用途的材料,应根据其发出的具体用途,分别记入到"其他业务成本""在建工程"等相关的项目中。

(二)共同耗用材料费用的分配

几种产品共同耗用的某种材料费用属于间接计入费用,应采用适当的方法,在各种产品之间进行分配,记入其"直接材料"成本项目。分配共同耗用的材料费用的标准有很多,可以按产品的产量、重量、体积等分配;也可按产品的材料定额消耗量比例或材料定额费用比例进行分配。

1. 产品产量比例法

产品产量比例法是指按照各种产品的产量比例分配材料费用的一种方法。其计算公式如下。

$$材料费用分配率=\frac{共同耗用的材料费用}{各种产品产量之和}$$

某种产品应分配的材料费用=该种产品产量×材料费用分配率

【例3-1】兴唐公司生产甲、乙两种产品,共同耗用A材料5 000千克,每千克10元。本月生产甲产品600件,乙产品400件。采用产品产量比例法计算分配结果如下。

$$材料费用分配率=\frac{5\ 000\times 10}{600+400}=50$$

甲产品应分配的A材料费用=600×50=30 000(元)

乙产品应分配的A材料费用=400×50=20 000(元)

2. 产品重量比例法

产品重量比例法是指按照各种产品的重量比例分配材料费用的一种方法。其计算公式如下。

$$材料费用分配率=\frac{共同耗用的材料费用}{各种产品重量之和}$$

某种产品应分配的材料费用=该种产品重量×材料费用分配率

【例3-2】兴唐公司生产甲、乙两种产品,共同耗用B材料2 000千克,每千克20元。本月生产甲产品的重量350千克,乙产品150千克。采用产品重量比例法计算分配结果如下。

$$材料费用分配率=\frac{2\ 000\times 20}{350+150}=80$$

甲产品应分配的B材料费用=350×80=28 000(元)

乙产品应分配的 B 材料费用 = 150 × 80 = 12 000(元)

3. 定额耗用量比例法

定额耗用量比例法是指按照各种产品材料定额耗用量比例分配共同耗用材料费用的一种方法。

(1)按材料定额耗用量比例分配材料费用的计算分配程序

①计算各种产品材料定额耗用量;

②计算单位产品的材料定额耗用量应分配的材料实际耗用量(即材料耗用量分配率);

③计算出各种产品应分配的材料实际耗用量;

④计算出各种产品应分配的材料实际费用。

(2)计算公式

①某种产品材料定额耗用量 = 该种产品实际产量 × 单位产品材料定额耗用量

②$\text{材料耗用量分配率} = \dfrac{\text{材料实际耗用总量}}{\text{各种产品材料定额耗用量之和}}$

③某种产品应分配的材料实际耗用量 = 该种产品的材料定额耗用量 × 材料耗用量分配率

④某种产品应分配的实际材料费用 = 该种产品应分配的材料实际耗用量 × 材料单价

【例 3 - 3】兴唐公司生产甲、乙两种产品,共同耗用材料 30 000 千克,每千克 10 元共计 300 000 元。生产甲产品 600 件,单件甲产品原材料消耗定额为 30 千克;生产乙产品 400 件,单件乙产品原材料消耗定额为 15 千克。采用定额耗用量比例法分配计算甲、乙产品应分配的材料费用。

甲、乙产品应分配的材料费用计算如下:

(1)计算产品定额耗用量(总量)

甲产品:600 × 30 = 18 000 (千克)

乙产品:400 × 15 = 6 000 (千克)

(2)计算材料耗用量分配率

$$\text{分配率} = \frac{30\ 000}{18\ 000 + 6\ 000} = 1.25$$

(3)计算各种产品应分配材料的数量

甲产品:18 000 × 1.25 = 22 500 (千克)

乙产品:6 000 × 1.25 = 7 500 (千克)

(4)计算甲、乙产品应分配的金额

甲产品:22 500 × 10 = 225 000 (元)

乙产品:7 500 × 10 = 75 000 (元)

采用上述方法计算分配材料费用,不仅能计算出每种产品应分配的材料费用,还能计算出每种产品耗用材料的实际数量。这样可以考核材料耗用定额的执行情况,有利于加强材料消耗的实物管理,但分配计算的工作量较大。

为了简化计算分配工作,也可以采用按材料定额耗用量比例直接分配材料费用的方法。

(1)计算分配的程序

①计算各种产品材料定额耗用量;

②计算单位产品的材料定额耗用量应分配的材料费用(即材料费用分配率);

③计算各种产品应分配的材料实际费用。

(2)计算公式

①某种产品材料定额耗用量 = 该种产品实际产量 × 单位产品材料定额耗用量

②材料费用分配率 = $\dfrac{\text{材料实际费用总额}}{\text{各种产品材料定额耗用量之和}}$

③某种产品应分配的材料费用 = 该种产品材料定额耗用量 × 材料费用分配率

(3)上例资料计算分配

①计算产品定额耗用量

甲产品材料定额耗用量 = 600 × 30 = 18 000(千克)

乙产品材料定额耗用量 = 400 × 15 = 6 000 (千克)

②计算材料费用分配率

$$\text{材料费用分配率} = \frac{300\ 000}{18\ 000 + 6\ 000} = 12.5$$

③计算甲、乙产品应分配的材料费用

甲产品应分配材料费用 = 18 000 × 12.5 = 225 000(元)

乙产品应分配材料费用 = 6 000 × 12.5 = 75 000(元)

上述两种分配方法计算结果相同,但后一种分配方法不能提供各种产品材料实际耗用量资料,不能为考核材料耗用定额的执行情况提供资料,不利于加强材料消耗的实物管理。

4. 定额费用比例法

在生产多种产品或多种产品共同耗用多种材料费用的情况下,为了简化核算,也可以采用按材料定额费用比例分配材料费用的方法。

(1)计算分配程序

①计算各种产品材料定额费用;

②计算单位产品的材料定额费用应分配的实际材料费用(即材料费用分配率);

③计算各种产品应分配的材料实际费用。

(2)计算公式

①某种产品材料定额费用 = 该种产品实际产量 × 单位产品材料费用定额

②材料费用分配率 = $\dfrac{\text{各种产品材料实际费用总额}}{\text{各种产品材料定额费用总额}}$

③某种产品应分配的材料实际费用 = 该种产品材料定额费用 × 材料费用分配率

【例3-4】兴唐公司生产甲、乙两种产品,共同领用A、B两种主要材料,共计22 680元。本月投产甲产品100件,乙产品50件。甲产品材料耗用定额:A材料6千克,B材料8千克。乙产品材料耗用定额:A材料9千克,B材料5千克。A材料单价10元,B材料单价8元。采用定额费用比例法计算分配甲、乙产品应分配的材料费用。计算分配如下。

(1)甲、乙产品材料定额费用

甲产品:A材料定额费用 = 100 × 6 × 10 = 6 000(元)

B材料定额费用 = 100 × 8 × 8 = 6 400(元)

甲产品材料定额费用合计:12 400(元)

乙产品:A材料定额费用 = 50 × 9 × 10 = 4 500(元)

B材料定额费用 = 50 × 5 × 8 = 2 000(元)

乙产品材料定额费用合计:6 500(元)

(2)材料费用分配率

$$材料费用分配率=\frac{22\ 680}{12\ 400+6\ 500}=1.2$$

(3)甲、乙产品应分配的材料实际费用

甲产品:12 400 × 1.2 = 14 880(元)

乙产品:6 500 × 1.2 = 7 800(元)

(三)材料费用分配表

在会计实务中,各种材料费用的分配是通过编制材料费用分配表进行的。材料费用分配表是按车间、部门和材料类别,根据归类后的领、退料凭证和其他有关资料编制。材料费用分配表的格式及举例参见表3－1。

表3－1　材料费用分配表

20××年12月

应借科目		直接计入金额/元	分配计入		材料费用合计/元
			定额耗用量/千克	分配金额(分配率12.5)/元	
基本生产成本	甲产品	125 000	18 000	225 000	350 000
	乙产品	85 000	6 000	75 000	160 000
	小计	210 000	24 000	300 000	510 000
辅助生产成本	供水	30 000			30 000
	运输	20 000			20 000
	小计	50 000			50 000
制造费用	基本生产车间	4 000			4 000
	供水车间	1 500			1 500
	运输车间	1 000			1 000
	小计	6 500			6 500
管理费用		1 500			1 500
销售费用		1 000			1 000
合计		269 000		300 000	569 000

(四)材料费用分配的账务处理

根据材料费用分配表编制会计分录,据以登记有关总账和明细账。编制会计分录如下。

借:基本生产成本——甲产品　　350 000

　　　　　　　　——乙产品　　160 000

　　辅助生产成本——供水　　30 000

　　　　　　　　——运输　　20 000

制造费用——基本生产车间　　4 000
　　　　——供水车间　　1 500
　　　　——运输车间　　1 000
管理费用　　1 500
销售费用　　1 000
贷:原材料　　569 000

上述材料费用是按实际成本进行核算分配的。如果材料费用是按计划成本进行核算分配,计入产品成本和期间费用的材料费用是计划成本,还应该分配材料成本差异额,将计入成本、费用的计划成本调整为实际成本。

二、燃料费用的分配

(一)单独核算燃料费用

燃料费用按其大类归属于材料费用,实际上也是材料,故其计算分配与材料费用相同。如果燃料费用在产品成本中比重较大时,可以与动力费用一起专设"直接燃料和动力"成本项目。

(1)单独核算燃料费用的企业,应增设"燃料"总账科目,在成本项目中增设"直接燃料和动力"成本项目,单独核算燃料的增减变动和结存,以及燃料费用的分配情况。燃料费用与材料费用的分配程序和分配方法相同。

①直接用于产品生产的燃料,在只生产一种产品或者是按照产品品种分别领用,属于直接计入费用,可以直接计入各种产品成本明细账的"直接燃料和动力"成本项目。

②如果不能按照产品品种分别领用,而是几种产品共同耗用的燃料费用,属于间接计入费用,应采用适当的分配方法,在各种产品之间进行分配,然后再计入各种产品成本明细账的"直接燃料和动力"成本项目。分配标准可以按产品的重量、体积、所耗燃料的数量或费用,也可以按燃料的定额耗用量或定额费用比例等进行分配。

(2)直接用于产品生产、专设成本项目的燃料费用,应记入"基本生产成本"总账科目的借方及其所属明细账的"直接燃料和动力"成本项目;直接用于辅助生产、专设成本项目的燃料费用,应记入"辅助生产成本"总账科目的借方及其所属明细账的"直接燃料和动力"成本项目;直接用于基本生产和辅助生产但没有专设成本项目的燃料费用,应记入"基本生产成本""辅助生产成本"总账科目的借方及其所属明细账的有关项目(如"直接材料"成本项目)。

(3)间接用于生产的燃料费用应记入"制造费用"总账科目借方及其所属明细账的有关项目;用于产品销售,以及组织和管理生产经营活动的燃料费用则应记入"销售费用""管理费用"总账科目的借方及所属明细账的有关项目。

已领燃料总额,应记入"燃料"总账科目的贷方。不设"燃料"总账科目的,则记入"原材料"总账科目的贷方。

(二)不单独核算燃料费用

不单独核算燃料费用的企业,不设置"燃料"总账科目,也不设置"直接燃料和动力"成本项目。企业生产经营过程中发生的燃料费用支出，作为材料费用的组成内容，视同材料费用组织核算。

三、周转材料的分配

周转材料是指能够多次使用、逐渐转移其价值但仍保持原有的形态，不符合固定资产条件的材料（用品）。主要包括用于包装本企业商品的各种包装物（一次包装材料除外），工具、管理用具、玻璃器皿、劳动保护用品、在生产经营过程中周转使用的容器等低值易耗品，以及建造承包商的钢模板、木模板、脚手架等周转材料。

（一）按归属（用途）分配周转材料

周转材料种类繁多，分布于企业生产经营的各个环节，具体用途各不相同，会计处理也不尽相同。

为了总括地核算和监督企业周转材料的收入、发出、摊销和结存情况，设置“周转材料”账户。周转材料的核算分为在库和在用两个阶段。在库阶段核算与原材料核算相同；在用周转材料是指车间、部门从仓库领用，直到报废以前整个使用过程中的周转材料。周转材料在使用中的实物状态基本保持不变，其价值应该采用适当的摊销方法计入产品成本或期间费用。

（1）生产车间领用的周转材料，应记入“制造费用”总账账户及其明细账。

（2）销售部门领用的周转材料，随同商品出售不单独计价的，应计入销售费用；随同商品出售并单独计价的，应视为材料销售，将取得的收入作为“其他业务收入”，相应的周转材料账面价值记入“其他业务成本”。

（3）用于出租的周转材料，收取的租金应作为“其他业务收入”并计算缴纳增值税，相应的周转材料账面价值应记入“其他业务成本”。

（4）用于出借的周转材料，其账面价值应记入“销售费用”。

（5）管理部门领用的周转材料，其账面价值应记入“管理费用”。

（二）周转材料的摊销方法

企业应根据周转材料的消耗方式、价值大小、耐用程度等，选择适当方法，将其账面价值一次或分期计入有关成本费用。周转材料常用的摊销方法有一次摊销法、分次摊销法和“五五”摊销法。

1. 一次摊销法

一次摊销法也称一次转销法或一次计入法，是指在领用周转材料时，将其全部价值一次计入当月（领用月份）产品成本、期间费用等。其账务处理为：

借：制造费用

　　管理费用

　　贷：周转材料

周转材料报废时，将其残料价值作为当月周转材料摊销额的减少，冲减有关的成本、费用。其账务处理为：

借：原材料

贷:制造费用

　　管理费用

周转材料如果采用按计划成本进行日常核算时,领用周转材料应按计划成本进行账务处理;月末,还要调整领用周转材料的成本差异。调整时,超支成本差异用蓝字,节约成本差异编制相反分录或用红字分录。其账务处理为(假设为超支差异):

借:制造费用

　　管理费用

　贷:材料成本差异

【例3-5】兴唐公司基本生产车间领用的周转材料采用一次摊销法。某月该车间领用一批周转材料,实际成本800元;同时,报废一批周转材料,残料作价40元作为原材料验收入库。编制的会计分录如下:

(1)领用周转材料时

借:制造费用　　800

　贷:周转材料　　800

(2)报废周转材料残料入库时

借:原材料　　40

　贷:制造费用　　40

一次摊销法的核算比较简便,但由于周转材料的使用期一般不止一个月(跨月使用),因而采用这种方法会使各月成本、费用负担不太合理,还会产生账外财产,不便于实行价值监督。这种方法一般适用于单位价值较低、使用期限较短、一次领用数量不多以及容易破损的周转材料。

2.分次摊销法

分次摊销法是指根据周转材料可供使用的估计次数,将其成本分期计入有关成本费用的一种摊销方法。

(1)各期周转材料摊销额的计算公式

某期周转材料摊销额=周转材料账面价值×(该期实际使用次数÷预计可使用次数)

在分次摊销法下,需在“周转材料”总账科目下分设“在库”“在用”和“摊销”三个二级科目。

(2)账务处理

①领用周转材料时

借:周转材料——在用

　贷:周转材料——在库

②分期摊销周转材料账面价值时,按计算的本期摊销额

借:制造费用

　　管理费用

　　销售费用

　贷:周转材料——摊销

③周转材料报废时,应将其账面摊余价值一次转销

借:制造费用

管理费用

销售费用

贷:周转材料——摊销

同时,转销周转材料全部已提摊销额

借:周转材料——摊销

贷:周转材料——在用

④报废周转材料的残料价值

借:原材料

贷:制造费用

管理费用

销售费用

采用分次摊销法,各月成本、费用负担的周转材料摊销额比较合理,但核算工作量较大。这种方法一般适用于一些单位价值较高、使用期限较长而不易损坏的周转材料,如反复多次使用的专用工具、模具等。

3. “五五”摊销法

五五摊销法也称“五成法”,是指在领用周转材料时,摊销其价值的一半,报废时再摊销其价值的另一半。在这种方法下的周转材料二级科目的设置与分次摊销法相同。也即在“周转材料”总账科目下分设“在库”“在用”和“摊销”三个二级科目。其账务处理如下。

(1)领用周转材料时

借:周转材料——在用

贷:周转材料——在库

同时摊销其账面价值的50%时

借:制造费用

管理费用

销售费用

其他业务成本

贷:周转材料——摊销

(2)周转材料报废时,摊销其余50%的账面价值

借:制造费用

管理费用

销售费用

其他业务成本

贷:周转材料——摊销

同时,转销周转材料全部已提摊销额

借:周转材料——摊销

贷:周转材料——在用

(3)报废周转材料的残料价值

借:原材料

贷:制造费用

管理费用

销售费用

其他业务成本

如果周转材料按计划成本进行日常核算,月末也要调整分配所领周转材料的计划成本,分配成本差异。

【例3-6】兴唐公司领用了一批全新的包装箱,无偿提供给客户周转使用。包装箱的账面价值为50 000元。采用五五摊销法摊销。该包装箱报废时,残料估价2 000元作为原材料入库。编制的会计分录如下:

(1)领用包装箱时

借:周转材料——在用　　50 000

　贷:周转材料——在库　　50 000

(2)摊销其价值的50%

借:销售费用　　25 000

　贷:周转材料——摊销　　25 000

(3)包装箱报废,摊销其余50%的账面价值

借:销售费用　　25 000

　贷:周转材料——摊销　　25 000

(4)转销全部已提摊销额

借:周转材料——摊销　　50 000

　贷:周转材料——在用　　50 000

(5)报废包装箱的残料作价入库时

借:原材料　　2 000

　贷:销售费用　　2 000

【例3-7】兴唐公司基本生产车间领用工具一批,其计划成本为3 000。报废以前领用的另一批生产工具计划成本为2 000元,收回残料计价100元作为原材料入库。本月周转材料成本差异率为节约3%。编制的会计分录如下:

(1)领用时

借:周转材料——在用　　3 000

　贷:周转材料——在库　　3 000

(2)摊销其价值的50%

借:制造费用　　1 500

　贷:周转材料——摊销　　1 500

(3)以前领用工具报废时的摊销额

借:原材料　　100

　　制造费用　　900

　贷:周转材料——摊销　　1 000

(4)注销报废生产工具的摊销额

借:周转材料——摊销　　2 000

　贷:周转材料——在用　　2 000

(5)月末,调整分配本月所领用生产工具的成本节约差异

借:材料成本差异——周转材料成本差异　　90

　贷:制造费用　　90

采用五五摊销法,虽然会计处理比较复杂,但周转材料在报废以前,始终有50%的价值保留在账面上,有利于加强对周转材料的管理与核算,能够对在用周转材料实行价值监督。各月成本、费用负担周转材料的摊销比较合理,但其核算工作量较大。五五摊销法适合于各月领用和报废周转材料的数量比较均衡、各月摊销额相差不多的周转材料。

第三节　外购动力费用的分配

外购动力费用是指企业从外部购买的各种动力,如电力、热力等所支付的费用。外购动力有的直接用于产品生产,如生产工艺用电力;有的间接用于产品生产,如生产单位照明用电力;有的则用于经营管理,如企业行政管理部门照明用电力和取暖等。

一、外购动力费用的核算

外购动力应根据其使用数量向供应单位支付款项。在支付外购动力费用时,应根据供应单位抄录的耗用数量和计价标准所开列的账单予以支付。企业处理动力费用的一般做法为,根据权责发生制原则,将实际支付的动力费用作为暂付款项处理,作为应付账款的减少,记入“应付账款”账户的借方。然后,在月末根据耗用单位抄录的实际耗用数量,按照用途进行分配,贷记“应付账款”账户。

(1)在支付动力费用时

借:应付账款

　贷:银行存款

(2)分配动力费用时:

借:基本生产成本(用于产品生产)

　　辅助生产成本(用于辅助生产车间)

　　制造费用(照明用电)

　　管理费用(行管部门用电)

　　销售费用(销售部门用电)

　贷:应付账款

二、外购动力费用的分配

(一)按归属(用途)分配外购动力费用

1. 基本生产车间用动力

(1)基本生产车间直接用于产品生产的动力费用,应直接或分配记入“基本生产成本”总账账户及其所属产品成本明细账的“直接燃料和动力”成本项目中。

(2)基本生产车间组织和管理生产的动力费用以及用于产品生产但未专设成本项目的动力费用,应记入“制造费用”总账账户及其所属明细账的“水电费”项目中。

2. 辅助生产车间用动力

（1）辅助生产车间的外购动力费用，原则上应比照基本生产车间进行处理。

（2）辅助生产车间的外购动力费用分配也可以采用简化的办法进行处理，即全部记入“辅助生产成本”总账账户及其所属明细账的“直接燃料和动力”项目中。

3. 行政管理部门用动力

（1）行政管理部门组织和管理生产经营活动的动力费用，应记入“管理费用”总账账户及其所属明细账的“水电费”费用项目中。

（2）销售部门的动力费用，应记入“销售费用”总账账户及其所属明细账的“水电费”费用项目中。

4. 其他用动力

除了上述生产经营过程中使用的外购动力外，对于其他用途的外购动力，应根据其具体用途，分别记入到“其他业务成本”“在建工程”等相关项目中。

（二）共同耗用外购动力费用的分配

1. 各车间、部门动力费用的分配

各车间、部门可以根据计量仪表记录的实际耗用数量和外购动力的计价标准计算分配动力费用。动力（以电力为例）费用分配的计算公式如下：

电力费用分配率＝电力费用总额÷各车间、部门耗用的外购用电度数之和

某车间、部门应分配的电力费用＝该车间、部门用电度数×电力费用分配率

2. 各产品之间的动力费用的分配

车间的产品动力用电，一般不按产品分别安装电表，因而车间动力用电费用在各种产品之间，应选择适当的标准，采用一定的方法分配计入各种产品成本。常用的分配标准有生产工时比例、机器工时比例、定额耗电量比例等。其计算公式如下：

$$分配率=\frac{待分配的动力费用总额}{各种产品的分配标准数额之和}$$

某种产品应分配的动力费用＝该种产品分配标准数额×分配率

【例3－8】兴唐公司20××年12月耗电量合计36 000千瓦·时，金额28 800元，每千瓦·时0.8元。直接用于产品生产耗电25 000千瓦·时，金额20 000元，没有分产品安装电能表，规定按机器工时比例分配。甲产品机器工时为5 000小时，乙产品机器工时为3 000小时。该企业设有“直接燃料及动力”成本项目。

甲、乙产品动力费用分配计算如下：

$$动力费用分配率=\frac{20\ 000}{5\ 000+3\ 000}=2.5$$

甲产品动力费用＝5 000×2.5＝12 500（元）

乙产品动力费用＝3 000×2.5＝7 500（元）

（三）外购动力费用分配表

在会计实务中，动力费用的分配是通过编制外购动力费用分配表进行的，分配表的格式如表3－2所示。

表 3－2　外购动力费用分配表

20××年 12 月

应借科目		成本或费用项目	机器工时（分配率:2.5）/小时	耗电（分配率:0.8）/千瓦·时	金额/元
基本生产成本	甲产品	直接燃料和动力	5 000		12 500
	乙产品	直接燃料和动力	3 000		7 500
	小计		8 000	25 000	20 000
辅助生产成本	供水	直接燃料和动力		2 500	2 000
	运输	直接燃料和动力		1 875	1 500
	小计			4 375	3 500
制造费用	基本生产成本	水电费		2 250	1 800
	供水车间	水电费		1 250	1 000
	运输车间	水电费		625	500
	小计			4 125	3 300
管理费用		水电费		1 875	1 500
销售费用		水电费		625	500
合计				36 000	28 800

（四）外购动力费用分配的账务处理

根据外购动力费用分配表 3－2 编制的会计分录如下：

借：基本生产成本——甲产品　　12 500
　　　　　　　　——乙产品　　7 500
　　辅助生产成本——供水　　2 000
　　　　　　　　——运输　　1 500
　　制造费用——基本生产成本　　1 800
　　　　　　——供水车间　　1 000
　　　　　　——运输车间　　500
　　管理费用　　1 500
　　销售费用　　500
　贷：应付账款（或银行存款）　　28 800

第四节　职工薪酬的分配

一、职工薪酬的内容

职工薪酬是指企业为获得职工提供的服务或解除劳动关系而给予的各种形式的报酬或补偿。职工薪酬包括短期薪酬、离职后福利、辞退福利和其他长期职工福利等。企业提供给职工配偶、子女、受赡养人、已故员工遗属及其他受益人等福利，也属于职工薪酬。

(1)短期薪酬是指企业在职工提供相关服务的年度报告期间结束后12个月内需要全部予以支付的职工薪酬，因解除与职工的劳动关系给予的补偿除外。

(2)离职后福利是指企业为获得职工提供的服务而在职工退休或与企业解除劳动关系后，提供的各种形式的报酬和福利。

(3)辞退福利是指企业在职工劳动合同到期之前解除与职工的劳动关系，或者为鼓励职工自愿接受裁减而给予职工的补偿。

(4)其他长期职工福利是指除短期薪酬、离职后福利、辞退福利之外所有的职工薪酬，包括长期带薪缺勤、长期残疾福利、长期利润分享计划等。

职工薪酬包括的内容较多，在职工薪酬中，短期职工薪酬是职工薪酬主体核心内容。这里我们只介绍短期薪酬的分配。短期薪酬主要包括以下内容。

(一)职工工资、奖金、津贴和补贴

职工工资、奖金、津贴和补贴是指构成工资总额的计时工资、计件工资、支付给职工的超额劳动报酬和增收节支的劳动报酬、为补偿职工特殊或额外的劳动消耗和其他特殊原因支付给职工的津贴，以及为保证职工工资水平不受物价影响支付给职工的物价补贴等。

(二)职工福利费

职工福利费是指企业按照职工工资总额的一定比例提取的、用于职工个人福利的薪酬，主要包括职工因公负伤赴外地就医的路费、职工生活困难补助、未实行医疗统筹企业的职工医疗费用及按规定发生的其他职工福利支出。

(三)社会保险费

社会保险费是指企业按照国家和政府有关部门规定的基准和比例计算，向社会保险经办机构缴纳的医疗保险费、养老保险费、失业保险费、工伤保险费和生育保险费等。(这就是所谓的“五险一金”中的五险，一金是指住房公积金)。

(四)住房公积金

住房公积金是指企业按照国家和政府有关部门规定的基准和比例计算，向住房公积金管理机构缴存的住房公积金。

(五)工会经费和职工教育经费

工会经费和职工教育经费是指企业按照一定比例提取的用于改善职工文化生活和学习先进技术，以提高职工的文化水平和业务素质的支出，主要包括开展工会活动、职工教育及职工技能培训等相关支出。

(六)短期带薪缺勤

短期带薪缺勤是指企业支付工资或提供补偿的职工缺勤，包括年休假、病假、短期伤残、婚假、产假、丧假、探亲假等。

（七）短期利润分享计划

短期利润分享计划是指因职工提供服务而与职工达成的基于利润或其他经营成果提供薪酬的协议。

（八）非货币性福利

非货币性福利是指企业以自己的产成品或外购商品发放给职工作为福利，或将其拥有的资产或租赁资产无偿提供给职工使用，或为职工提供诸如医疗保健服务，或向职工提供企业支付了一定补贴的商品或劳务等。

（九）其他短期薪酬

其他短期薪酬是指在上述薪酬以外、企业为获得职工提供的服务而给予的其他薪酬。

二、工资总额的组成

在短期职工薪酬中，工资总额的组成部分是其基本内容，也是计算和提取职工福利费、社会保险费、住房公积金及工会经费和职工教育经费等的依据。工资总额是指企业在一定时期内实际支付给职工的劳动报酬总额。企业的工资总额一般由计时工资、计件工资、奖金、津贴和补贴、加班加点工资和特殊情况下支付的工资六个部分组成。

（一）计时工资

计时工资是指按计时工资标准和工作时间支付给职工的劳动报酬，包括以下几个方面：

（1）对已做工作按计时工资标准支付的工资；

（2）实行结构工资制的单位支付给职工的基础工资和岗位工资；

（3）新参加工作职工的见习工资等。

（二）计件工资

计件工资是指按职工所完成的工作量和计件单价计算支付的劳动报酬，包括以下几个方面：

（1）实行超额累进计件、直接无限计件、限额计件和超定额计件等计件工资形式下，按有关计算规定和计件单价支付给职工的工资；

（2）按工作任务包干方法支付给职工的工资；

（3）按营业额提成或利润提成办法支付给职工的工资。

（三）奖金

奖金是指支付给职工的标准工资以外的超额劳动报酬和增收节支的劳动报酬，包括生产奖、节约奖、劳动竞赛奖等。

（四）津贴和补贴

津贴和补贴是指为了补偿职工特殊或额外劳动消耗和因其他特殊原因支付给职工的津贴

及为了保证职工工资水平不受物价变动影响而支付给职工的物价补贴。

(1)津贴包括补偿职工特殊和额外劳动消耗的津贴,如高空津贴、井下津贴、野外津贴、中夜班津贴等;保健性津贴,如卫生防疫津贴等;技术性津贴,如特级技师津贴等;年功性津贴,如工龄津贴等;其他津贴,如冬煤津贴等。

(2)补贴包括为保证职工生活水平不受物价上涨影响支付给职工的副食品价格补贴、粮价补贴等物价补贴。

(五)加班加点工资

加班加点工资是指按规定对职工在法定工作时间以外从事的劳动所支付给职工的加班工资和加点工资。

(六)特殊情况下支付的工资

(1)特殊情况下支付的工资包括以下两个方面。

①根据国家法律、法规和政策规定,在某些非工作时间内支付的工资,如病、伤、产假工资等。

②附加工资和保留工资等。

(2)在进行工资费用核算时必须注意以下两个方面的问题。

①划清工资总额组成与非工资总额组成的界限。例如,劳动保护费、出差伙食补助和误餐补助、独生子女补助等,虽然随同工资发给职工,但不属于工资总额的组成内容,不应计作工资费用。

②工资总额的组成内容与计入产品成本及期间费用的工资费用是有所区别的,即企业的工资总额并非全部计入产品成本和期间费用。比如,企业医务人员、福利人员的工资应由职工福利费负担;企业从事在建工程施工人员的工资由在建工程成本负担,不计入产品成本和期间费用。

三、工资费用的计算

(一)工资计算的原始记录

1. 工资卡

工资卡又称职工工资目录,它是按每一职工设置,主要记录职工的工资级别和工资标准、工龄及享受的津贴等内容。

2. 考勤记录

考勤记录是登记和反映每一职工出勤情况的原始记录,它是计算职工计时工资的基本依据,同时也是企业进行劳动管理的重要依据。

3. 产量记录

产量记录是登记和反映每个工人或集体(如班组)在出勤时间内完成的产品数量、质量和生产产品所用工时数量的原始记录。它是统计产量和工时的依据,也是计算计件工资的原始记录。

（二）计时工资的计算

计时工资是根据考勤记录中登记的每一职工出勤或缺勤日数，并按规定的工资标准进行计算。计时工资按计算的时间不同，可以分为按月计算的月薪制、按日计算的日薪制和按小时计算的小时工资。

企业固定职工的计时工资一般采取月薪制，临时职工的计时工资大多采取日薪制，也有以小时工资计算的。下面主要介绍月薪制。

1. 工资率的计算

工资率是指单位时间内所支付的工资数额。月薪制中的月标准工资就是按月计算的月工资率。在月薪制下，由于每个职工每月出勤、缺勤情况不同，所以需要将月标准工资折算为日工资率，即每日平均工资，以便于计算职工有缺勤时的应付计时工资。日工资率的计算有两种方法。

（1）每月固定按30天计算，日工资率按月工资标准除以30日求得：

日工资率 = 月标准工资 ÷ 30

（2）每月按20.83日计算，日工资率按月工资标准除以20.83日求得：

日工资率 = 月标准工资 ÷ 20.83

全年固定365天减去104个双休日（全年52个双休日，共计52 × 2 = 104天）和11个法定节假日，得出全年工作日为250天；再除以12个月算出月平均工作日数为20.83日；以月工资标准除以20.83日算出每月的日工资率。

2. 月标准工资的计算

采用月薪制，不论各月日历天数多少，每月的标准工资都是相同的。也就是说，在月薪制下，不管当月日历天数多少，只要职工该月出全勤，即可领取固定的月标准工资。如果发生缺勤情况可以按以下公式计算全月的应付标准工资。

应付标准工资 = 月标准工资 - 应扣缺勤工资

其中：应扣缺勤工资 = 缺勤日数 × 日工资率 × 缺勤扣款比例

或者：应付标准工资 = 出勤日数 × 日工资率 + 应发缺勤工资

其中：应发缺勤工资 = 缺勤日数 × 日工资率 ×（1 - 缺勤扣款比例）

3. 应付月计时工资的计算

根据上述日工资率和月标准工资的计算，应付计时工资一般有以下四种计算方法。

（1）按30日计算日工资率，按缺勤日数扣月工资；

（2）按30日计算日工资率，按出勤日数计算月工资；

（3）按20.83日计算日工资率，按缺勤日数扣月工资；

（4）按20.83日计算日工资率，按出勤日数计算月工资。

计算计时工资时需要注意的问题。

①具体采用何种方法计算应付计时工资由企业自行确定，确定以后不应任意改动。

②在按30日计算日工资率的企业中，由于节假日也算工资，因而出勤期间的节假日，也按出勤日算工资；事假、病假等缺勤期间的节假日，也按缺勤日扣工资。

③在按20.83日计算日工资率的企业中，节假日不算、不扣工资。

【例3-9】假定兴唐公司某工人的月工资标准为4 800元。某月，该工人病假3日，事假

2 日,周末休假 9 日,出勤 17 日。根据该工人的工龄,其病假工资按工资标准的 90% 计算。该工人的病假和事假期间没有节假日。

按上述四种方法分别计算该工人该月的标准工资如下:

(1)按 30 日计算日工资率,按缺勤日数扣月工资

①日工资率 =4 800 ÷30 =160(元)

②应扣缺勤病假工资 =160 ×3 ×(100% -90%) =48(元)

③应扣缺勤事假工资 =160 ×2 =320(元)

④应付工资 =4 800 -48 -320 =4 432(元)

(2)按 30 日计算日工资率,按出勤日数计算月工资

①应付出勤工资 =160 ×(17 +9) =4 160(元)

②应付病假工资 =160 ×3 ×90% =432(元)

③应付工资 =4 160 +432 =4 592(元)

(3)按 20.83 日计算日工资率,按缺勤日数扣月工资

①日工资率 =4 800 ÷20.83 =230.44(元)

②应扣缺勤病假工资 =230.44 ×3 ×(100% -90%) =69.13(元)

③应扣缺勤事假工资 =230.44 ×2 =460.88(元)

④应付工资 =4 800 -69.13 -460.88 =4 269.99(元)

(4)按 20.83 日计算日工资率,按出勤日数计算月工资

①应付出勤工资 =230.44 ×17 =3 917.48(元)

②应付病假工资 =230.44 ×3 ×90% =692.22(元)

③应付工资 =3917.48 +692.22 =4 609.70(元)

(三)计件工资的计算

计件工资是指根据规定的计件单价和完成合格品数量计算支付的工资。计件工资可以分为个人计件工资和集体计件工资两种。

1. 个人计件工资的计算

职工个人的计件工资应根据产量记录中登记的每一工人的产品产量乘以规定的计件单价计算。这里的产量包括不是由于工人本人过失造成的不合格产品(如料废产品数量);由于工人本人过失造成的不合格品(如工废产品),不支付工资,有的还应由工人赔偿损失。同一工人在月份内可能从事计件工资单价不同的各种产品的生产,因而计件工资的计算公式如下。

应付工资 =∑月内每种产品的产量 ×该种产品的计件单价

产品的计件单价是根据工人生产单位产品所需要的工时定额和该级工人每小时的工资率计算求出的。

【例 3 -10】假定兴唐公司甲、乙两种产品都应由四级工人加工。甲产品工时定额为 40 分钟;乙产品工时定额为 24 分钟。四级工的小时工资率为 21 元。甲、乙两种产品的计件工资单价应计算如下:

甲产品计件单价 =21 ×40 ÷60 =14(元)

乙产品计件单价 =21 ×24 ÷60 =8.40(元)

从产品计件单价的计算原理可以看出,同一工人如果生产计件单价不同的各种产品,为了

简化计算工作，也可以根据每一个人完成的产品定额工时总数和工人所属等级的小时工资率计算计件工资。其结果与按上述公式计算的结果应该相同。

【例 3－11】沿用例 3－10 资料，假定某四级工共加工甲产品 210 件，乙产品 500 件。

按上述公式计算的计件工资为：

应付工资＝210×14＋500×8.4＝7 140（元）

该工人完成的产品定额工时为：

甲产品定额工时＝210×40÷60＝140（小时）

乙产品定额工时＝500×24÷60＝200（小时）

该工人完成产品定额工时总数＝140＋200＝340（小时）

根据该工人完成的产品定额工时总数和小时工资率计算的计件工资为：

应付工资＝340×21＝7 140（元）

2. 集体计件工资的计算

按生产小组等集体计件工资的计算方法与个人计件工资的计算相同。但是，集体计件工资还要在集体内部各工人之间按照贡献大小进行分配。由于工人的级别或工资标准一般体现工人劳动的质量和技术水平，工作日数一般体现劳动数量，因而集体内部大多数按每人的工资标准和工作日数（或工时数）乘积进行分配。

【例 3－12】假定兴唐公司车间某生产小组集体完成若干项生产任务，按照计件工资的计算方法算出的集体工资为 17 712 元。该小组由 3 个不同等级的工人组成，每人的姓名、等级、日工资率、出勤日数，以及按日工资率和出勤日数计算的工资额（分配标准）如表 3－3 所示。

表 3－3　集体计件工资分配标准

集体单位：××生产组　　　　20××年 12 月

工人姓名	等级	工资标准（日工资率）/元	出勤日数/天	计算的工资额/元
王文武	六	190	22	4 180
李文明	五	170	22	3 740
赵永亮	四	150	21	3 150
合计	—	—	65	11 070

该生产小组内部工资分配计算如下：

生产小组内部工资分配率＝17 712÷11 070＝1.6

王文武应分工资＝4 180×1.6＝6 688（元）

李文明应分工资＝3 740×1.6＝5 984（元）

赵永亮应分工资＝3 150×1.6＝5 040（元）

三人所分工资合计＝6 688＋5 984＋5 040＝17 712（元）

四、工资费用的分配

工资费用的分配是指将企业职工的工资作为一种费用，按照其用途和发生部门进行的归集和分配。企业生产经营所发生的工资费用，应计入产品成本和期间费用。

(一)按归属(用途)分配工资费用

1. 基本生产车间工资费用

(1)基本生产车间工人的工资,应直接或分配记入“基本生产成本”总账账户及其所属明细账的“直接人工”成本项目。

(2)基本生产车间管理人员的工资,应记入“制造费用”总账账户及其所属明细账的“职工薪酬”费用项目。

2. 辅助生产车间工资费用

(1)辅助生产车间人员的工资,原则上应比照基本生产车间进行处理。

(2)辅助生产车间人员的工资费用分配也可以采用简化的办法,即全部记入“辅助生产成本”总账账户及其所属明细账的“职工薪酬”费用项目。

3. 行政管理部门工资费用

(1)行政管理部门人员的工资,应记入“管理费用”总账账户及其所属明细账的“职工薪酬”费用项目。

(2)销售部门人员的工资,应记入“销售费用”总账账户及其所属明细账的“职工薪酬”费用项目。

4. 其他人员工资费用

除了上述人员工资费用外,对于其他人员的工资费用,应根据其具体用途,分别记入到“在建工程”“应付职工薪酬——职工福利”总账等相关的项目。

(二)共同耗用工资费用的分配

在工资费用中,生产工人的计件工资属于直接计入费用,可根据工资结算凭证直接记入某种产品成本的“直接人工”成本项目。生产工人的计时工资一般属于间接计入费用,但是在只生产一种产品时,可作为直接计入费用,直接计入该种产品成本的“直接人工”成本项目;在生产多种产品时,则属于间接计入费用,应按照产品的实际生产工时比例或定额生产工时比例等分配标准分配后,再记入各种产品成本明细账“直接人工”成本项目。

按生产工时(实际工时或定额工时)比例分配计算公式如下。

(1)工资费用分配率 = 某车间生产工人计时工资总额 ÷ 该车间各种产品生产工时之和

(2)某产品应分配计时工资 = 该产品生产工时 × 工资费用分配率

【例3-13】兴唐公司生产甲、乙两种产品的计时工资共计300 000元。甲、乙产品生产工时分别为10 000小时和5 000小时。

按生产工时比例分配计算如下:

$$工资费用分配率 = \frac{300\ 000}{10\ 000 + 5\ 000} = 20$$

甲产品应分配工资费用 = 10 000 × 20 = 200 000(元)

乙产品应分配工资费用 = 5 000 × 20 = 100 000(元)

(三)工资费用的分配

工资费用分配是通过编制工资费用分配表进行的,工资费用分配表是根据工资结算汇总表编制的，其一般格式如表 3－4 所示。

表 3－4　工资费用分配表

20××年 12 月

<table>
<tr><th colspan="2" rowspan="2">应借科目</th><th rowspan="2">成本项目或费用项目</th><th rowspan="2">直接计入费用/元</th><th colspan="3">分配计入</th><th rowspan="2">工资费用合计/元</th></tr>
<tr><th>生产工时/小时</th><th>分配率</th><th>分配金额/元</th></tr>
<tr><td rowspan="3">基本生产成本</td><td>甲产品</td><td>直接人工</td><td>0</td><td>10 000</td><td></td><td>200 000</td><td>200 000</td></tr>
<tr><td>乙产品</td><td>直接人工</td><td>0</td><td>5 000</td><td></td><td>100 000</td><td>100 000</td></tr>
<tr><td colspan="2">小计</td><td>0</td><td>15 000</td><td>20</td><td>300 000</td><td>300 000</td></tr>
<tr><td rowspan="3">辅助生产成本</td><td>供水</td><td>直接人工</td><td>35 000</td><td></td><td></td><td></td><td>35 000</td></tr>
<tr><td>运输</td><td>直接人工</td><td>25 000</td><td></td><td></td><td></td><td>25 000</td></tr>
<tr><td colspan="2">小计</td><td>60 000</td><td></td><td></td><td></td><td>60 000</td></tr>
<tr><td rowspan="4">制造费用</td><td>基本生产车间</td><td>职工薪酬</td><td>15 000</td><td></td><td></td><td></td><td>15 000</td></tr>
<tr><td>供水车间</td><td>职工薪酬</td><td>8 000</td><td></td><td></td><td></td><td>8 000</td></tr>
<tr><td>运输车间</td><td>职工薪酬</td><td>7 000</td><td></td><td></td><td></td><td>7 000</td></tr>
<tr><td colspan="2">小计</td><td>30 000</td><td></td><td></td><td></td><td>30 000</td></tr>
<tr><td colspan="2">管理费用</td><td>职工薪酬</td><td>40 000</td><td></td><td></td><td></td><td>40 000</td></tr>
<tr><td colspan="2">销售费用</td><td>职工薪酬</td><td>20 000</td><td></td><td></td><td></td><td>20 000</td></tr>
<tr><td colspan="3">合计</td><td>150 000</td><td></td><td></td><td>300 000</td><td>450 000</td></tr>
</table>

（四）工资费用分配的账务处理

根据表 3－4 工资费用分配表编制的会计分录如下：

借：基本生产成本——甲产品　　200 000
　　　　　　　　——乙产品　　100 000
　　辅助生产成本——供水　　35 000
　　　　　　　　——运输　　25 000
　　制造费用——基本生产车间　　15 000
　　　　　　——供水车间　　8 000
　　　　　　——运输车间　　7 000
　　管理费用　　40 000
　　销售费用　　20 000
贷：应付职工薪酬——工资　　450 000

五、其他职工薪酬的分配

（一）其他职工薪酬的计算

其他职工薪酬包括了除职工工资、奖金、津贴和补贴以外的多项内容。这里只介绍根据工资费用计算提取的职工福利费、社会保险费、住房公积金、工会经费和职工教育经费的分配。

按照现行企业会计准则规定，上述其他职工薪酬应当按照应付职工薪酬总额的一定比例计算提取，并根据受益对象按用途计入成本、费用。需要指出的是，按医务及生活福利部门人员的工资额提取的职工福利费，作为管理费用列支，而不由职工福利费列支。其原因为，如果由职工福利费列支，则一方面增加形成了职工福利费的来源；另一方面又减少了应付职工福利费，其结果是这部分职工福利费等于没有提取。

【例3－14】兴唐公司20××年12月工资费用总额见表3－4，根据企业所在地政府的规定，企业分别按照工资总额的9%、12%、2%、11%计提医疗保险、养老保险、失业保险和住房公积金（三险一金）。根据去年实际发生的职工福利费情况，今年提取的职工福利费为工资总额的1.5%。企业分别按照2%、2.5%计提工会经费和职工教育经费。

提取比例共计：9%＋12%＋2%＋11%＋1.5%＋2%＋2.5%＝40%

根据上述表3－4资料，该企业本月应计提的其他职工薪酬计算如下：

（1）应记入“基本生产成本”账户的其他职工薪酬

甲产品：200 000×40%＝80 000（元）

乙产品：100 000×40%＝40 000（元）

（2）应记入“辅助生产成本”账户的其他职工薪酬

供水车间：35 000×40%＝14 000（元）

运输车间：25 000×40%＝10 000（元）

（3）应记入“制造费用”账户的其他职工薪酬

基本生产车间：15 000×40%＝6 000（元）

供水车间：8 000×40%＝3 200（元）

运输车间：7 000×40%＝2 800（元）

（4）应记入“管理费用”账户的其他职工薪酬

40 000×40%＝16 000（元）

（5）应记入“销售费用”账户的其他职工薪酬

20 000×40%＝8 000（元）

（二）其他职工薪酬分配表

企业计算提取的其他职工薪酬可通过编制的其他职工薪酬分配表进行。其他职工薪酬分配表参见表3－5所示。

表3－5　其他职工薪酬分配表

20××年12月　　单位：元

应借科目		成本项目或费用项目	工资总额	其他职工薪酬（40%）
基本生产成本	甲产品	直接人工	200 000	80 000
	乙产品	直接人工	100 000	40 000
	小计		300 000	120 000
辅助生产成本	供水	直接人工	35 000	14 000
	运输	直接人工	25 000	10 000
	小计		60 000	24 000

续表

应借科目		成本项目或费用项目	工资总额	其他职工薪酬(40%)
制造费用	基本生产车间	职工薪酬	15 000	6 000
	供水车间	职工薪酬	8 000	3 200
	运输车间	职工薪酬	7 000	2 800
	小计		30 000	12 000
管理费用		职工薪酬	40 000	16 000
销售费用		职工薪酬	20 000	8 000
合计			450 000	180 000

(三)其他职工薪酬分配的账务处理

根据表3-5其他职工薪酬分配表编制的会计分录如下：

借：基本生产成本——甲产品　　80 000
　　　　　　　　——乙产品　　40 000
　　辅助生产成本——供水　　14 000
　　　　　　　　——运输　　10 000
　　　　制造费用——基本生产成本　　6 000
　　　　　　　　——供水车间　　3 200
　　　　　　　　——运输车间　　2 800
　　管理费用　　16 000
　　销售费用　　8 000
　贷：应付职工薪酬——其他职工薪酬　　180 000

第五节　其他要素费用的分配

一、折旧费用的分配

(一)按归属(用途)分配折旧费用

固定资产在长期使用过程中保持实物形态不变，但其价值随着固定资产的损耗而逐渐减少，这部分由于损耗而减少的价值就是固定资产折旧。固定资产的折旧应按其耗用的期限分期计入产品成本和期间费用。按照会计制度的规定，企业生产车间发生的折旧费用是产品成本的组成部分，应计入产品成本；企业管理部门、销售部门等发生的折旧费用则应作为期间费用计入当期损益，不计入产品成本。

1.基本生产车间的折旧费用

基本生产车间固定资产的折旧费用是产品成本的组成部分，应记入"制造费用"账户。对于基本生产车间机器设备来说，其折旧费用虽然属于直接用于产品生产的费用，应直接或分配计入"基本生产成本"账户，但是由于企业生产某种产品往往需要使用多种机器，而某种机器设备可能生产多种产品，一般属于分配工作比较复杂的间接计入费用，所以，为了简化成本计算，机器设备的折旧费用虽然是直接用于产品生产的费用，没有专门设置成本项目核算。因此，与生产车间的其他固定资产折旧费用一起记入“制造费用”账户。

2. 辅助生产车间的折旧费用

(1)辅助生产车间的折旧费用，应比照基本生产车间进行处理。

(2)辅助生产车间的折旧费用分配也可以采用简化的办法，即全部记入“辅助生产成本”总账账户及其所属明细账的“折旧费”费用项目。

3. 行政管理部门的折旧费用

(1)企业行政管理部门的折旧费用，应记入“管理费用”总账账户及其所属明细账的“折旧费”费用项目。

(2)销售部门的折旧费用，应记入“销售费用”总账账户及其所属明细账的“折旧费”费用项目。

固定资产的折旧费用应按其使用车间、部门等进行汇总，并进行相应的会计处理。

(二)计提折旧的范围

(1)按照企业会计准则的规定，企业应对所有的固定资产计提折旧；已提足折旧仍继续使用的固定资产和单独计价入账的土地除外。

(2)固定资产应按月计提折旧。为了简化折旧的计算工作，当月增加的固定资产当月不提折旧，从下月起计提折旧；当月减少的固定资产当月照提折旧，从下月起停止计提折旧。

(3)固定资产应自达到预定可使用状态时开始计提折旧，终止确认时或划分为持有待售非流动资产时停止计提折旧。已经达到预定可使用状态但尚未办理竣工决算的固定资产，应当按照估计价值确定其成本，并计提折旧；待办理竣工决算后再按实际成本调整原来的暂估价值，但不需要调整原已计提的折旧额。

(4)固定资产提足折旧后，不论能否继续使用，均不再计提折旧。提前报废的固定资产也不再补提折旧。

(三)折旧费用分配表

折旧费用的分配是通过编制折旧费用分配表进行的。折旧费用分配如表 3－6 所示。

表 3－6　折旧费用分配表

20××年 12 月　　　　单位：元

应借科目	费用项目	基本生产车间	供水车间	运输车间	行政管理部门	专设销售机构	合计
制造费用	折旧费	18 000					18 000
			4 000				4 000
				3 000			3 000
管理费用					2 000		2 000
销售费用						1 000	1 000
合计		18 000	4 000	3 000	2 000	1 000	28 000

(四)折旧费用分配的账务处理

根据表3－6折旧费用分配表编制的会计分录如下：

借：制造费用——基本生产车间　　18 000
　　　　　　——供水车间　　4 000
　　　　　　——运输车间　　3 000
　　管理费用　　2 000
　　销售费用　　1 000
　贷：累计折旧　　28 000

二、利息费用的核算

(一)短期借款利息费用的结算

要素费用中的利息费用，不是产品成本的组成部分，而是期间费用中的财务费用的组成部分。短期借款的利息一般作为财务费用处理，按季度结算支付。按照权责发生制原则，短期借款利息一般采用分月按计划预提的方式进行核算，季末实际支付利息时冲减已经计提的利息，实际支付的利息费用与预提利息之间的差额，调整计入季末月份的财务费用。在短期借款的数额不多，各月利息费用数额不大的情况下，可以采用简化的核算方法，即于实际支付利息的月份，将其全部作为当月的财务费用，而不再采用按月预提的方法。

(1)取得短期借款时

借：银行存款
　贷：短期借款

(2)每月预提利息费用时

借：财务费用
　贷：应付利息

(3)季末实际支付利息时

①如果预提数等于实际支付数

借：应付利息
　贷：银行存款

②如果实际支付利息大于预提数(其差额计入财务费用)

借：应付利息　(预提)
借：财务费用　(差额)
　贷：银行存款　(实际)

③如果实际支付利息小于预提数(其差额冲减财务费用)

借：应付利息　(预提)
　贷：财务费用　(差额)
　贷：银行存款　(实际)

(4)到期归还短期借款本金时

借：短期借款

贷:银行存款

(二)长期借款利息费用的结算

长期借款利息费用一般是每年计算一次应付利息,到期一次还本付息。长期借款及其利息费用的核算较为复杂,这里不再述及。

(1)取得长期借款时

借:银行存款

贷:长期借款

(2)每年计算结转应付利息时

借:财务费用

在建工程

贷:长期借款

(3)到期还本付息时:

借:长期借款

贷:银行存款

【例3-15】假定兴唐公司20××年7月1日从银行取得期限为6个月,年利率为6%,每季结息一次的短期借款50 000元,用于企业的生产经营。由于短期借款的数额不多,各月利息费用数额不大,为了简化核算,对其利息费用全部作为当月的财务费用处理。

编制的有关会计分录如下:

(1)取得借款时

借:银行存款　　50 000

贷:短期借款　　50 000

(2)9月末归还短期借款利息时

3个月应付的利息费用=50 000×6%×3/12=750(元)

借:财务费用　　750

贷:银行存款　　750

(3)12月末归还短期借款本息时

应按期归还本息=50 000+750=50 750(元)

借:短期借款　　50 000

财务费用　　750

贷:银行存款　　50 750

三、税金的核算

要素费用中的税金是特指计入管理费用的各种税金,也不是产品成本的组成部分,而是期间费用中管理费用的组成部分。具体包括房产税、土地使用税、车船税和印花税等。计入管理费用的税金分以下两种情况。

(一)预先计算应缴金额的税金

对于需要预先计算应交金额,然后缴纳的房地产税、车船税、土地使用税,应通过“应交税费”账户核算。

(1)计算出应交税金时

借:管理费用

贷:应交税费——应交房产税

应交税费——应交车船税

应交税费——应交土地使用税

(2)缴纳税金时

借:应交税费——应交房产税

应交税费——应交车船税

应交税费——应交土地使用税

贷:银行存款

【例3-16】兴唐公司计算出本月应交房产税120元,应交车船税150元,应交土地使用税130元,共计400元。

编制的会计分录如下:

借:管理费用——税金　　400

贷:应交税费——应交房产税　　120

——应交车船税　　150

——应交土地使用税　　130

(二)不需要预先计算应缴金额的税金

对于税金中的印花税,不需要通过“应交税费”账户核算。

(1)如果购买印花税税票金额较小,则在购买时可直接记入“管理费用”总账账户及其所属明细账的“税金”费用。

即在购买时:

借:管理费用

贷:银行存款

(2)如果购买印花税税票金额较大需要分期摊销时,则可作为待摊的费用进行处理。

①在购买时:

借:预付账款

贷:银行存款

②分月摊销时:

借:管理费用

贷:预付账款

【例3-17】兴唐公司12月开出转账支票购买印花税税票,共计300元。编制的会计分录如下:

借:管理费用　　300

贷:银行存款　　300

四、其他费用的核算

要素费用中的其他费用是指除上述各项费用以外的其他费用支出。包括差旅费、邮电费、保险费、劳动保护费、运输费、办公费、水电费、技术转让费、业务招待费等。这些费用有的是产品成本的组成部分,有的则是期间费用的组成部分,即使计入产品成本的其他各项费用,也没有专设成本项目。因此,这些费用发生时,根据有关的付款凭证,按照费用的用途进行归类。其账务处理为:

借:制造费用
　　辅助生产成本
　　管理费用
　　销售费用
　贷:银行存款

【例3-18】兴唐公司以银行存款支付应由12月份负担的有关费用共计31 000元。其中,基本生产车间的劳保费18 000元,供水车间的劳保费2 000元,运输车间的劳保费2 000元,企业行政管理部门的办公费5 000元,专设销售机构的广告费1 500元、办公费2 000元,支付金融机构的手续费500元。

编制的会计分录如下:

借:制造费用——基本生产成本　　18 000
　　　　　　——供水车间　　2 000
　　　　　　——运输车间　　2 000
　　管理费用　　5 000
　　销售费用　　3 500
　　财务费用　　500
　贷:银行存款　　31 000

思考题

1. 什么是适当的分配方法,怎样选择?
2. 分配费用的标准主要有哪几类?
3. 共同耗用费用的分配方法有哪些? 如何进行分配?
4. 简述按材料定额耗用量比例分配材料费用的计算分配程序。
5. 什么是周转材料,其摊销方法有哪些?
6. 什么是一次摊销法? 分次摊销法? 五五摊销法?
7. 采用五五摊销法如何进行账务处理?
8. 职工薪酬包括哪些内容?
9. 短期薪酬主要包括哪些内容?
10. 根据日工资率和月标准工资如何计算应付计时工资。
11. 简述计提折旧的范围。
12. 如何采用按月预提的方法进行短期借款利息费用的核算?

第四章　综合费用的归集与分配

【学习目标】

1. 掌握辅助生产费用各种分配方法的适用情况及优缺点、具体应用，以及在不同方法下的账务处理过程。

2. 掌握制造费用的特点以及制造费用的各种分配方法。

3. 掌握可修复废品损失和不可修复废品损失的核算方法及账务处理方法；了解停工损失的会计核算。

4. 了解期间费用的内容及其归集和核算方法。

第一节　辅助生产费用的归集与分配

一、辅助生产费用概述

（一）辅助生产的概念

辅助生产是指为企业基本生产车间和行政管理部门等单位提供服务而进行的产品生产和劳务供应。辅助生产车间提供的产品和劳务主要有两种形式：

(1)生产产品。如从事工具、模具、修理用备件的制造等；

(2)提供劳务。如供电、供水、供气、供风、修理、运输等。

辅助生产提供的产品和劳务，一般很少对外销售，但主要是为本企业服务。

（二）辅助生产费用的含义

辅助生产车间为生产产品和提供劳务而发生的包括原材料费用、燃料和动力费用、人工费用、制造费用等各种生产费用之和，构成了这些产品和劳务的成本，即辅助生产成本。对于耗用这些辅助生产产品和劳务的基本生产产品和各车间、部门来说，这些辅助生产产品和劳务的成本又是一种费用，即辅助生产费用。辅助生产车间发生的费用应该由各受益对象（如车间、部门等）负担。辅助生产成本的高低，对产品成本水平有直接的影响。从成本核算的程序上看，只有辅助生产产品和劳务成本确定以后，才能计算基本生产的产品成本，这就决定了辅助生产车间所发生的费用必须单独进行归集和分配，并先将其分配计入各受益对象中。因此，正确及时地组织辅助生产费用的归集和分配，对于企业节约费用、降低成本有着十分重要的意义。

(三)辅助生产费用核算的特点

辅助生产费用的核算,包括辅助生产费用的归集和辅助生产费用的分配两个方面。

1. 辅助生产费用的归集

辅助生产费用应按照辅助生产车间以及产品和劳务类别进行归集,归集的过程也是辅助生产产品和劳务成本计算的过程。辅助生产费用的归集是为辅助生产费用的分配做准备。

2. 辅助生产费用的分配

辅助生产费用的分配是指按照一定的标准和方法,将辅助生产费用分配到各受益产品或单位的过程。分配的及时性和准确性会影响到基本生产产品成本和期间费用的确定。辅助生产费用的分配是辅助生产费用核算的关键。

3. 辅助生产费用的结转

由于辅助生产车间有两种不同类型产品的提供,一种是生产产品,如工具、模具、修理用备件的生产;一种是提供劳务,如供水、供电、供气、运输等。产品的生产需要验收入库,而劳务的提供不需要验收入库。因此,辅助生产车间费用的分配和成本的结转方式也分为两种。

(1)对提供劳务的辅助生产成本,一般分配结转至“基本生产成本”“制造费用”“管理费用”“销售费用”等账户,结转后,辅助生产成本明细账应无余额。

(2)对生产产品的辅助生产成本,一般分配结转至“原材料”“周转材料”等账户,结转后,辅助生产成本明细账一般有余额(在产品成本)。

我们以下所介绍的辅助生产费用的归集和分配,主要是针对上述提供劳务而言的。生产产品的费用归集和分配过程与基本生产核算相同(即与生产产品核算方法相同)。

二、辅助生产费用的归集

辅助生产费用的归集是通过“辅助生产成本”账户进行的。“辅助生产成本”账户一般应按车间以及产品或劳务的种类设置明细账,账内按成本项目设置专栏,进行明细核算。对于辅助生产费用的核算来说,有两种不同的归集程序,第一种归集程序为:同时设置“辅助生产成本”和“制造费用”账户;第二种归集程序为:只设置“辅助生产成本”账户,不设置“制造费用”账户进行核算。

(一)设置“制造费用”账户

一般情况下,企业设置“制造费用——辅助生产车间”账户,辅助生产车间发生的间接费用记入到“制造费用——辅助生产车间”账户中,直接费用记入到“辅助生产成本”账户中。月末,将“制造费用——辅助生产车间”账户中的借方合计数采用一定的方法分配后结转到“辅助生产成本”账户中,结转后,“制造费用——辅助生产车间”账户期末无余额。

(1)辅助生产车间发生费用时

借:辅助生产成本　(直接费用)

　制造费用——辅助生产车间　(间接费用)

　　贷:有关科目

(2)月末结转制造费用时

借:辅助生产成本

贷:制造费用——辅助生产车间

辅助生产完工产品或劳务的成本,经过分配后从“辅助生产成本”账户的贷方转出,期末如有借方余额则为辅助生产的在产品成本。

【例4－1】兴唐公司有供水和运输两个辅助生产车间,20××年12月其辅助生产成本和辅助生产车间制造费用明细账格式见表4－1～表4－4所示。

表4－1 辅助生产成本明细账

辅助生产车间:供水　　20××年12月　　单位:元

摘要	直接材料	直接燃料和动力	直接人工	制造费用	合计	转出
材料费用分配表	30 000				30 000	
外购动力费用分配表		2 000			2 000	
工资费用分配表			35 000		35 000	
其他职工薪酬分配表			14 000		14 000	
待分配费用小计	30 000	2 000	49 000		81 000	
制造费用分配表				21 700	21 700	
辅助生产成本分配表						102 700
合计	30 000	2 000	49 000	21 700	102 700	102 700

表4－2 辅助生产成本明细账

辅助生产车间:运输　　20××年12月　　单位:元

摘要	直接材料	直接燃料和动力	直接人工	制造费用	合计	转出
材料费用分配表	20 000				20 000	
外购动力费用分配表		1 500			1 500	
工资费用分配表			25 000		25 000	
其他职工薪酬分配表			10 000		10 000	
待分配费用小计	20 000	1 500	35 000		56 500	
制造费用分配表				32 300	32 300	
辅助生产成本分配表						88 800
合计	20 000	1 500	35 000	32 300	88 800	88 800

表4－3 制造费用明细账

辅助生产车间:供水　　20××年12月　　单位:元

摘要	机物料消耗	燃料和动力	职工薪酬	折旧费	劳保费	运费	合计	转出
材料费用分配表	1 500						1 500	
外购动力费用分配表		1 000					1 000	
工资费用分配表			8 000				8 000	
其他职工薪酬分配表			3 200				3 200	

续表

摘要	机物料消耗	燃料和动力	职工薪酬	折旧费	劳保费	运费	合计	转出
折旧费用分配表				4 000			4 000	
劳保费					2 000		2 000	
待分配费用小计	1 500	1 000	11 200	4 000	2 000		19 700	
辅助生产成本分配表						2 000	2 000	
制造费用分配表								21 700
合计	1 500	1 000	11 200	4 000	2 000	2 000	21 700	

表 4 –4　制造费用明细账

辅助生产车间:运输　　　　20××年 12 月　　　　单位:元

摘要	机物料消耗	燃料和动力	职工薪酬		折旧费	劳保费	水费	合计	转出
材料费用分配表	1 000							1 000	
外购动力费用分配表		500						500	
工资费用分配表			7 000					7 000	
其他职工薪酬分配表			2 800					2 800	
折旧费用分配表					3 000			3 000	
劳保费						2 000		2 000	
待分配费用小计	1 000	500	9 800		3 000	2 000		17 300	
辅助生产成本分配表							15 000	15 000	
制造费用分配表									32 300
合计	1 000	500	9 800		3 000	2 000	15 000	32 300	32 300

(二)不设置“制造费用”账户

若企业辅助生产车间规模较小,发生的辅助生产费用也较少,辅助生产也不对外销售产品或提供劳务,这时不需要按照规定的成本项目计算辅助生产的成本。在这种情况下,为了简化核算工作,辅助生产车间的制造费用可以不单独设置“制造费用”明细账,即不通过“制造费用——辅助生产车间”账户进行核算,而直接记入“辅助生产成本”账户总账及其所属明细账进行核算。这时,“辅助生产成本”明细账就是按照成本项目与费用项目相结合设置专栏,而不是按成本项目设置专栏。

辅助生产车间发生费用时:

借:辅助生产成本

　贷:有关科目

【例 4 –2】兴唐公司有供电和供水两个辅助生产车间,因其规模较小,不设置“制造费用”明细账。20××年 12 月其辅助生产成本明细账格式见表 4 –5 和表 4 –6 所示。

表 4－5　辅助生产成本明细账

辅助生产车间:供电　　　　20××年 12 月　　　　单位:元

摘要	材料	职工薪酬	折旧费	保险费	办公费	其他	合计	转出
材料费用分配表	10 000						10 000	
职工薪酬分配表		40 000					40 000	
折旧费用分配表			3 000				3 000	
保险费用分配表				1 000			1 000	
办公费用支出					5 000	2 000	7 000	
辅助生产成本分配表								61 000
合计	10 000	40 000	3 000	1 000	5 000	2 000	61 000	61 000

表 4－6　辅助生产成本明细账

辅助生产车间:供水　　　　20××年 12 月　　　　单位:元

摘要	材料	职工薪酬	折旧费	保险费	办公费	其他	合计	转出
材料费用分配表	8 000						8 000	
职工薪酬分配表		35 000					35 000	
折旧费用分配表			2 500				2 500	
保险费用分配表				1 000			1 000	
办公费用支出					4 000	1 000	5 000	
辅助生产成本分配表								51 500
合计	8 000	35 000	2 500	1 000	4 000	1 000	51 500	51 500

三、辅助生产费用的分配

(一)辅助生产费用的结转和分配

由于辅助生产车间生产的产品和劳务的种类不同,其费用转出、分配的程序也有所不同。

1. 生产的具体产品

如工具、模具和修理用备件等产品,在产品完工时,从“辅助生产成本”分别转入“周转材料”和“原材料”等账户。即:

借:周转材料

借:原材料

　贷:辅助生产成本

2. 提供的劳务

如供水、供电、供气、供风、修理和运输等,就不能像上述产品一样转出,则要在受益单位之间按照所耗数量或其他比例进行分配后转出。

辅助生产车间提供的劳务,不仅是为基本生产和管理部门服务,其相互之间也会提供劳务,需要采用一定的分配方法进行分配,才能准确地确定各车间的费用。为了正确计算辅助生产劳务的成本,在分配辅助生产费用时,应该首先在各辅助生产车间之间进行费用的交互分配,然后再对外(辅助生产车间以外的各受益单位)分配费用。

交互分配法的会计分录如下:

(1)辅助生产车间之间交互分配

借:制造费用——运输车间

——供水车间

贷:辅助生产成本——供水

——运输

(2)分配结转辅助生产车间的制造费用

借:辅助生产成本——供水

——运输

贷:制造费用——供水车间

——运输车间

(3)辅助生产车间对外分配费用

借:基本生产成本

制造费用

管理费用

销售费用

贷:辅助生产成本

(二)辅助生产费用常用的分配方法

辅助生产费用的分配,通常采用直接分配法、顺序分配法、交互分配法、代数分配法和计划成本分配法等五种方法。

1. 辅助生产费用分配的直接分配法

(1)直接分配法的概念

直接分配法是指不考虑各辅助生产车间之间相互提供劳务的情况,将辅助生产费用直接分配给除辅助生产车间以外的各受益产品、单位。

(2)分配特点和条件

直接分配法的特点是,由于各辅助生产费用只是进行对外分配,且只分配一次,计算工作简便,具有一定的假设性。直接分配法适用的条件是,当辅助生产车间相互提供劳务不多,不进行费用的交互分配对成本的影响不大,这样就可以不考虑辅助生产车间之间发生费用的分配问题,而是按其他受益产品、单位(除辅助车间以外)直接分配。直接分配法的分配原理如图4－1所示。

图示说明:辅助生产车间1发生的费用,直接分配给除辅助生产车间2以外的基本生产车间1、基本生产车间2、企业行政管理部门等受益单位,而不考虑对辅助生产车间2提供劳务的情况。辅助生产车间2发生的费用,直接分配给除辅助生产车间1以外的基本生产车间1、基本生产车间2、企业行政管理部门等受益单位,而不考虑对辅助生产车间1提供劳务的情况。

(3)直接分配法的分配计算公式

采用直接分配法应先计算费用分配率,然后再按受益量分配。在计算费用分配率时要注

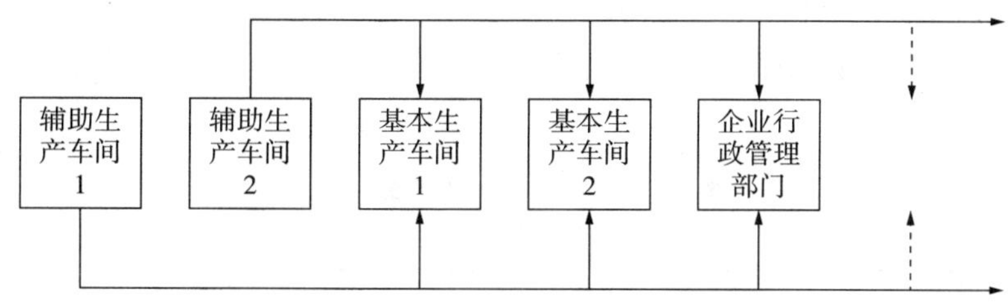

图 4－1　直接分配法的分配原理

意,必须将其他辅助生产车间耗用量从总供应量中扣除。其计算公式如下:

①费用分配率 $=\dfrac{\text{待分配辅助生产费用总额}}{\text{辅助生产劳务总量}-\text{其他辅助生产劳务量}}$

②某受益对象应分配的辅助生产费用 = 该受益对象的受益量 × 费用分配率

【例 4－3】兴唐公司有供水和供电两个辅助生产车间。根据“辅助生产成本”明细账汇总的资料,供电车间本月发生费用为 61 000 元,供水车间本月发生费用为 51 500 元。各辅助生产车间供应劳务数量如表 4－7 所示。

表 4－7　辅助生产车间供应劳务数量情况

受益单位		耗水/立方米	耗电/千瓦·时
基本生产——A 产品			60 000
基本生产车间		18 600	10 000
辅助生产车间	供电	2 000	
	供水		9 250
行政管理部门		1 200	5 000
专设销售机构		800	1 250
合计		22 600	85 500

根据上述资料,采用直接分配法计算有关数据的过程如下。

(1)供水车间对外分配

$$\text{水单位成本(分配率)}=\frac{51\ 500}{22\ 600-2\ 000}=2.50\text{(元/立方米)}$$

基本生产车间耗水:18 600 × 2.50 = 46 500(元)

行管部门耗水:1 200 × 2.50 = 3 000(元)

销售部门耗水:800 × 2.50 = 2 000(元)

注:如果计算结果由小数点而造成的尾差,可直接计入销售(费用)部门。

(2)供电车间对外分配

$$\text{电单位成本}=\frac{61\ 000}{85\ 500-9\ 250}=0.80\text{(元/千瓦·时)}$$

基本生产车间 A 产品耗电:60 000 × 0.80 = 48 000(元)

基本生产车间一般耗电:10 000 × 0.80 = 8 000(元)

行管部门耗电:5 000 × 0.80 = 4 000(元)

销售部门耗电：1 250×0.80＝1 000(元)

根据计算结果，填制辅助生产费用分配表。采用直接分配法的辅助生产费用分配表见表4－8所示。

表4－8　辅助生产费用分配表

（直接分配法）

项目		供水车间	供电车间	合计
待分配辅助生产费用/元		51 500	61 000	112 500
供应辅助生产以外的劳务数量		20 600 立方米	76 250 千瓦·时	
单位成本(分配率)		2.50 元/立方米	0.80 元/千瓦·时	
基本生产——A 产品	耗用数量		60 000 千瓦·时	
	分配金额/元		48 000	48 000
基本生产车间	耗用数量	18 600 立方米	10 000 千瓦·时	
	分配金额/元	46 500	8 000	54 500
行政管理部门	耗用数量	1 200 立方米	5 000 千瓦·时	
	分配金额/元	3 000	4 000	7 000
专设销售机构	耗用数量	800 立方米	1 250 千瓦·时	
	分配金额/元	2 000	1 000	3 000
合计		51 500	61 000	112 500

根据辅助生产费用分配表编制的会计分录如下。

借：基本生产成本——A 产品　　48 000

　　制造费用　　54 500

　　管理费用　　7 000

　　销售费用　　3 000

　贷：辅助生产成本——供水　　51 500

　　　　　　　　　——供电　　61 000

2. 辅助生产费用分配的顺序分配法

(1)顺序分配法的概念

顺序分配法是指各辅助生产车间之间的费用分配是按照受益多少的顺序依次排列，受益少的排在前面，先将费用分配出去，受益多的排在后面，后将费用分配出去的一种辅助生产费用分配方法。

(2)分配特点和条件

顺序分配法的特点是，各辅助生产费用只分配一次，既分配给辅助车间以外的受益单位，又分配给排列在后面的其他辅助生产车间，工作量有所增加。顺序分配法适用的条件是，各辅助生产车间互相受益程度有明显的顺序，也即受益量有一定的差距。顺序分配法的分配原理如图4－2所示。

图示说明：辅助生产车间1发生的费用，直接分配给排在其后的所有受益单位(包括排在其后面的辅助生产车间2)；辅助生产车间2发生的费用，只分配给排在其后面的所有受益单位

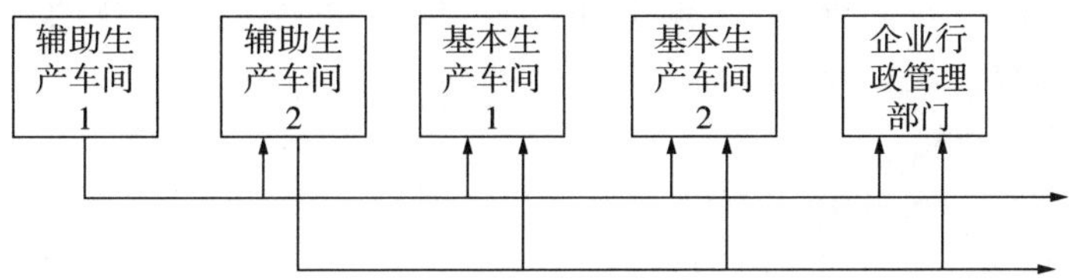

图 4－2　顺序分配法的分配原理

（不分配给排在其前面的辅助生产车间 1）。分配时要注意，排在后面的辅助生产车间要考虑排在其前面的各辅助生产车间分配过来的费用。

由于采用顺序分配法，其分配表的下线呈现梯形，故顺序分配法也称梯形分配法。如图 4－3 所示。

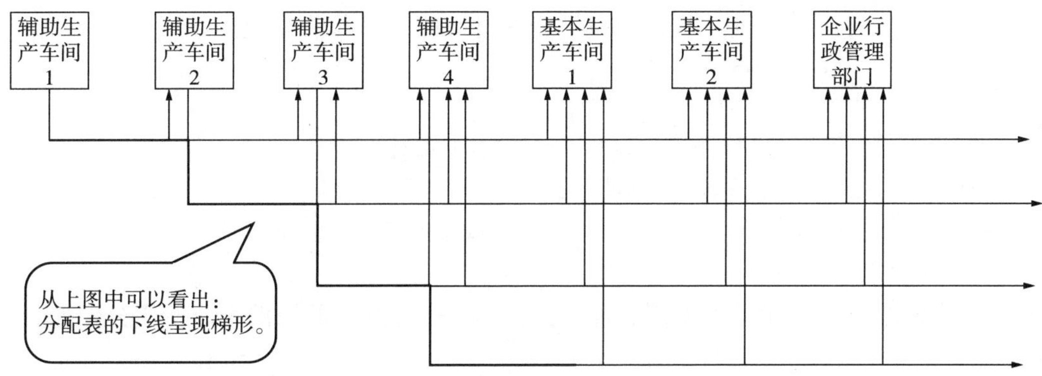

图 4－3　梯形分配法的分配原理

（3）顺序分配法的分配计算公式

采用顺序分配法应先计算费用分配率，然后再按受益量分配。在计算费用分配率时要注意，待分配的费用必须加上排在其前面的各辅助生产车间分配转入的费用，而劳务总量则必须扣除排在其前面的各辅助生产车间的耗用量。其计算公式如下。

①分配率＝待分配的费用（包括分配转入的费用）÷辅助生产劳务总量－排在前面的辅助车间劳务量

②应分配的费用＝各受益单位的劳务量×分配率

（4）排列顺序的确定方法

沿用例 4－3 的资料。

①供电车间耗用水费

水分配率＝51 500÷22 600＝≈2.279

（受益量）耗水：2 000×2.279＝4 558（元）

②供水车间耗用电费

电分配率＝61 000÷85 500≈0.713

（受益量）耗电：9 250×0.713＝6 595.25（元）

结果比较：供水车间受益量 6 595.25 元大于供电车间受益量 4 558 元。

所以，供电车间排在前面（受益量少），而供水车间排在后面（受益量多）。

【例 4 -4】沿用例 4 -3 的资料，根据上述计算排序，供电车间排在前面，供水车间排在后面。按顺序分配法计算分配如下。

(1)供电车间对外分配

电分配率 =61 000 ÷85 500≈0.713(元/千瓦·时)

供水车间耗电:9250 ×0.713 =6 595.25(元)

基本生产车间 A 产品耗电:60 000 ×0.713 =42 780(元)

基本生产车间一般耗电:10 000 ×0.713 =7 130(元)

行管部门耗电:5 000 ×0.713 =3 565(元)

销售部门耗电:61 000 -(6 595.25 +42 780 +7 130 +3 565) =929.75(元)

(小数尾差计入销售费用)

(2)供水车间对外分配

这里要考虑前面辅助车间(即供电车间)分配过来的费用和消耗的劳务量。

$$水分配率 = \frac{51\ 500 + 6\ 595.25}{22\ 600 - 2\ 000} = 2.820$$

基本生产车间一般耗水:18 600 ×2.820 =52 452(元)

行管部门耗水:1 200 ×2.820 =3 384(元)

销售部门耗水:58 095.25 -(52 452 +3 384) =2 259.25(元)

注:数字四舍五入，小数尾差计入销售费用。

根据计算结果，填制辅助生产费用分配表。采用顺序分配法的辅助生产费用分配如表 4 -9 所示。

表 4 -9　辅助生产费用分配表

(顺序分配法)

单位:元

项目	辅助生产车间						基本生产				行政管理部门		专设销售机构	
车间部门	供电车间			供水车间			A 产品		基本生产车间					
	劳务量	待分配费用	分配率	劳务量	待分配费用	分配率	耗量	分配金额	耗量	分配金额	耗量	分配金额	耗量	分配金额
	85 500	61 000		22 600	51 500									
分配电费	-85 500	-61 000	0.713	9 250	6 595.25 (分配金额)		60 000	42 780	10 000	7 130	5 000	3 565	1 250	929.75
	分配水费			-20 600	-58 095.25	2.820			18 600	52 452	1 200	3 384	800	2 259.25
				分配金额合计				42 780		59 582		6 949		3 189

根据辅助生产费用分配表编制的会计分录如下。

①分配电费

借:辅助生产成本——供水　　6 595.25

　基本生产成本——A 产品　　42 780

　制造费用　　7 130

　管理费用　　3 565

　销售费用　　929.75

贷:辅助生产成本——供电　　　　　　61 000

②分配水费

借:制造费用　　　　　　　　　　52 452

　管理费用　　　　　　　　　　3 384

　销售费用　　　　　　　　　　2 259.25

贷:辅助生产成本——供水　　　　　　58 095.25

3. 辅助生产费用分配的交互分配法

(1)交互分配法的概念

交互分配法,是对各辅助生产车间的成本费用进行交互和对外两次分配的一种辅助生产费用的分配方法。在这种方法下,首先,根据各辅助生产车间相互提供劳务的数量和交互分配前的单位成本(费用分配率1),在各辅助生产车间之间进行一次交互分配;其次,将各辅助生产车间交互分配后的实际费用(交互分配前的费用加上交互分配转入的费用,减去交互分配转出的费用),再按提供劳务的数量和交互分配后的单位成本(费用分配率2),在辅助生产车间以外的各受益单位之间进行分配。

交互分配法进行的两次分配,即:

①先在各辅助生产车间之间进行一次交互分配;

②然后再对外进行分配。

(2)分配特点和条件

交互分配法的特点是,分配结果比较正确,需要进行二次分配,计算工作量大。交互分配法适用的条件是,各辅助生产车间发生的费用都要分配,而且都要考虑相互分配的费用。

(3)进行一次交互分配的原因

①对辅助生产车间1(即辅1)进行分配。分配原理如图4-4所示。

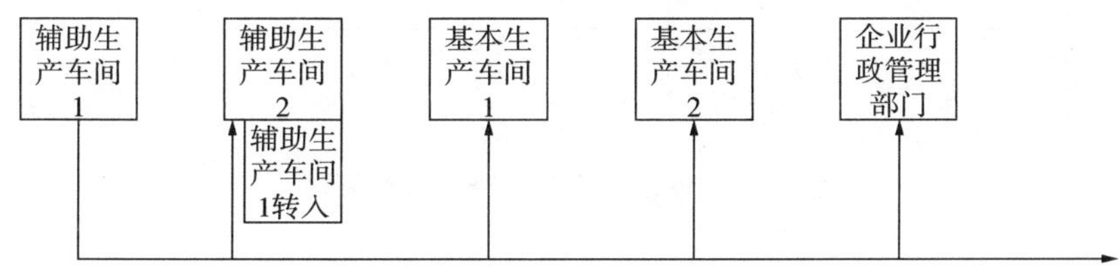

图4-4　辅助生产车间1的分配原理

②对辅助生产车间2(即辅2)进行分配。分配原理如图4-5所示。

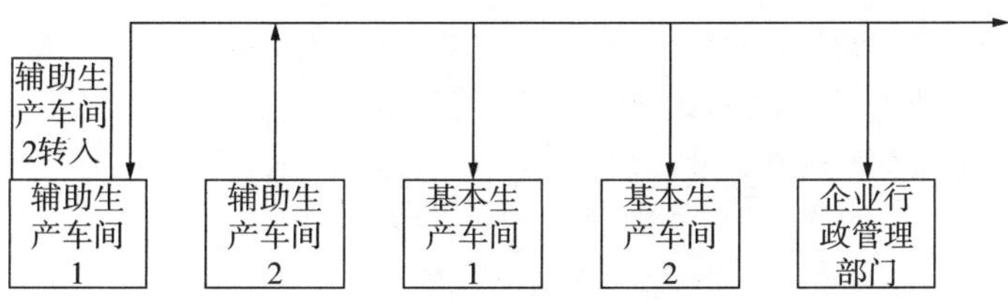

图4-5　辅助生产车间2的分配原理

③对于分配转入的费用来说,同样也需要进行对外的分配。如此不断地计算下去,要进行若干次分配以后,直到费用分配完为止。分配原理如图4-6所示。

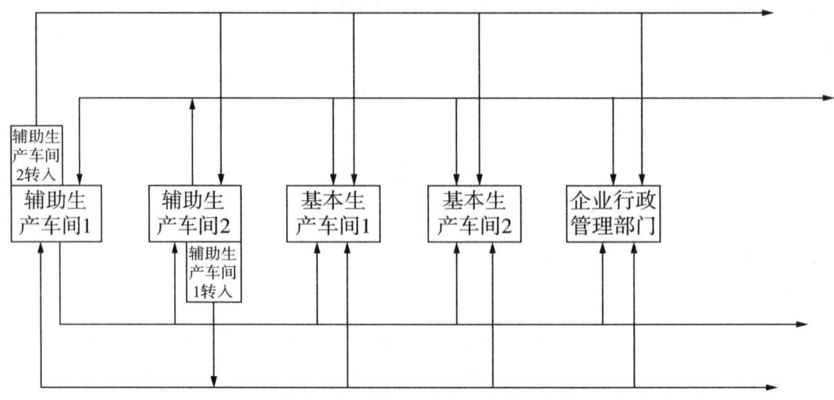

图4－6　辅助生产车间费用的分配原理

④无论分配几次，辅助生产费用最终都会有其他部门（除辅助生产车间以外的部门）来承担。所以，辅助生产车间交互分配只进行一次，调整后，再进行对外分配。分配原理如图4－7所示。

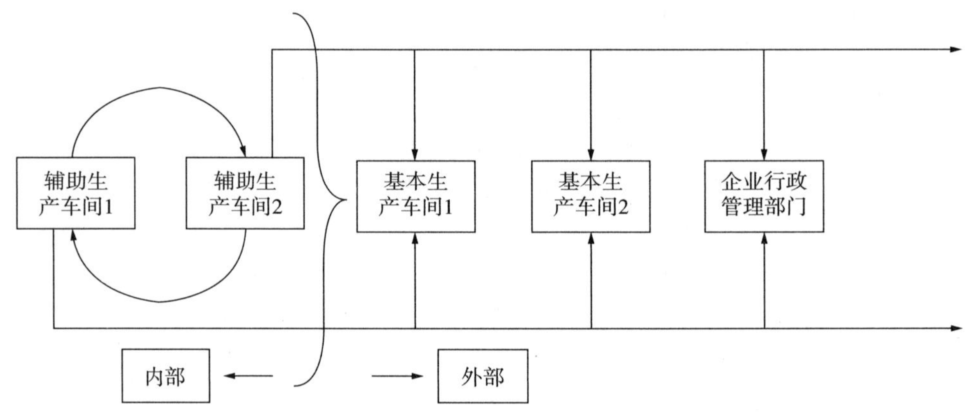

图4－7　辅助生产费用交互分配原理

（4）交互分配法的计算公式

1）第一次分配：辅助生产车间之间的交互分配费用的计算公式。

①分配率 $=\dfrac{\text{待分配的费用}}{\text{劳务总量}}$

②各辅助车间应分配的费用＝分配率×各辅助车间劳务量

2）第二次分配：辅助生产车间对外分配费用的计算公式。

①分配率 $=\dfrac{\text{交互分配前费用}+\text{分配转入费用}-\text{分配转出费用}}{\text{劳务总量}-\text{其他辅助车间劳务量}}$

②各受益单位应分配的费用＝分配率×该单位的劳务量

【例4－5】兴唐公司设有供水和运输两个辅助生产车间，20××年12月有关资料如表4－10所示。

表 4－10　某公司辅助生产车间资料表

辅助生产车间		供水车间	运输车间
待分配辅助生产费用/元	“辅助生产成本”科目	81 000	56 500
	“制造费用”科目	19 700	17 300
	小计	100 700	73 800
劳务供应数量		40 280 立方米	46 125 千米
耗用劳务数量	供水车间		1 250 千米
	运输车间	6 000 立方米	
	基本车间	29 000 立方米	20 000 千米
	企业管理部门	2 800 立方米	5 000 千米
	专设销售机构	2 480 立方米	19 875 千米

根据表 4－10 所列资料，采用交互分配法分配辅助生产费用，其计算结果如下。

（1）辅助生产车间之间的交互分配

水的分配率＝100 700÷40 280＝2.5

运输劳务的分配率＝73 800÷46 125＝1.6

供水车间应分配的运费＝1.6×1 250＝2 000（元）

运输车间应分配的水费＝2.5×6 000＝15 000（元）

（2）辅助生产车间交互分配后的实际费用

供水车间实际费用＝100 700＋2 000－15 000＝87 700（元）

运输车间实际费用＝73 800＋15 000－2 000＝86 800（元）

（3）辅助生产车间对外分配（辅助生产车间以外）

$$水的分配率=\frac{87\ 700}{40\ 280-6\ 000}\approx 2.558$$

$$运输劳务的分配率=\frac{86\ 800}{46\ 125-1\ 250}\approx 1.934$$

基本车间应分配的水费：2.558×29 000＝74 182（元）

基本车间应分配的运输费：1.934×20 000＝38 680（元）

合计：112 862（元）

管理部门应分配的水费：2.558×2 800＝7162.40（元）

管理部门应分配的运输费：1.934×5 000＝9 670（元）

合计：16 832.40（元）

专设销售机构应分配的水费：2.558×2 480＝6 355.60（元）

专设销售机构应分配的运输费：1.934×19 875＝38 450（元）

合计：44 805.60（元）

根据上述计算结果，填制辅助生产费用分配表。采用交互分配法的辅助生产费用分配如表 4－11 所示。

表 4-11　辅助生产费用分配表

（交互分配法）　　　　单位:元

项目			交互分配			对外分配		
辅助车间名称			供水	运输	合计	供水	运输	合计
待分配辅助生产费用/元	“辅助生产成本”科目		81 000	56 500	137 500			
	“制造费用”科目		19 700	17 300	37 000			
	小计		100 700	73 800	174 500	87 700	86 800	
劳务供应数量			40 280 立方米	46 125 千米		34 280 立方米	44 875 千米	
费用分配率(单位成本)			2.5	1.6		2.558	1.934	
辅助生产车间耗用	供水车间	耗用数量		1 250 千米				
		分配金额		2 000				
	运输车间	耗用数量	6 000 立方米					
		分配金额	15 000					
基本生产车间耗用		耗用数量				29 000 立方米	20 000 千米	
		分配金额				74 182	38 680	112 862
企业管理部门耗用		耗用数量				2 800 立方米	5 000 千米	
		分配金额				7 162.40	9 670	16 832.40
专设销售机构耗用		耗用数量				2 480 立方米	19 875 千米	
		分配金额				6 355.60	38 450	44 805.60
分配金额合计						87 700	86 800	174 500

根据辅助生产费用分配表(交互分配法)编制的会计分录如下。

(1)交互分配

借:制造费用——供水车间　　2 000

　　　　　　——运输车间　　15 000

　贷:辅助生产成本——供水　　15 000

　　　　　　　　——运输　　2 000

(2)结转辅助生产车间的制造费用

借:辅助生产成本——供水　　21 700

　　　　　　　——运输　　32 300

　贷:制造费用——供水车间　　21 700

　　　　　　——运输车间　　32 300

(3)对外分配

借:制造费用——基本生产车间　　112 862

　管理费用　　16 832.40

　销售费用　　44 805.60

　贷:辅助生产成本——供水　　87 700

　　　　　　　　——运输　　86 800

4. 辅助生产费用分配的代数分配法

(1)代数分配法的概念

代数分配法,是通过建立多元一次联立方程的并求解的方法,取得各种辅助生产劳务的单位成本,进而进行辅助生产费用分配的一种辅助生产费用分配方法。

(2)分配特点和条件

采用代数分配法分配辅助生产费用,分配结果最准确。但在辅助生产车间较多的情况下,未知数较多,计算工作比较复杂。代数分配法适宜于在计算工作已实现电算化的企业中采用。

(3)计算方法

采用代数分配法,首先,应根据各辅助生产车间相互提供劳务的数量,建立联立方程,并计算辅助生产劳务的单位成本;其次,根据各受益单位耗用劳务的数量和单位成本,计算分配辅助生产费用。其联立方程可按下式计算。

本辅助生产车间待分配费用 + 其他辅助生产车间分配转入的费用 = 本辅助生产车间按劳务总量计算的费用

其中:

其他辅助生产车间分配转入的费用 = 消耗的其他辅助生产车间的劳务量 × 其相应的单位成本

本辅助生产车间按劳务总量计算的费用 = 本辅助生产车间的劳务总量 × 其相应的单位成本

【例 4 -6】根据例 4 -5 的有关资料,假设供水车间的供水单位成本为 x 元,运输车间的运输单位成本为 y 元。

则根据以上资料可以建立以下列联立方程:

供水车间:$100\ 700 + 1\ 250y = 40\ 280x$

运输车间:$73\ 800 + 6\ 000x = 46\ 125y$

将以上等式联立,解得:$x \approx 2.560$;$y \approx 1.933$。

根据计算结果以及各受益单位所耗的劳务数量,即可求得各受益单位应分配的辅助生产费用(计算过程从略)。用代数分配法编制辅助生产费用分配如表 4 -12 所示。

表 4 -12　辅助生产费用分配表

(代数分配法)

项目		单位成本(分配率)	费用合计/元	辅助生产				基本生产车间		行政管理部门		专设销售机构	
				供水车间		运输车间							
				数量/吨	金额/元	数量/吨	金额/元	数量/吨	金额/元	数量/吨	金额/元	数量/吨	金额/元
待分配辅助生产费用				40 280	100 700	46 125	73 800						
费用分配	供水车间	2.560	103 116.80			6 000	15 360	29 000	74 240	2 800	7 168	2 480	6 348.80
	运输车间	1.933	89 159.63	1 250	2 416.25			20 000	38 660	5 000	9 665	19 875	38 418.38
	合计		192 276.43		103 116.25		89 160		112 900		16 833		44 767.18

根据辅助生产费用分配表(代数分配法)编制的会计分录如下。

(1)向各受益单位分配辅助生产费用

借:制造费用——供水车间　　2 416.25
　　　　　——运输车间　　15 360
　　　　　——基本生产车间　　112 900
　管理费用　　16 833
　销售费用　　44 767.18
　贷:辅助生产成本——供水　　103 116.80
　　　　　　　　——运输　　89 159.63

(2)结转辅助车间的制造费用

借:辅助生产成本——供水　　22 116.25(19 700 +2 416.25)
　　　　　　　——运输　　32 660(17 300 +15 360)
　贷:制造费用——供水车间　　22 116.25
　　　　　　——运输车间　　32 660

5.辅助生产费用分配的计划成本分配法

(1)计划成本分配法的概念

计划成本分配法是指按照计划单位成本计算、分配辅助生产费用的一种方法。在这种方法下,辅助生产车间为各受益单位提供的劳务,一律按劳务的实际耗用量和计划单位成本进行分配。

(2)成本差异的处理方法

辅助生产车间实际发生的费用,包括辅助生产交互分配转入的费用在内,与按计划单位成本分配转出的费用之间的差额,也就是辅助生产劳务的成本差异,可以追加分配给辅助生产以外的各受益单位,为了简化计算工作,也可以全部记入“管理费用”账户。

(3)分配特点

计划成本分配法与前面所述各种方法相比较而言,它不用计算分配率,因为分配率已确定,就是计划成本。

①简化和加速了分配计算工作;

②按照计划单位成本分配,排除了辅助生产实际费用的高低对各受益单位成本的影响,便于考核和分析各受益单位的经济责任;

③能反映辅助生产车间产品或劳务的实际成本脱离计划成本的差异。

【例4 -7】沿用【例4 -5】的资料,采用按计划成本分配法编制辅助生产费用分配表,如表4 -13所示。

表4 -13　辅助生产费用分配表

(计划成本分配法)

辅助生产车间名称		供水车间	运输车间	合计
待分配辅助生产费用/元	“辅助生产成本”账户	81 000	56 500	137 500
	“制造费用”账户	19 700	17 300	37 000
	小计	100 700	73 800	174 500

续表

辅助生产车间名称			供水车间	运输车间	合计
供应劳务数量			40 280 立方米	46 125 千米	
计划单位成本/元			2.55	1.7	
制造费用	供水车间	耗用数量		1 250 千米	
		分配金额/元		2 125	2 125
	运输车间	耗用数量	6 000/立方米		
		分配金额/元	15 300		15 300
	基本生产车间	耗用数量	29 000/立方米	20 000 千米	
		分配金额/元	73 950	34 000	107 950
管理费用	行政管理部门	耗用数量	2 800/立方米	5 000 千米	
		分配金额/元	7 140	8 500	15 640
销售费用	专设销售机构	耗用数量	2 480/立方米	19 875 千米	
		分配金额/元	6 324	33 787.50	40 111.50
按计划成本分配合计/元			102 714	78 412.50	181 126.50
辅助生产实际成本/元			102 825	89 100	191 925
辅助生产成本差异/元			+111	+10 687.50	10 798.50

辅助生产实际成本的计算：

供水车间实际成本 = 100 700 + 2 125 = 102 825（元）

运输车间实际成本 = 73 800 + 15 300 = 89 100（元）

根据辅助生产费用分配表编制的会计分录如下。

（1）按计划成本分配

借：制造费用——供水车间　　2 125

　　　　　　——运输车间　　15 300

　　制造费用——基本生产车间　　107 950

　　管理费用　　15 640

　　销售费用　　40 111.50

　贷：辅助生产成本——供水　　102 714

　　　　　　　　　——运输　　78 412.50

（2）结转辅助车间的制造费用

借：辅助生产成本——供水　　21 825（19 700 + 2 125）

　　　　　　　　——运输　　32 600（17 300 + 15 300）

　贷：制造费用——供水车间　　21 825

　　　　　　　——运输车间　　32 600

（3）结转辅助生产成本差异

为了简化核算，辅助生产成本差异记入“管理费用”科目。

借:管理费用　　　　　　　　　　10 798.50
　贷:辅助生产成本——供水　　　　111
　　　　　　　　——运输　　　　10 687.50

(4)简化列示辅助生产成本、制造费用明细账户记录(图4－8)

辅助生产成本明细账
——供水车间

借方		贷方	
待分配费用	81 000	分配转出	102 714
转入制造费用	21 825	成本差异	111
合计	102 825	合计	102 825

辅助生产成本明细账
——运输车间

借方		贷方	
待分配费用	56 500	分配转出	78 412.50
转入制造费用	32 600	成本差异	10 687.50
合计	89 100	合计	89 100

制造费用明细账
——供水车间

借方		贷方	
待分配费用	19 700	分配转出	21 825
交互分配转入	2 125		
合计	21 825	合计	21 825

制造费用明细账
——运输车间

借方		贷方	
待分配费用	17 300	分配转出	32 600
交互分配转入	15 300		
合计	32 600	合计	32 600

图4－8　账户记录示意图

第二节　制造费用的归集与分配

一、制造费用概述

(一)制造费用的概念

制造费用是指企业各生产单位为生产产品(或提供劳务)而发生的、应该计入产品成本、但没有专设成本项目的各项生产费用(也即不能直接计入产品成本,而需要采用适当的分配方法分配以后计入产品成本)。制造费用在产品成本中占有一定的比重,是构成产品成本的综合性成本项目。企业在产品生产中,除了直接耗用各种材料费用、发生人工费用外,还会发生各种制造费用。随着科技进步和生产工艺水平的不断提高,制造费用在产品成本中的比重越来越高。

(二)制造费用的内容

制造费用是生产产品和提供劳务而发生的各项间接费用,主要由以下三部分构成。

(1)间接用于产品生产的制造费用。这部分费用在制造费用中占绝大部分,具体包括:机物料消耗、各生产单位生产用房屋及建筑物的折旧费、经营租赁费、保险费,生产单位生产用的照明费、取暖费、运输费和劳动保护费等。

(2)直接用于产品生产,但未专设成本项目的制造费用。这些费用在管理上不要求单独核算,或者核算上不便于单独核算。具体包括:生产用机器设备的折旧费、经营租赁费、保险费,生产工具摊销费,设计制图费和实验检验费,以及为专设成本项目的生产工艺用动力等。

(3)用于组织和管理生产的费用。这部分费用具体包括:生产管理单位人员的薪酬费用,生产单位管理用房屋、建筑物和机器设备的折旧费、经营租赁费、保险费,生产单位管理用工具的摊销费,生产单位管理用的照明费、水电费、取暖费、差旅费和办公费等。

制造费用核算内容比较复杂,应按照管理要求分别设立若干费用项目进行计划和核算,归类反映各项费用的计划执行情况。

二、制造费用的归集

制造费用的核算,是通过"制造费用"账户进行归集和分配的。该账户应按照车间、部门设置明细账,账内按照费用项目设专栏或专行,分别反映各车间、部门各项制造费用的支出情况。制造费用发生时,根据有关记账凭证和费用分配表登记"制造费用"明细账。期末,应按一定的标准对制造费用进行分配结转,结转后,"制造费用"账户应无余额。其账务处理如下。

(1)发生制造费用时

借:制造费用

　贷:原材料

　　应付职工薪酬

　　累计折旧

　　银行存款

(2)期末按一定的标准分配制造费用时

借:基本生产成本等科目

　贷:制造费用

应该明确的是,如果辅助生产车间的制造费用是通过"制造费用"账户单独核算的,则应比照基本生产车间发生的费用核算;如果辅助生产车间的制造费用不通过"制造费用"账户单独核算,则应全部记入"辅助生产成本"账户总账及其明细账的有关成本或费用项目。

【例4-8】根据各种费用分配表及有关记账凭证登记兴唐公司基本生产车间制造费用明细账如表4-14所示。

表4-14　制造费用明细账

车间名称:基本生产车间　　　　20××年12月　　　　单位:元

摘要	机物料消耗	动力费用	职工薪酬	折旧费	水费	运费	其他	合计	转出
付款凭证							18 000	18 000	
原材料费用分配表	4 000							4 000	
外购动力费用分配表		1 800						1 800	
工资费用分配表			15 000					15 000	
其他薪酬费用分配表			6 000					6 000	
折旧费用分配表				18 000				18 000	
辅助生产费用分配表					74 182	38 680		112 862	
制造费用分配表									175 662
合计	4 000	1 800	21 000	18 000	74 182	38 680	18 000	175 662	175 662

三、制造费用的分配

为了正确计算产品的生产成本,必须合理地分配制造费用。由于各车间制造费用水平不同,因此,制造费用应该按照各车间分别进行分配,而不应该将各车间的制造费用汇总起来在整个企业范围内进行统一分配。制造费用一般来说属于间接计入费用,需要采用适当的方法和标准来分配,与生产工艺过程也有一定的关系,也即与生产产品的种类有关。制造费用分配的方法一般有生产工时比例法、生产工人工资比例法、机器工时比例法和计划分配率法等。分配方法一经确定,不应随意变更。

(一)制造费用分配的生产工时比例法

1. 生产工时比例法的概念

生产工时比例法是指按照各种产品所用生产工人工时的比例分配制造费用的一种方法。按生产工时比例分配是一种较为常见的分配方法,它能将劳动生产率的高低与产品负担费用的多少联系起来,分配结果比较合理。

2. 生产工时比例法的计算

按生产工时比例分配,可以用各种产品实际耗用的生产工时,也可用各种产品的定额工时比例分配。

(1)按实际工时计算

①$\text{制造费用分配率}=\dfrac{\text{制造费用总额}}{\text{车间产品实用工时总额}}$

②某种产品应分配的制造费用 = 该种产品生产工时 × 制造费用分配率

(2)按定额工时计算

①制造费用分配率 = 制造费用总额 ÷ 车间产品定额工时总额

②某种产品应分配的制造费用 = 该种产品定额工时 × 制造费用分配率

【例 4 - 9】兴唐公司 20 × × 年 12 月,基本生产车间发生的制造费用总额为 175 662 元,基本生产车间甲产品生产工时为 10 000 小时,乙产品生产工时为 5 000 小时。

(1)制造费用计算分配如下:

$\text{制造费用分配率}=\dfrac{175\ 662}{10\ 000+5\ 000}\approx 11.711$

甲产品应分配制造费用 = 10 000 × 11.711 = 117 110(元)

乙产品应分配制造费用 = 5 000 × 11.711 = 58 552(元)

(2)按生产工时比例法编制制造费用分配如表 4 - 15 所示。

表 4 - 15 制造费用分配表

车间名称:基本生产车间　　　　20 × × 年 × 月

应借科目		生产工时/小时	分配金额(分配率:11.711)/元
基本生产成本	甲产品	10 000	117 110
	乙产品	5 000	58 552
合计		15 000	175 662

(3)根据制造费用分配表编制的会计分录如下：

借：基本生产成本——甲产品　　117 110

　　　　　　　　——乙产品　　58 552

　贷：制造费用　　175 662

(二)制造费用分配的生产工人工资比例法

1. 生产工人工资比例法的概念

生产工人工资比例法又称生产工资比例法，是以各种产品的生产工人工资的比例分配制造费用的一种方法。生产工人工资比例法核算工作很简便。这种方法适用于各种产品生产机械化程度大致相同的情况。

2. 生产工人工资比例法的计算

(1)制造费用分配率 $=\dfrac{\text{制造费用总额}}{\text{车间产品生产工人工资总额}}$

(2)某种产品应分配的制造费用 = 该种产品生产工人工资 × 制造费用分配率

生产工人工资比例法与生产工时比例法原理基本相同。

【例4-10】兴唐公司20××年12月，基本生产车间发生的制造费用总额为87 500元，基本生产车间甲产品生产工人工资为14 000元，乙产品生产工人工资为11 000元。

(1)制造费用计算分配如下：

制造费用分配率 $=\dfrac{87\ 500}{14\ 000+11\ 000}=3.5$

甲产品应分配制造费用 $=14\ 000\times3.5=49\ 000$(元)

乙产品应分配制造费用 $=11\ 000\times3.5=38\ 500$(元)

(2)按生产工人工资比例法编制制造费用分配如表4-16所示。

表4-16　制造费用分配表

车间名称：基本生产车间　　20××年12月　　单位：元

应借科目		生产工人工资	分配金额(分配率:3.5)
基本生产成本	甲产品	14 000	49 000
	乙产品	11 000	38 500
合计		25 000	87 500

(3)根据制造费用分配表编制的会计分录如下：

借：基本生产成本——甲产品　　49 000

　　　　　　　　——乙产品　　38 500

　贷：制造费用　　87 500

(三)制造费用分配的机器工时比例法

1. 机器工时比例法的概念

机器工时比例法是指按照各种产品所用机器设备运转时间的比例分配制造费用的一种方法。这种方法适用于机械化程度较高的车间。该方法的计算程序、原理与生产工时比例法基本相同。

2. 机器工时比例法的计算

(1)制造费用分配率 $=\dfrac{\text{制造费用总额}}{\text{车间产品机器工时总额}}$

(2)某种产品应分配的制造费用 = 该种产品机器工时 × 制造费用分配率

【例 4－11】兴唐公司 20××年 12 月基本生产车间发生的制造费用总额为 87 500 元,基本生产车间甲产品耗用的机器工时为 30 000 小时,乙产品耗用的机器工时为 13 750 小时。

(1)制造费用计算分配如下:

制造费用分配率 $=\dfrac{87\ 500}{30\ 000+13\ 750}=2$

甲产品应分配制造费用 = 30 000 × 2 = 60 000(元)

乙产品应分配制造费用 = 13 750 × 2 = 27 500(元)

(2)按机器工时比例法编制制造费用分配如表 4－17 所示。

表 4－17　制造费用分配表

车间名称:基本生产车间　　　　20××年 12 月

应借科目		机器工时/小时	分配金额(分配率:2)/元
基本生产成本	甲产品	30 000	60 000
	乙产品	13 750	27 500
合计		43 750	87 500

(3)根据制造费用分配表编制的会计分录如下:

借:基本生产成本——甲产品　　60 000
　　　　　　　　——乙产品　　27 500
　贷:制造费用　　　　　　　　　87 500

(四)制造费用分配的计划分配率法

1. 计划分配率法的概念

计划分配率法,又称按年度计划分配率分配法,是以年初所确定的计划分配率分配制造费用的一种方法。采用这种分配方法,每月各种产品所分配的制造费用都按年度计划分配率计算。也就是说,不论各月实际发生的制造费用多少,成本中的制造费用都按年度计划确定的计划分配率分配。

计划分配率法核算工作简便,特别适用于季节性生产的车间,因为它不受淡月和旺月产量相差悬殊的影响,从而不会使各月单位产品成本中制造费用忽高忽低,便于进行成本分析。但是,采用这种分配方法要求计划工作水平较高,否则会影响产品成本计算的正确性。

2. 计划分配率法的计算

(1)计划分配率 $=\dfrac{\text{年度制造费用计划总额}}{\text{年度各种产品计划产量的定额工时总额}}$

(2)某月某产品应分配的制造费用 = 该月该种产品实际产量的定额工时数 × 计划分配率

【例 4－12】兴唐公司第一车间全年制造费用计划 171 000 元;全年各种产品的计划产量

为：甲产品 4 500 件，乙产品 3 500 件。单件产品的工时定额为：甲产品 8 小时，乙产品 6 小时。12 月份实际产量为：甲产品 380 件，乙产品 290 件。本月实际发生制造费用 15 000 元。

（1）计算各种产品年度计划产量的定额工时

甲产品年度计划产量的定额工时 = 4 500 × 8 = 36 000（小时）

乙产品年度计划产量的定额工时 = 3 500 × 6 = 21 000（小时）

（2）制造费用年度计划分配率

$$制造费用年度计划分配率 = \frac{171\ 000}{36\ 000 + 21\ 000} = 3$$

（3）各种产品本月实际产量的定额工时

甲产品本月实际产量的定额工时 = 380 × 8 = 3 040（小时）

乙产品本月实际产量的定额工时 = 290 × 6 = 1 740（小时）

（4）各种产品应分配的制造费用

该月甲产品分配制造费用 = 3 040 × 3 = 9 120（元）

该月乙产品分配制造费用 = 1 740 × 3 = 5 220（元）

（5）该车间本月按计划分配率分配转出的制造费用

9 120 + 5 220 = 14 340（元）

【例 4－13】假定例 4－12 中兴唐公司第一车间的“制造费用”科目 12 月初贷方余额 500 元，则该月制造费用的实际发生额和分配转出额登记结果如图 4－9 所示。

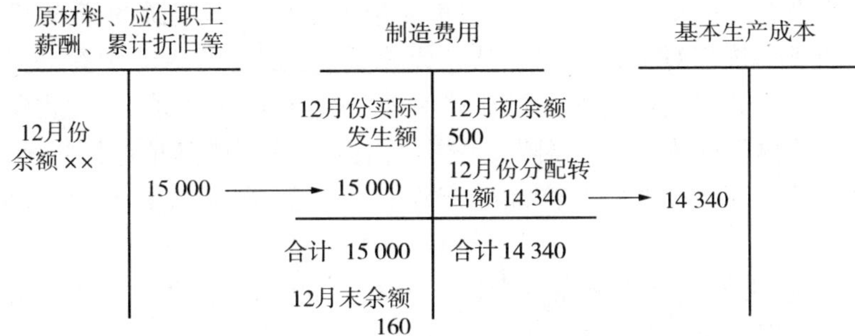

图 4－9　账户记录示意图

3. 采用计划分配率法分配时，“制造费用”账户的处理

（1）平时一般有月末余额

①如有借方余额，表示：实际发生数大于计划转出额。

②如有贷方余额，表示：实际发生数小于计划转出额。

（2）年末“制造费用”余额的处理

“制造费用”账户如果有年末余额，表示全年实际发生的制造费用数额与计划分配额有差额，一般应在年末调整计入 12 月份的产品成本。

①当实际发生额大于计划分配额时（也即有借方余额）。

借：基本生产成本

　贷：制造费用

②当实际发生额小于计划分配额时(也即:贷方余额):

借:制造费用

　贷:基本生产成本

或者:用红字冲减。

第三节　生产损失的核算

一、生产损失概述

(一)损失的含义

损失是指因边缘性或偶发性活动及其他事项或情况而发生的消耗。损失与费用之间最主要的区别在于对预期效益的影响,损失不会带来预期效益,是一种纯粹的资源流出;而费用则是能够带来预期效益的一种资源流出。成本可以被视为费用的对象化,因此成本的发生也是由受益对象予以配比的。从这一角度上看,损失似乎与成本没有直接关系。

(二)生产损失的含义

从成本核算的角度看,成本要反映出产品在生产过程中应承担的全部耗费,进而衡量其被补偿程度。尽管其中有些损耗是一种损失,并不能带来预期经济资源的流入,但也是被作为生产损失而由相关的成本核算对象来承担。从这点来看,企业经营活动中有一部分损失体现了费用要素的特征。这部分损失就与产品的生产存在一定的直接关系,由此也就被称为生产损失。生产损失之外的损失称为非生产损失,主要是由企业管理或其他原因造成的,例如坏账损失、投资损失、固定资产盘亏损失等与产品生产没有直接关系,相关补偿也是通过降低利润水平来体现的。

综上所述,生产损失就是指企业在生产过程中发生的,与产品生产存在一定直接关系的各种损失。生产损失可以分为废品损失和停工损失两大类。

二、废品损失的核算

(一)废品损失概述

1. 废品的概念及种类

废品是指不符合规定的技术标准,不能按照原定用途使用,或者需要加工修理后才能使用的在产品、半成品和产成品。废品按其报废程度和修复价值,可分为可修复废品和不可修复废品。可修复废品是指技术上、工艺上可以修复,而且所支付的修复费用在经济上合算的废品。不可修复废品是指技术上、工艺上不可修复,或者虽可修复,但所支付的修复费用在经济上不合算的废品。

2. 废品损失的含义

废品损失是指因产生废品而造成的损失。废品损失主要包括在生产过程中发现的、入库后发现的不可修复废品的生产成本,以及可修复废品的修复费用,扣除收回的废品残料价值和应收赔款以后的损失。这里需要指出是,以下各项目不列作废品损失。

(1)降价出售的不合格品。经质量检验部门鉴定不需要返修可以降价出售的不合格品,其价值损失不作为废品损失,而在计算损益时体现。

(2)库存保管不善而损坏变质的损失。产品入库后由于保管不善等原因而损坏变质的损失,属于管理上的问题,作为管理费用处理而不作为废品损失。

(3)实行三包产品的损失。实行包退、包修、包换(三包)的企业,在产品销售以后,由于发现废品而发生的一切损失,作为销售费用处理而不作为废品损失。

3. 账户的设置及账务处理

单独核算废品损失的企业,为了核算生产过程中的废品损失,应设置“废品损失”账户,在成本项目中增设“废品损失”成本项目。“废品损失”账户应按产品设置明细账,账内按产品品种和成本项目登记废品损失的详细资料。“废品损失”账户的借方登记发生的可修复废品的修复费用、不可修复废品的生产成本;贷方登记应收的保险公司及责任人赔偿、残料回收价值和结转的废品净损失。其账务处理如下。

(1)不可修复的废品损失(产品数量减少、成本增加)

①结转废品的成本时

借:废品损失——××产品

贷:基本生产成本——××产品

②回收残料时

借:原材料

贷:废品损失——××产品

③废品损失转入该种合格产品成本(结转净损失)

借:基本生产成本——××产品

贷:废品损失——××产品

(2)可修复废品的损失(产品数量不变,成本增加)

①发生修复费用时

借:废品损失——××产品

贷:有关科目

②结转净损失时

借:基本生产成本——××产品

贷:废品损失——××产品

(二)不可修复废品损失的核算

不可修复废品损失是指废品的成本扣除残料价值与过失人承担的赔偿部分。废品成本是指生产过程中截至报废时所耗费的一切费用。由于不可修复废品的成本与合格品的成本是归集在一起同时发生的,因此需要采取一定的方法予以确定。一般有两种方法:一是按废品所耗实际费用计算法;二是按废品所耗定额费用计算法。

1. 按废品所耗实际费用计算法

按废品所耗实际费用计算法,就是在废品报废时根据废品和合格品发生的全部实际费用,采用一定的分配方法,在合格品与废品之间进行分配,计算出废品的实际成本。其会计处理为：

借：废品损失——××产品

贷：基本生产成本——××产品

【例4-14】兴唐公司第二车间本月生产甲产品200件，经验收入库发现不可修复废品10件；合格品生产工时为5 320小时，废品工时为280小时，全部生产工时为5 600小时。合格品机器工时为1 149.5小时，废品机器工时为60.5小时，全部机器工时为1 210小时。按所耗实际费用计算废品的生产成本。甲产品基本生产成本明细账所列合格品和废品的全部生产费用为：直接材料100 000元；直接燃料和动力2 420元；直接人工67 200元，制造费用26 880元，共计196 500元。废品残料回收入库价值300元，原材料于生产开始时一次投入。

要求：原材料费用按合格品数量和废品数量的比例分配；直接燃料和动力费用按机器工时比例分配；其他费用按生产工时比例分配。

根据上述资料编制废品损失计算如表4-18所示。

表4-18　不可修复废品损失计算表

（按实际成本计算）

20××年12月　　　　产品名称：甲产品

车间名称：第二车间　　　　废品数量：10件

项目	数量/件	直接材料/元	生产工时/小时	机器工时/小时	直接燃料和动力/元	直接人工/元	制造费用/元	成本合计/元
费用总额	200	100 000	5 600	1 210	2 420	67 200	26 880	196 500
费用分配率		500			2	12	4.8	
废品成本	10	5 000	280	60.5	121	3 360	1 344	9 825
减：废品残料		300						300
废品损失		4 700			121	3 360	1 344	9 525

根据不可修复废品损失计算表，计算的结果如下：

（1）原材料费用分配率（按合格品和废品数量比例分配）

$$原材料费用分配率=\frac{100\ 000}{190+10}=500（元/件）$$

（2）直接燃料和动力费用分配率（按机器工时比例分配）

$$直接燃料和动力费用分配率=\frac{2\ 420}{1\ 149.5+60.5}=2（元/工时）$$

（3）其他费用分配率（按生产工时比例分配）

$$①直接人工分配率=\frac{67\ 200}{5\ 320+280}=12$$

$$②制造费用分配率=\frac{26\ 880}{5\ 320+280}=4.8$$

按上述的分配率即可计算出废品成本。如表4-18所示。

根据不可修复废品损失计算表,编制会计分录如下:

(1)结转废品成本(实际成本)

借:废品损失——甲产品　9 825

贷:基本生产成本——甲产品——直接材料　5 000

——直接燃料和动力　121

——直接人工　3 360

——制造费用　1 344

(2)回收废品残料入库价值

借:原材料　300

贷:废品损失——甲产品　300

(3)废品损失转入该合格品产品成本

借:基本生产成本——甲产品——废品损失　9 525

贷:废品损失——甲产品　9 525

完工时的单位废品负担的各项生产费用应与单位合格品完全相同,可按合格品数量和废品数量比例分配各项生产费用,计算废品的实际成本。按废品的实际成本计算和分配废品损失,符合实际,但核算工作量较大。

2. 按废品所耗定额费用计算法

按废品所耗定额费用计算法,也称按定额成本计算法,是指按不可修复废品的数量和各项费用定额计算废品的定额成本,再将废品的定额成本扣除废品残料回收价值,计算出废品损失,而不考虑废品实际发生的费用。

【例4－15】某公司20××年12月基本生产车间生产的乙产品,在验收入库时发现不可修复废品20件,按所耗定额费用计算废品的生产成本。直接材料费用定额为640元,单件生产工时定额为18小时,单件机器工时定额为7小时。每机器工时计划的直接燃料和动力费用4.20元,每生产工时计划的费用定额为:直接人工44元、制造费用24元。回收废品残值2 000元。

(1)计算单件乙产品的定额

直接材料:640(元)

直接燃料及动力:$4.20 \times 7 = 29.40$(元)

直接人工费用定额:$44 \times 18 = 792$(元)

制造费用定额: $24 \times 18 = 432$(元)

(2)确定20件乙产品废品的成本

直接材料:$20 \times 640 = 12\ 800$(元)

直接燃料及动力:$20 \times 29.40 = 588$(元)

直接人工费用定额:$20 \times 792 = 15\ 840$(元)

制造费用定额:$20 \times 432 = 8\ 640$(元)

根据上述计算,编制不可修复废品损失计算如表4－19所示。

表 4-19　不可修复废品损失计算表

（按定额成本计算）

20××年 12 月　　　　　　　　　　　　　　　产品名称:乙产品

废品数量:20 件

车间名称:基本生产车间　　　　　　　　　　　　　　　　　　单位:元

项目	直接材料	直接燃料和动力	直接人工	制造费用	成本合计
费用定额①	640	29.40	792	432	1 893.40
废品定额成本(①×20)	12 800	588	15 840	8 640	37 868
减:回收残值	2 000				2 000
废品损失	10 800	588	15 840	8 640	35 868

根据不可修复废品损失计算表,编制会计分录如下:

(1)结转废品成本(定额成本)

借:废品损失——乙产品　　　　37 868

　贷:基本生产成本——乙产品——直接材料　　12 800

　　　　　　　　　　　　　——直接燃料和动力　　588

　　　　　　　　　　　　　——直接人工　　15 840

　　　　　　　　　　　　　——制造费用　　8 640

(2)回收废品残料价值

借:原材料　　　　2 000

　贷:废品损失——乙产品　　2 000

(3)废品损失转入该种合格品成本

借:基本生产成本——乙产品——废品损失　　35 868

　贷:废品损失——乙产品　　35 868

采用按废品所耗定额费用计算废品成本和废品损失的方法,核算工作比较简便,有利于考核和分析废品损失和产品成本。但必须具备比较准确的定额成本资料,否则会影响成本计算的正确性。

(三)可修复废品损失的核算

可修复废品损失是指废品在修复过程中所发生的各项修复费用扣除回收的残料价值和应收赔偿款以后的余额。可修复废品的成本在基本生产成本账中不必转出。返修时发生的修复费用,应根据有关费用分配表记入"废品损失"账户。其会计处理如下:

(1)发生修复费用时

借:废品损失

　贷:有关科目

(2)将净损失转入基本生产成本

借:基本生产成本

　贷:废品损失

【例4－16】兴唐公司生产甲产品，本月发现可修复废品10件，已经修复验收入库。根据本月有关资料可知，修复甲产品领用材料实际成本为500元；实际耗用工时300小时，直接工资费用分配率为2.4元/小时，制造费用分配率为3.2元/小时。根据责任鉴定应由过失人赔偿300元。

（1）甲产品可修复废品的修复费用。

直接材料：500（元）

直接工资：300×2.4＝720（元）

制造费用：300×3.2＝960（元）

废品修复费用合计：500＋720＋960＝2 180（元）

（2）甲产品可修复废品的废品损失。

2 180－300＝1 880（元）

根据上述计算编制可修复废品损失计算如表4－20所示。

表4－20　可修复废品损失计算表

20××年×月　　产品名称：甲产品

车间名称：基本生产车间　　废品数量：10件

项目	直接材料/元	实际工时/小时	直接人工（单件、小时费用率2.4）/元	制造费用（单件、小时费用率3.2）/元	赔偿金/元	合计/元
废品成本	500	300	720	960		2 180
减：过失人赔偿					300	300
废品损失	500		720	960	300	1 880

根据可修复废品损失计算表，编制会计分录如下：

（1）发生修复费用时

借：废品损失——甲产品　　2 180

　贷：原材料　　500

　　应付工资薪酬　　720

　　制造费用　　960

（2）结转过失人赔偿款时

借：其他应收款　　300

　贷：废品损失——甲产品　　300

（3）废品损失转入该种合格品成本

借：基本生产成本——甲产品　　1 880

　贷：废品损失——甲产品　　1 880

不单独核算废品损失的企业，不设“废品损失”账户，在回收废品残料时，借记“原材料”账户和贷记“基本生产成本”账户，并从所属有关产品成本明细账的“直接材料”成本项目中扣除残料价值。辅助生产一般不单独核算废品损失。

三、停工损失的核算

(一)停工损失的概述

1. 停工损失的含义

停工损失是指生产车间或车间内某个班组由于停电、待料、机器设备发生故障或进行大修理、发生非常灾害及计划减产等而停止生产所造成的损失。在停工期间内发生的各项费用,主要包括停工期内支付的生产工人的薪酬费用、所耗直接燃料及动力费,以及应负担的制造费用等。过失单位、过失人员或保险公司负担的赔偿,应从停工损失中扣除。

2. 停工损失的时间界限及处理方式

计算停工损失的时间界限,由企业主管部门规定,或由企业主管部门授权企业自行规定。为了简化核算,停工不满一个工作日的,可以不计算停工损失。

发生停工的原因很多,应分别不同情况进行处理。由于自然灾害引起的停工损失,应按规定转作营业外支出。其他停工损失,如季节性停工、修理期间的停工等原因发生的停工损失,应计入制造费用。停工时车间应填列停工报告单,经有关部门审核后的停工报告单,作为停工损失核算的根据。

(二)停工损失的核算

单独核算停工损失的企业,应设置"停工损失"账户和"停工损失"成本项目进行核算。停工损失的归集和分配,是通过"停工损失"账户进行的,该账户应按车间或成本项目进行明细核算。该账户借方登记发生的停工损失,贷方登记予以转消的停工损失。其会计处理如下:

(1)当发生停工损失时

借:停工损失

　贷:应付职工薪酬

　　制造费用等科目

(2)应由责任人或保险公司赔偿的款项

借:其他应收款

　贷:停工损失

(3)季节性、修理期间发生的停工损失

借:制造费用

　贷:停工损失

(4)非季节性、非修理期间发生的停工损失

借:营业外支出

　贷:停工损失

不单独核算停工损失的企业,不设置"停工损失"账户和"停工损失"成本项目。停工期间发生的损失分别计入"制造费用"和"营业外支出"账户。

第四节　期间费用的核算

一、期间费用核算概述

期间费用是指企业在生产经营过程中发生的，与产品生产活动没有直接联系，属于某一时期发生的直接计入当期损益的费用。期间费用包括企业行政管理部门为组织和管理生产经营活动而发生的各项管理费用；企业在产品销售过程中发生的各项费用，以及专设销售机构的各项经费；企业为筹集生产经营所需资金而发生的财务费用。期间费用的核算是指管理费用的核算、销售费用的核算和财务费用的核算。

二、管理费用的核算

管理费用是指企业行政管理部门为组织和管理生产经营活动而发生的各项管理费用。管理费用包括企业在筹建期间内发生的开办费、工会经费、董事会费、咨询费、诉讼费、业务招待费、房产税、车船税、土地使用税、印花税、技术转让费、研究费用、排污费以及企业行政管理部门发生的固定资产修理费用等。管理费用不计入产品的生产成本，不参与产品成本的计算，也不存在分配问题，而是作为期间费用直接计入当期损益。

企业发生的管理费用，在"管理费用"账户核算，并在"管理费用"账户中按费用项目设置明细账，进行明细核算。期末，"管理费用"账户的余额结转"本年利润"账户后无余额。

三、销售费用的核算

销售费用是指企业在产品销售过程中发生的各项费用，以及销售机构的经常费用。销售费用包括企业在销售商品过程中发生的保险费、包装费、展览费和广告费、商品维修费、预计产品质量保证损失费、运输费、装卸费，以及专设销售机构的职工薪酬、业务费、折旧费、固定资产修理费等费用。销售费用不计入产品的生产成本，不参与产品成本的计算，也不存在分配问题，而是作为期间费用直接计入当期损益。

企业发生的销售费用，在"销售费用"账户核算，并在"销售费用"账户中按费用项目设置明细账，进行明细核算。期末，"销售费用"账户的余额结转"本年利润"账户后无余额。

四、财务费用的核算

财务费用是指企业为筹集生产经营活动所需的资金而发生的各项财务费用。财务费用包括利息支出（减利息收入）、汇兑损益以及相关的手续费、企业发生的现金折扣或收到的现金折扣等。财务费用不计入产品的制造成本，不参与产品成本的计算，也不存在分配问题，而是作为期间费用直接计入当期损益。

企业发生的财务费用，在"财务费用"账户核算，并在"财务费用"账户中按费用项目设置明细账，进行明细核算。期末，"财务费用"账户的余额结转"本年利润"账户后无余额。

思考题

1. 什么是辅助生产？辅助生产费用分配的特点是什么？
2. 辅助生产费用有哪些分配方法？其特点、适用范围是什么？
3. 各种辅助生产费用分配方法是如何进行分配的？
4. 什么是制造费用？其包括哪些内容？
5. 制造费用有哪些分配方法？比较说明各自的特点及适用范围。
6. 什么是生产损失、废品损失和停工损失？
7. 不可修复废品的成本如何进行计算？
8. 废品损失如何进行核算？
9. 停工损失如何进行核算？
10. 何谓期间费用？其包括哪些内容？

第五章　完工产品与在产品之间费用的分配

【学习目标】

1. 理解完工产品和在产品的含义，了解在产品收发结存的日常核算和在产品清查核算的基本内容。

2. 理解和掌握完工产品与在产品之间各种费用分配方法的具体适用条件。

3. 熟练掌握完工产品和在产品之间分配费用的各种方法的分配计算过程。

4. 理解和掌握约当产量比例法的计算，完工率的测定方法。

5. 熟练掌握定额比例法的应用。

第一节　在产品核算

一、在产品概述

（一）完工产品与在产品的含义

企业在生产过程中生产的产品，在不同阶段有不同的称谓，如在产品、半成品、产成品（即完工产品）等。完工产品也称产成品，是指企业内已完成全部生产过程、符合质量要求并验收入库、可供销售的产品。半成品是指经过一定生产过程并已验收合格可交付仓库保管，但尚未制造完工成为产成品，仍需进一步加工的中间产品。半成品可以对外销售，视同完工产品核算。

在产品是指没有完成全部生产过程，不能作为商品销售的产品。在产品有广义和狭义之分。广义的在产品就整个企业而言，指从投入材料进行生产开始到最终制成产成品交付验收入库前的一切未完工产品，包括正在车间加工中的产品、已经完成一个或几个生产步骤但还需继续加工的半成品、尚未验收入库的产成品、正在返修和等待返修的废品等。不可修复的废品应当及时报废，也不应计入在产品之列。狭义的在产品是指就某一车间或某一生产步骤而言，正在本车间或本生产步骤加工中的产品。

（二）完工产品与在产品之间的关系

生产费用经过在各种产品之间进行归集和分配以后，都已集中反映在“基本生产成本”总账账户及其所属各种产品成本明细账中。为了计算产品成本，还需要将本月的生产费用在本期完工产品和期末在产品之间进行分配，计算出本月完工产品成本和期末在产品成本。期末确定完工产品成本与在产品成本分以下几种情况：

（1）期末没有在产品的情况下，全部生产费用就是本期完工产品成本。

(2)期末没有完工产品的情况下,全部生产费用就是期末在产品的成本。

(3)期末既有完工产品,又有在产品的情况下,期末全部生产费用,要在完工产品与在产品之间分配。

成本明细账中,月初在产品费用、本月生产费用、本月完工产品费用和月末在产品费用之间的关系可用下列公式表示:

①月初在产品费用 + 本月生产费用 = 生产费用总额

②本月完工产品费用 + 月末在产品费用 = 生产费用总额

③月初在产品费用 + 本月生产费用 = 本月完工产品费用 + 月末在产品费用

本月生产费用合计是已知数,需要采用一定的分配方法在完工产品与在产品之间进行分配,借以确定完工产品的成本。要正确进行完工产品与在产品费用的分配,就必须正确组织在产品的数量核算,取得在产品收发和结存的数量资料。

二、在产品数量的核算

(一)在产品收发结存的日常核算

在产品数量的核算和实物管理是日常成本管理的一项重要内容,也是成本核算的一项基本工作。在产品数量的核算,应具备账面核算资料和实际盘点资料,通过账面核算资料,可以从账面上确定在产品的数量,随时掌握在产品的动态,正确计算产品成本并加强生产资金和在产品实物管理。通过实地盘点,可以清查在产品的实存数量,以便加强在产品实物管理。企业应该根据在产品实际盘存数量计算在产品成本。如果在产品品种多、数量大,每月都要组织实地盘点确有困难的,也可以根据在产品业务核算资料的期末结存量计算在产品成本。车间在产品收发结存的日常核算是通过在产品收发结存账(即在产品台账)进行的,该账按车间及产品品种和在产品的名称设置,提供车间各种在产品收发结存动态的业务核算资料。

在产品收发结存账是根据领料凭证、在产品内部转移凭证、产品检验凭证和产品交库凭证,及时登记,最后由车间核算人员审核汇总的。在产品收发结存账如表 5 - 1 所示。

表 5 - 1 在产品收发结存账(在产品台账)

20 × ×年 12 月

在产品名称及编号:3450　　车间名称:第一车间　　单位:元

日期	摘要	收入		发出		结存	
		凭证号	数量	凭证号	数量	完工	未完工
⋮	⋮	⋮	⋮	⋮	⋮	⋮	⋮

(二)在产品清查的核算

在产品属于存货范畴,与其他存货一样应定期或不定期地进行清查,做到在产品账实相符,保证在产品的安全完整。在产品的清查,应以不影响生产为前提,必须由生产工人和成本会计人员参加。为了避免在产品重记或漏记,各有关车间或工序要同时进行盘点。在产品清查的结果,要编制“在产品盘存表”,列明在产品的账面数、实存数、盘盈盘亏数及其原因和处理意见等。会计部门应对盘盈盘亏在产品的数量、原因及处理意见进行审核,并按规定程序报经有关部门批准后进行相应的账务处理。

在产品清查的结果分三种情况,一是账实相符,即账面数等于实际盘点数;二是账面数大于实际盘点数,即盘亏;三是账面数小于实际盘点数,即盘盈。

1. 在产品清查的处理程序(分为两步)

(1)先调整账面(批准前)。无论是盘盈还是盘亏,根据盘存表的结果,先将账面与实际数调平。

①如果是盘盈,说明账小于实,将账面调增,使账面数与实际数相符;

②如果是盘亏,说明账大于实,将账面调减,使账面数与实际数相符。

(2)再根据审批结果进行处理(批准后),也即视不同情况进行处理。

①准以计入管理费用的损失,记入“管理费用”账户;

②自然灾害造成的,记入“营业外支出”账户;

③应由个人或保险公司赔偿的,记入“其他应收款”账户。

2. 在产品清查的账务处理

(1)盘盈时(批准前)

借:基本生产成本——××产品

　贷:待处理财产损溢——待处理流动资产损益

(2)盘盈转销时(批准后)

借:待处理财产损溢——待处理流动资产损益

　贷:有关科目

(3)盘亏时(批准前)

借:待处理财产损溢——待处理流动资产损益

　贷:基本生产成本——××产品

(4)盘亏转销时(批准后)

借:有关科目

　贷:待处理财产损溢——待处理流动资产损益

第二节　完工产品和在产品之间分配费用的方法

完工产品和月末在产品之间分配费用,是成本核算工作中的一项重要而复杂的工作。企业应该根据在产品数量的多少、各月在产品数量变化的大小、各项费用比重的大小以及定额管理基础的好坏等具体条件,选择既合理又简便的分配方法,在完工产品与月末在产品之间分配费用。完工产品和月末在产品之间分配费用的方法有多种,但归纳起来大体上可以分为两种类型:

(1)第一种类型是先确定月末在产品费用,然后用本月费用之和减去月末在产品费用即可得到完工产品费用。具体包括:

①不计算在产品成本法

②按年初数固定计算在产品成本法

③在产品按所耗直接材料费用计价法

④在产品按定额成本计价法

(2)第二种类型是将本月费用之和划分为完工产品费用和月末在产品费用两部分(即同时计算,不分先后)。具体包括:

①约当产量比例法

②在产品按完工产品成本计算法

③定额比例法

一、不计算在产品成本法

不计算在产品成本法,就是将本月归集的全部生产费用直接作为完工产品的成本。

采用这种分配方法时,月末虽然有在产品,但不考虑其成本,其成本可认为是零。此种方法的条件是,各月末在产品数量很小,月初和月末在产品的费用很少,其差额也很小。在这种情况下,是否计算在产品成本对于完工产品成本的影响很小,为了简化核算工作,可以不计算在产品成本,可视为没有在产品成本。

从生产费用的四个数量关系上看:

本月完工产品成本 = 月初在产品费用 + 本月生产费用 - 月末在产品费用

当月初、月末在产品费用视为零时:

本月完工产品成本 = 本月生产费用

【例5-1】兴唐公司大量生产甲产品,由于月末在产品数量很少,采用不计算在产品成本法。本月发生的费用为:直接材料200 000元,直接工资18 000元,制造费用12 000元。本月生产甲产品500件。

根据上述资料,计算甲产品完工产品成本如表5-2所示。

表5-2 产品成本计算单

产品名称:甲产品　　　　产量:500件　　　　单位:元

摘要	直接材料	直接工资	制造费用	合计
本月生产费用	200 000	18 000	12 000	230 000
完工产品总成本	200 000	18 000	12 000	230 000
完工产品单位成本	400	36	24	460

根据产品成本计算编制会计分录如下:

借:库存商品——甲产品　　　　230 000

　贷:基本生产成本——甲产品　　　　230 000

二、按年初数固定计算在产品成本法

按年初数固定计算在产品成本,意味着各月末在产品成本固定不变。从生产费用的四个数量关系上看:

本月完工产品成本 = 月初在产品费用 + 本月生产费用 - 月末在产品费用

可知,由于月初和月末在产品费用相等,本月完工产品成本就等于本月生产费用。采用这种方法,本月完工产品成本就是本月发生的生产费用。

这种方法适用于在产品数量较小,或者数量虽大但各月在产品数量变动不大的产品。月初、月末在产品成本的差额都不大,是否计算各月在产品成本的差额,对完工产品成本的影响不大。因此,为了简化核算工作,同时又反映在产品占用的资金,各月在产品可按年初数固定计算。年终根据实际盘点的在产品数量,重新调整计算在产品成本,以免按年初数固定计算的在产品成本与实际出入过大,影响成本计算的正确性。

【例5－2】兴唐公司生产的甲产品,由于月末在产品数量比较稳定且变化不大,采用按年初数固定计算在产品成本法。该产品月初在产品成本为:直接材料3 000元,直接人工1 000元,制造费用800元。本月发生的费用为:直接材料20 000元,直接工资12 000元,制造费用6 000元。本月完工入库的甲产品200件。

根据上述资料,计算甲产品完工产品成本如表5－3所示。

表5－3　产品成本计算单

产品名称:甲产品　　　　产量:200件　　　　单位:元

摘要	直接材料	直接人工	制造费用	合计
月初在产品成本	3 000	1 000	800	4 800
本月生产费用	20 000	12 000	6 000	38 000
生产费用合计	23 000	13 000	6 800	42 800
完工产品成本	20 000	12 000	6 000	38 000
完工产品单位成本	100	60	30	190
月末在产品成本	3 000	1 000	800	4 800

根据产品成本计算编制会计分录如下:

借:库存商品——甲产品　　38 000

　贷:基本生产成本——甲产品　　38 000

三、在产品按所耗直接材料费用计价法

在产品按所耗直接材料费用计价法就是将直接材料费用在完工产品与月末在产品之间进行分配,其他费用(直接人工和制造费用)全部由完工产品成本负担。也就是说,在这种方法下,完工产品成本就是全部生产费用减去月末在产品直接材料费用。这种方法适用于直接材料费用在成本中所占比重较大,其他费用(直接人工和制造费用)很少的产品。在产品按所耗直接材料费用计价法,其计算公式如下:

①材料费用分配率 $=\dfrac{\text{直接材料费用总额}}{\text{完工产品数量}+\text{月末在产品数量}}$

②月末在产品成本＝月末在产品数量×材料费用分配率

③完工产品成本＝完工产品数量×材料费用分配率＋其他加工费用

或:

完工产品成本＝生产费用合计－月末在产品成本

如果材料费用占的比重下降,在产品成本还只计算材料费用,就会影响成本计算的准确性。因此采用这种方法,应该经常对成本项目的金额进行比较分析,当其他费用(直接人工和制造费用等)的比重上升到一定程度时,应该考虑改用其他方法计算在产品成本,以便使成本计算更加准确。

【例5-3】兴唐公司生产甲产品,该产品直接材料费用在产品成本中所占比重较大,完工产品与在产品之间的费用分配,采用在产品按所耗直接材料费用计价法。甲产品月初在产品直接材料费用(即月初在产品费用)为2 500元;本月发生直接材料费用8 0000元,直接人工费用2 000元,制造费用1 000元;完工产品200件,月末在产品75件。该种产品的直接材料费用是在生产开始时一次投入的,直接材料费用按完工产品和月末在产品的数量比例分配。

计算分配如下:

(1)直接材料费用分配率 $=\dfrac{2\ 500+80\ 000}{200+75}=300$(元/件)

(2)完工产品直接材料费用 $=200\times300=60\ 000$(元)

(3)月末在产品直接材料费用 $=75\times300=22\ 500$(元)

(4)完工产品费用 $=60\ 000+2\ 000+1\ 000=63\ 000$(元)

根据上述资料,计算甲产品完工产品成本如表5-4所示。

表5-4 产品成本计算单

产品名称:甲产品　　　　产量:200件　　　　单位:元

摘要	直接材料	直接人工	制造费用	合计
月初在产品成本	2 500			2 500
本月生产费用	80 000	2 000	1 000	83 000
生产费用合计	82 500	2 000	1 000	85 500
完工产品成本	60 000	2 000	1 000	63 000
完工产品单位成本	300	10	5	315
月末在产品成本	22 500			22 500

根据产品成本计算编制会计分录如下:

借:库存商品——甲产品　　63 000

　贷:基本生产成本——甲产品　　63 000

四、在产品按定额成本计价法

在产品按定额成本计价法是指按照预先制定的定额成本计算月末在产品成本,然后从某种产品全部生产费用中减去月末在产品的定额成本,就是完工产品成本。采用这种方法,每月在产品实际生产费用与定额费用的差异,全部计入当月完工产品成本。这种分配方法适用于定额管理基础比较好,各项消耗定额或费用定额比较准确、稳定,而且各月在产品数量变动不大的产品。

1. 各成本项目定额成本的计算公式

(1)在产品直接材料定额成本 = 在产品实际数量 × 单位在产品材料消耗定额 × 材料计划单价

(2)在产品直接人工定额成本 = 在产品实际数量 × 单位在产品工时定额 × 计划小时工资率

(3)在产品制造费用定额成本 = 在产品实际数量 × 单位在产品工时定额 × 计划小时费用率

(4)在产品定额成本 = 在产品直接材料定额成本 + 在产品直接人工定额成本 + 在产品制造费用定额成本

2. 在产品按定额成本计价的计算公式

(1)月末在产品定额成本 = 月末在产品数量 × 单位定额成本

(2)全部生产费用 = 月初在产品费用 + 本月生产费用

(3)完工产品成本 = 全部生产费用 - 月末在产品定额成本

【例5-4】兴唐公司生产甲产品,月末在产品40件,材料在生产开始时一次投入。单位产品材料消耗定额为15千克,材料计划单价8元。期末在产品完工程度为50%,产品工时定额为300小时,计划小时工资率为2元,计划小时制造费用率为3元。月初在产品成本和本月生产费用合计分别为:直接材料80 000元,直接人工60 000元,制造费用40 000元。完工产品数量250件。采用在产品按定额成本计价法,其计算结果如下:

(1)月末在产品直接材料定额成本 = 40 × 15 × 8 = 4 800(元)

(2)月末在产品直接人工定额成本 = 40 × 50% × 300 × 2 = 12 000(元)

(3)月末在产品制造费用定额成本 = 40 × 50% × 300 × 3 = 18 000(元)

(4)月末在产品定额成本 = 4 800 + 12 000 + 18 000 = 34 800(元)

(5)完工产品直接材料成本 = 80 000 - 4 800 = 75 200(元)

(6)完工产品直接人工成本 = 60 000 - 12 000 = 48 000(元)

(7)完工产品制造费用 = 40 000 - 18 000 = 22 000(元)

(8)完工产品成本 = 75 200 + 48 000 + 22 000 = 145 200(元)

各项费用分配计算结果如表5-5所示。

表5-5　产品成本计算表

产品名称:甲产品　　　　产量:250件　　　　单位:元

摘要	直接材料	直接人工	制造费用	合计
生产费用合计	80 000	60 000	40 000	180 000
本月完工产品成本	75 200	48 000	22 000	145 200
本月完工产品单位成本	300.80	192	88	580.80
月末在产品成本	4 800	12 000	18 000	34 800

采用在产品按定额成本计价法计算在产品成本,月末在产品定额成本与实际成本之间的差异全部由完工产品负担,在定额成本不是十分准确的情况下,会影响成本计算的准确性。

采用这种分配方法,如果产品成本中直接材料费用所占比重较大,为了进一步简化成本计算工作,月末在产品成本可以只按定额原材料费用计算,其他各项实际费用计入完工产品成本。也就是把在产品按所耗直接材料费用计价法,与在产品按定额成本计价法结合使用。即在产品按定额直接材料费用计价法,月末在产品只计算所耗直接材料费用,而直接材料费用又是按定额计算的。

五、约当产量比例法

约当产量比例法是指按照完工产品产量与在产品的约当产量的比例分配计算完工产品费用和月末在产品费用。所谓约当产量是指将月末在产品的数量按照完工程度折算为相当于完工产品的产量。这种方法一般适用于月末在产品数量较多、各月末在产品数量变化较大、产品成本中直接材料和各项加工费用所占比重相差不大的情况。

(一)约当产量比例法的计算

采用约当产量比例法分配费用时,要按不同的成本项目分别进行分配计算,即分别计算出直接材料费用、直接人工费用、制造费用的完工产品成本和月末在产品成本。约当产量比例法的一般计算公式为:

(1)在产品约当产量 = 在产品数量 × 完工率

(2)某项费用分配率 = $\dfrac{\text{该项费用总额}}{\text{完工产品产量} + \text{在产品约当产量}}$

(3)完工产品应分配的该项费用 = 完工产品产量 × 该项费用分配率

(4)在产品应分配的该项费用 = 在产品约当产量 × 该项费用分配率

【例5-5】兴唐公司生产甲产品,本月完工400件,月末在产品200件。月初在产品和本月生产费用合计:直接材料费用为30 000元,直接人工费用为15 000元,制造费用为10 000元。在产品的完工率均为50%,直接材料随加工进度陆续投入,且投入的程度与加工进度完全一致。按照约当产量比例法进行分配。分配计算如下。

1. 直接材料费用的分配

(1)约当产量 $=200\times50\%=100$

(2)分配率 $=\dfrac{30\ 000}{400+100}=60$

(3)完工产品直接材料费用 $=400\times60=24\ 000$(元)

(4)在产品直接材料费用 $=100\times60=6\ 000$(元)

2. 直接人工费用的分配

(1)约当产量 $=200\times50\%=100$

(2)分配率 $=\dfrac{15\ 000}{400+100}=30$

(3)完工产品直接人工费用 $=400\times30=12\ 000$(元)

(4)在产品直接人工费用 $=100\times30=3\ 000$(元)

3. 制造费用的分配

(1)约当产量 $=200\times50\%=100$

(2)分配率 $=\dfrac{10\ 000}{400+100}=20$

(3)完工产品制造费用 $=400\times20=8\ 000$(元)

(4)在产品制造费用 $=100\times20=2\ 000$(元)

4. 计算甲产品总成本

(1)完工产品成本 =24 000 +12 000 +8 000 =44 000(元)

(2)在产品成本 =6 000 +3 000 +2 000 =11 000(元)

(二)完工率的测定

1. 测定完工率的依据

在约当产量比例法下,在产品完工程度的测定是此法的关键所在,因为它影响着费用分配的正确性。一般来说,各项加工费用是按照生产工时进行分配和归集的,在产品的完工程度可以按照生产工时投入情况来确定,从细化分配费用的角度看,应针对不同成本项目的具体情况来确定其完工率,进而计算约当产量,分配各项加工费用。直接材料的投入方式可以有多种,因此,应根据投入方式的不同来确定投料率(完工率),进而计算约当产量,分配直接材料费用。

2. 各项加工费用完工率的测定方法

各项加工费用(直接人工和制造费用)在产品完工率的测定方法一般有两种,第一种是按50%平均计算;第二种是各工序分别测定完工率。

(1)按50%平均计算

对于正在加工的产品,一律按50%作为各工序在产品的完工程度。也即某工序产品正在加工中的完工率为50%。这种方法适用于在各工序在产品数量和单位产品在各工序的加工量都相差不多的情况下采用。如图5 -1 所示。

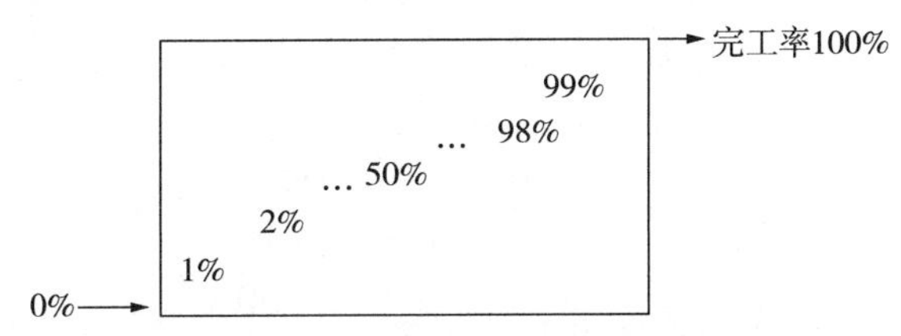

图5 -1　平均计算法原理示意图

产品开始投入加工,初始完工率为0%,随着加工进度不断进展,其完工率不断提高,最终完工率到达100%。

在这种情况下,后面各工序在产品多加工的程度可以抵补前面各工序少加工的程度。这样全部在产品完工程度均可按50%平均计算。

(2)各工序分别测定完工率

各工序分别测定完工率,可以按照各工序的累计工时定额占完工产品工时定额的比例计算,事前确定各工序在产品的完工率。其计算公式如下:

$$某工序在产品完工率=\frac{前面各工序工时定额之和+本工序工时定额\times 50\%}{产品定额工时}\times 100\%$$

公式中的“本工序”,即在产品所在工序,假设本工序正在加工之中,其加工程度一律按平均完工率50%计算。在产品从上一道工序转入下一道工序时,因上一道工序已经加工完成,所以前面各道工序的工时定额应按100%计算。

假设加工某产品分三道工序,每道工序加工的定额工时分别为A、B、C,则总定额工时为$(A+B+C)$。如图5 -2 所示。

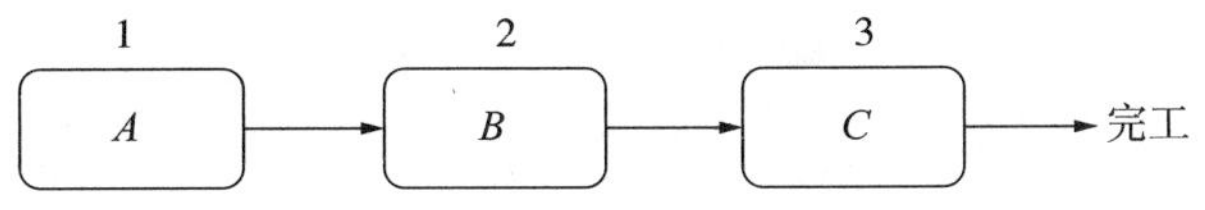

图5 -2　分工序加工示意图

①假设每道工序都正在加工之中

$$第一道工序完工率=\frac{A\times 50\%}{A+B+C}\times 100\%$$

$$第二道工序完工率=\frac{A+B\times 50\%}{A+B+C}\times 100\%$$

$$第三道工序完工率=\frac{A+B+C\times 50\%}{A+B+C}\times 100\%$$

②假设每道工序都加工完成(完工)

$$第一道工序完工率=\frac{A}{A+B+C}\times 100\%$$

$$第二道工序完工率=\frac{A+B}{A+B+C}\times 100\%$$

$$第三道工序完工率=\frac{A+B+C}{A+B+C}\times 100\%$$

【例5-6】兴唐公司甲产品单位工时定额40小时,经过三道工序制成。第一道工序工时定额为8小时,第二道工序工时定额为16小时,第三道工序工时定额为16小时。各道工序内各件产品在产品加工程度均按50%计算。

各工序完工率计算如下:

$$第一道工序:完工率=\frac{8\times 50\%}{8+16+16}\times 100\%=10\%$$

$$第二道工序:完工率=\frac{8+16\times 50\%}{8+16+16}\times 100\%=40\%$$

$$第三道工序:完工率=\frac{8+16+16\times 50\%}{8+16+16}\times 100\%=80\%$$

根据各工序的月末在产品数量和各工序完工率,计算出各工序在产品的约当产量及其总数,据以分配费用。

【例5-7】假定例5-6的甲产品本月完工200件。第一道工序的在产品20件;第二道工序的在产品40件;第三道工序的在产品60件。

根据各工序月末在产品的数量和各工序的完工率,分别计算各工序月末在产品的约当产量及其总数。如表5-6所示。

表5-6 约当产量计算表

产品名称:甲产品　　　　20××年12月

在产品所在工序	完工率/%	在产品数量/件		完工产品产量/件	产量合计/件
		结存量	约当产量		
1	10	20	2		
2	40	40	16		
3	80	60	48		
合计		120	66	200	266

【例 5－8】假定例 5－7 中甲产品月初加本月发生的加工费用为：直接人工费用 7 980 元；制造费用 8 512 元。完工产品与月末在产品加工费用分配计算如下：

(1)直接人工的分配

$$直接人工费用分配率=\frac{7\ 980}{200+66}=30$$

完工产品分配直接人工费用 =200×30 =6 000(元)

月末在产品分配直接人工费用 =66×30 =1 980(元)

(2)制造费用的分配

$$制造费用分配率=\frac{8\ 512}{200+66}=32$$

完工产品分配制造费用 =200×32 =6 400(元)

月末在产品分配制造费用 =66×32 =2 112(元)

3. 直接材料费用投料率的测定

直接材料在产品投料率(完工率)的测定方法，与其他加工费用完工率的测定方法类似。直接材料的完工率(即投料率)是按投料程度测算的。如果直接材料费用是在生产开始时一次性投入的，则在产品的投料率按 100% 来确定，因为，完工产品与月末在产品所耗的直接材料费用是一样的(完工也好，没有完工也好，其投入的材料量没有改变)。如果直接材料随着加工进度陆续投入，则可以分为以下三种情况。

(1)直接材料随着加工进度陆续分次投入，且投入的程度与加工进度一致

这时直接材料的投料率等于其他加工费用的完工率，分配材料费用所依据的月末在产品约当产量可以与分配加工费用所采用的在产品约当产量一致，即月末在产品的投料率可以采用分配加工费用时的完工率。

(2)直接材料随着加工进度陆续投入，其投料程度与加工进度不一致

直接材料应按工序分别确定各工序在产品的投料率。在确定各工序的投料率时，一般以各工序的直接材料消耗定额为依据，本工序投料程度按投料的 50% 折算。

【例 5－9】假设兴唐公司某种产品需经两道工序制成，直接材料消耗定额为 1 000 千克，其中，第一道工序直接材料消耗定额为 600 千克，第二道工序直接材料消耗定额为 400 千克。月末在产品数量：第一道工序为 300 件，第二道工序为 200 件。完工产品为 250 件。其计算过程和结果如表 5－7 所示。

表 5－7　完工率及约当产量的计算

工序	本工序直接材料消耗定额/千克	完工率(投料率)	在产品约当产量/件	完工产品/件	合计/件
1	600	$\frac{600\times50\%}{1\ 000}\times100\%=30\%$	300×30% =90		
2	400	$\frac{600+400\times50\%}{1\ 000}\times100\%=80\%$	200×80% =160		
合计	1 000	—	250	250	500

(3)直接材料随着加工进度分工序投入，且每一道工序则是在开始时一次投入(相当于分

工序投入,每一工序都已完工)

直接材料应按工序确定投料率,不过在确定各工序的投料率时,应以各工序的直接材料消耗定额为依据,各工序投料程度按投料的100%计算。

【例5-10】沿用例5-9中某产品在各工序的直接材料消耗定额,但直接材料在各工序开始时一次投入。其计算过程和结果如表5-8所示。

表5-8　完工率及约当产量的计算

工序	本工序直接材料消耗定额/千克	完工率(投料率)	在产品约当产量/件	完工产品/件	合计/件
1	600	$\frac{600}{1\ 000}\times100\%=60\%$	$300\times60\%=180$		
2	400	$\frac{600+400}{1\ 000}\times100\%=100\%$	$200\times100\%=200$		
合计	1 000	—	380	250	630

原材料随加工进度分工序投入,且每一道工序都是在生产开始时一次投入,完工率为100%。(相当于每道工序都已完工)。

(三)费用的具体分配方法

在约当产量比例法下,费用的具体分配方法有加权平均法和先进先出法两种。

1.加权平均法

加权平均法是指不考虑生产费用的发生与产品实物流转的对应关系,而将生产费用按月末在产品的约当产量和本月完工产品数量的比例进行分配的一种方法。其基本计算公式如下:

(1)某项费用分配率 $=\frac{\text{该项费用总额}}{\text{完工产品数量}+\text{在产品约当产量}}$

(2)完工产品该项费用=完工产品数量×费用分配率

(3)在产品该项费用=在产品约当产量×费用分配率

或:在产品该项费用=该项费用总额-完工产品该项费用

2.先进先出法

先进先出法是指假设先投产的产品先行完工,并以此作为生产费用的流转顺序,将生产费用在完工产品与月末在产品之间进行分配的一种方法。其计算公式如下。

(1)直接材料费用的分配公式

①本月耗料产量=本月完工产品数量+月末在产品约当产量-月初在产品约当产量

②本月直接材料分配率=本月直接材料费用÷本月耗料产量

③月末在产品直接材料费用=月末在产品约当产量×本月直接材料分配率

④完工产品直接材料费用=月初在产品直接材料费用+本月直接材料费用-月末在产品直接材料费用

(2)直接人工和制造费用的分配公式

①本月耗工时产量 = 本月完工产品数量 + 月末在产品约当产量 - 月初在产品约当产量

②本月直接人工费用(或制造费用)分配率 = 本月直接人工费用(或制造费用) ÷ 本月耗工时产量

③月末在产品直接人工费用(或制造费用) = 月末在产品约当产量 × 本月直接人工费用(或制造费用)分配率

④完工产品直接人工费用(或制造费用) = 月初在产品直接人工费用(或制造费用) + 本月直接人工费用(或制造费用) - 月末在产品直接人工费用(或制造费用)

3. 加权平均法和先进先出法的优缺点

加权平均法的优点是,生产费用的分配过程易于理解,生产费用的计算分配工作也比较简便;其缺点是,生产费用分配所依据的约当产量单位成本(费用分配率)是一种月初在产品生产费用与本月生产费用的“混合成本”,而不是本月成本水平的体现。在上月与本月成本水平相差较大的情况下,会使上月的成本水平对本月月末在产品成本产生一定的影响,这不便于对各月产品成本的分析和考核。先进先出法避免了加权平均法的缺点,但其生产费用的计算分配工作较为复杂。

六、在产品按完工产品成本计算法

在产品按完工产品成本计算法是指将在产品视为完工产品来计算、分配完工产品成本与月末在产品成本的一种方法。这种方法适用于月末在产品已经接近完工,或者产品已经加工完毕,但尚未验收或包装入库的产品。为了简化核算工作,将月末在产品视同完工产品,按完工产品与在产品的数量比例分配费用。

【例 5 - 11】假设兴唐公司某产品月初在产品费用和本月发生费用累计数为:直接材料费用 85 000 元,直接人工费用 7 000 元,制造费用 8 000 元。完工产品 350 件,月末在产品 150 件,该产品已接近完工,采用月末在产品成本按完工产品成本计算的方法。其计算分配结果如表 5 - 9 所示。

表 5 - 9　计算分配结果

成本项目	生产费用合计/元	费用分配/元	完工产品		月末在产品	
			数量/件	费用/元	数量/件	费用/元
①	②	③ = ② ÷ (④ + ⑥)	④	⑤ = ④ × ③	⑥	⑦ = ⑥ × ③
直接材料	85 000	170	350	59 500	150	25 500
直接人工	7 000	14	350	4 900	150	2 100
制造费用	8 000	16	350	5 600	150	2 400
合计	100 000	—	—	70 000	—	30 000

表 5 - 9 中各项费用分配率是根据各生产费用的累计数除以完工产品数量与月末在产品数量之和计算出的;再用分配率分别乘以完工产品数量和月末在产品数量,即求出完工产品与月末在产品分配的各项费用。

七、定额比例法

(一)定额比例法概述

1. 定额比例法的概念

定额比例法是指产品的生产费用按照完工产品和月末在产品的定额消耗量或定额费用的比例,分配计算完工产品成本和月末在产品成本的方法。

2. 定额的选择

采用定额比例法时,直接材料费用按照直接材料定额消耗量或定额费用比例分配;直接人工费用、制造费用等各项加工费,按照定额工时的比例分配,也可以按定额费用的比例分配。

3. 适用条件及特点

这种分配方法适用于定额管理基础较好,各项消耗定额或费用定额比较准确、稳定,各月在产品数量变动较大的产品。采用定额比例法分配完工产品与月末在产品费用,分配结果比较正确,同时还便于将实际费用与定额费用进行比较,考核和分析定额的执行情况。

(二)定额比例法的计算公式

1. 按定额消耗量的比例计算分配

(1)$\text{消耗量分配率}=\dfrac{\text{月初在产品实际消耗量}+\text{本月实际消耗量}}{\text{完工产品定额消耗量}+\text{月末在产品定额消耗量}}$

(2)完工产品实际消耗量 = 完工产品定额消耗量 × 消耗量分配率

(3)月末在产品实际消耗量 = 月末在产品定额消耗量 × 消耗量分配率

(4)完工产品费用 = 完工产品实际消耗量 × 单价

(5)月末在产品费用 = 月末在产品实际消耗量 × 单价

式中单价为:原材料单价或单位工时的直接人工费用、单位工时的制造费用。

按照定额消耗量的比例计算分配,既可以提供完工产品和月末在产品的实际费用资料,又可以提供实际消耗量资料,便于考核和分析各项消耗定额的执行情况。但采用这种计算分配方法工作量较大。为了简化核算工作,也可以采用按定额费用比例计算分配。

2. 按定额费用比例计算分配

①$\text{直接材料费用分配率}=\dfrac{\text{月初在产品直接材料实际费用}+\text{本月直接材料实际费用}}{\text{完工产品直接材料定额费用}+\text{月末在产品直接材料定额费用}}$

②完工产品直接材料实际费用 = 完工产品直接材料定额费用 × 直接材料费用分配率

③月末在产品直接材料实际费用 = 月末在产品直接材料定额费用 × 直接材料费用分配率

或:月末在产品直接材料实际费用 = 月初在产品直接材料实际费用 + 本月直接材料实际费用 − 完工产品直接材料实际费用

3. 按定额工时比例计算分配

①$\text{某项加工费用分配率}=\dfrac{\text{月初在产品该项加工费用的实际金额}+\text{本月该项加工费用的实际金额}}{\text{完工产品定额工时}+\text{月末在产品定额工时}}$

②完工产品应负担的某项加工费用实际金额 = 完工产品定额工时 × 该项加工费用分配率

③月末在产品应负担的某项加工费用实际金额 = 月末在产品定额工时 × 该项加工费用分配率

或：

月末在产品应负担的某项加工费用实际金额 = 月初在产品该项加工实际费用 + 本月该项加工实际费用 - 完工产品该项加工实际费用

（三）各项定额的确定

1. 定额消耗量的确定

完工产品的直接材料定额消耗量和工时定额消耗量的确定，是根据完工产品的实际数量乘以单位产品直接材料消耗定额和工时消耗定额计算求得。月末在产品的直接材料定额消耗量和工时定额消耗量的确定，是根据月末在产品盘存表或账面所记录的在产品的结存数量，以及相应的消耗定额具体计算。

2. 定额费用的确定

在定额消耗量的基础上，再乘以相应的费用定额（单价）就可以计算完工产品和月末在产品的各项定额费用。

采用定额比例法计算分配费用，当在产品的种类和生产工序繁多时，核算工作量繁重。为此，在产品定额消耗量可以采用简化的方法计算（即倒挤的方法）。其计算公式如下：

月末在产品定额消耗量 = 月初在产品定额消耗量 + 本月投入的定额消耗量 - 本月完工产品定额消耗量

其中，月初在产品定额消耗量是根据上月成本计算资料取得（可认为是已知数）。本月投入的定额消耗量中的直接材料定额消耗量，根据领料凭证所列直接材料定额消耗量等数据计算求得；本月投入的定额工时消耗量，根据有关定额工时的原始记录计算求得；本月完工产品定额消耗量前面已经叙述。

【例 5 - 12】假设兴唐公司某产品月初在产品费用为：直接材料 10 000 元，直接人工 3 600 元；制造费用 4 500 元。本月生产费用：直接材料 80 000 元；直接人工 36 400 元；制造费用 30 500 元。完工产品直接材料定额消耗量为 45 000 千克，定额工时为 22 000 小时，月末在产品直接材料定额消耗量为 5 000 千克，定额工时为 3 000 小时。完工产品与月末在产品之间，直接材料费用按直接材料定额消耗量比例分配，其他费用按定额工时比例分配。按定额比例法计算分配如下：

1. 直接材料费用的分配

（1）直接材料费用分配率 $= \dfrac{10\ 000 + 80\ 000}{45\ 000 + 5\ 000} = 1.8$

（2）完工产品应分配的直接材料费用 = 45 000 × 1.8 = 81 000（元）

（3）月末在产品应分配的直接材料费用 = 5 000 × 1.8 = 9 000（元）

2. 直接人工费用的分配

（1）直接人工费用分配率 $= \dfrac{3\ 600 + 36\ 400}{22\ 000 + 3\ 000} = 1.6$

（2）完工产品应分配的直接人工费用 = 22 000 × 1.6 = 35 200（元）

（3）月末在产品应分配的直接人工费用 = 3 000 × 1.6 = 4 800（元）

3. 制造费用的分配

(1)制造费用分配率 $=\frac{4\ 500+30\ 500}{22\ 000+3\ 000}=1.4$

(2)完工产品应分配的制造费用 =22 000 ×1.4 =30 800(元)

(3)月末在产品应分配的制造费用 =3 000 ×1.4 =4 200(元)

4. 总成本的计算

(1)完工产品总成本 =81 000 +35 200 +30 800 =147 000(元)

(2)月末在产品总成本 =9 000 +4 800 +4 200 =18 000(元)

各项费用分配计算结果如表 5 –10 所示。

表 5 –10　产品成本计算单

单位:元

摘要	直接材料费用	直接人工费用	制造费用	合计
月初在产品成本	10 000	3 600	4 500	18 100
本月生产费用	80 000	36 400	30 500	146 900
生产费用合计	90 000	40 000	35 000	165 000
本月完工产品定额	45 000	22 000	22 000	
月末在产品定额	5 000	3 000	3 000	
定额合计	50 000	25 000	25 000	
费用分配率	1.8	1.6	1.4	
本月完工产品总成本	81 000	35 200	30 800	147 000
月末在产品成本	9 000	4 800	4 200	18 000

第三节　完工产品成本的结转

企业生产产品发生的各种生产费用,已经在各产品之间进行了分配,并且采用一定的方法又在同种产品的完工产品和月末在产品之间进行了分配,计算出了每种产品完工产品和月末在产品的总成本和单位成本。企业应在完工产品验收入库后,根据交库单和产品成本汇总表进行账务处理,将完工产品的成本,从生产成本账户转入库存商品等账户中。其账务处理如下。

生产完工,结转完工入库产品成本:

借:库存商品
　　原材料
　　周转材料等
　贷:基本生产成本
　　　辅助生产成本

【例 5 - 13】兴唐公司本月生产甲、乙、丙产品，各产品完工产品成本汇总如表 5 - 11 所示。

表 5 - 11　完工产品成本汇总表

20 × ×年 12 月

产品	产量/件	直接材料费用/元	直接人工费用/元	制造费用/元	合计/元
甲产品	1 000	855 000	355 000	400 000	1 610 000
乙产品	800	340 000	160 000	150 000	650 000
丙产品	500	70 000	21 000	29 000	120 000
合计	—	1 265 000	536 000	579 000	2 380 000

根据完工验收入库产成品的入库单及产成品成本汇总表等，编制会计分录如下：

借：库存商品——甲产品　　1 610 000
　　　　　　——乙产品　　650 000
　　　　　　——丙产品　　120 000
　贷：基本生产成本——甲产品　　1 610 000
　　　　　　　　　——乙产品　　650 000
　　　　　　　　　——丙产品　　120 000

思 考 题

1. 什么是完工产品、在产品？
2. 对于在产品清查的结果如何进行会计处理？
3. 如何理解不计算在产品成本法？
4. 按年初数固定计算在产品成本法的适用条件是什么？
5. 在产品按所耗直接材料费用计价法有何特点？
6. 在产品按定额成本计价法有何特点？
7. 何谓约当产量？什么是约当产量比例法？
8. 如何计算测定完工率？
9. 如何计算测定投料率？
10. 在产品按完工产品成本计算法有何特点？
11. 什么是定额比例法？其方法中的各项定额如何确定？

第六章　产品成本计算的基本方法

【学习目标】

1. 了解生产按工艺过程特点和按生产组织特点的分类。

2. 掌握生产特点和成本管理的要求对成本计算对象、成本计算期和完工产品与在产品之间费用分配的影响。

3. 掌握各种成本计算方法的特点、适用范围、一般计算程序及账务处理过程。

4. 掌握简化分批法的应用条件、基本生产二级账的作用以及在生产费用分配上的特点。

5. 掌握逐步结转分步法下,各种步骤间成本结转的方法以及成本还原的必要性和还原的方法。

6. 掌握平行结转分步法下,广义在产品的含义以及生产费用在最终完工产品与广义在产品之间分配的方法。

7. 掌握逐步结转分步法和平行结转分步法各自的优缺点。

第一节　产品成本计算方法概述

一、产品成本计算影响因素

对于不同的行业来说,其产品特性存在很大差异,其生产工艺流程和产品组织生产方式都有很大的区别。产品成本是在生产过程中形成的,生产特点在很大程度上影响着成本计算方法的特点。另外,成本核算提供的信息主要是为了满足企业管理的要求,为成本管理提供资料。因此,采用什么方法,提供哪些资料,必须考虑成本管理的要求。当然,成本管理的要求也脱离不开生产的特点。所以,企业在确定产品成本计算方法时,必须从具体情况出发,同时考虑生产的特点和管理的要求。企业的生产特点,通常是指生产类型的特点,包括生产工艺过程和生产组织方式两个方面。

(一)生产按工艺过程特点分类

产品生产的工艺过程是指从原材料投入生产开始到产品生产完工所经历的各个生产阶段和环节的一系列技术过程。按生产过程是否可以间断为标志,生产可以分为单步骤生产和多步骤生产两种类型。

1. 单步骤生产

单步骤生产(也称简单生产),是指生产工艺不能间断、不可能或不需要划分为几个生产步骤的生产。如发电、供水、采掘等工业生产。单步骤生产具有工艺技术简单,生产周期短,产品生产只能由一个车间或企业独立完成的特点。

2. 多步骤生产

多步骤生产(亦称复杂生产),是指生产工艺过程由若干个可以间断的、分散在不同地点、分别在不同时间进行的生产步骤所组成的生产。如冶金、纺织、机械、造纸、服装等工业生产。多步骤生产按其产品的加工方式,又可以分为连续式生产和装配式生产。

(1)连续式生产。又称连续加工试生产,是指原材料投入生产后,要依次经过若干个生产步骤连续加工,才能成为产品的生产,如纺织、冶金、钢铁等工业生产。

(2)装配式生产。又称平行加工式生产,是指先将原材料分别在各个加工车间平行加工为零件、部件,然后再将零件、部件装配为产品的生产,如机械、车辆、船舶、仪表制造等工业生产。

(二)生产按生产组织特点分类

生产组织方式是指企业生产产品品种的多少,同种产品产量的大小及其生产的重复程度。工业企业的生产,按其生产组织的特点,可以分为大量生产、成批生产和单件生产三种类型。

1. 大量生产

大量生产是指不断地重复生产相同产品的生产。在进行这种生产的企业或车间中,产品的品种较少,而且比较稳定。如采掘、发电、纺织、冶金、化肥等行业的生产。

2. 成批生产

成批生产是指按照事先规定的产品批别和数量进行的生产。在这种生产的企业或车间中,产品品种较多,而且具有一定的重复性,如服装、机械、车辆等行业的生产。成批生产按照产品批别的大小,又可以分为大批生产和小批生产。

(1)大批生产。大批生产性质接近大量生产,由于批量大,往往在几个月内不断地重复生产一种或几种产品。

(2)小批生产。小批生产性质接近单件生产,由于生产产品的批量小,一批产品一般可以同时完工。

3. 单件生产

单件生产是指根据订单单位的要求,生产个别的、特殊的产品的生产,单件生产类似于小批生产。如重型机械制造和船舶制造等。在进行这种生产的企业或车间中,产品的品种多,而且很少重复。

单步骤生产和连续加工式的多步骤生产的生产组织多为大量生产。装配式的多步骤生产的生产组织,则有大量生产、成批生产和单件生产的区别。

(三)生产特点和成本管理要求对产品成本计算的影响

企业生产特点不同,对成本管理的要求也不一样。而生产特点和管理要求又必然对成本计算产生影响,这一影响主要表现在对成本计算对象的影响、对产品成本计算期的影响以及对完工产品与在产品之间费用分配的影响这三个方面。

1. 对成本计算对象的影响

成本计算对象就是生产费用归集的对象,通俗地讲就是计算什么的成本。对成本计算的影响集中地表现在对成本计算对象确定上的影响。

(1)从产品生产工艺过程看

①对于单步骤生产来说,其工艺过程不能间断,因而不可能也不需要按照生产步骤计算产

品成本,只能按照产品的品种计算成本。因此,其成本计算对象就是产品的品种。

②对于多步骤生产来说,由于其生产工艺过程是由几个可以间断的、分散在不同地点进行的生产步骤所组成,为了加强各个生产步骤的成本管理,往往不仅要求按照产品的品种计算成本,而且要求按照产品生产的步骤计算成本。因此,其成本计算对象除了产品品种外,还有产品的生产步骤。

(2)从产品生产组织特点看

①对于大量生产来说,由于其连续不断地重复生产一种或若干种产品,因而管理上只要求(也只能)按照产品的品种计算成本。

②对于大批生产来说,由于其产品的批量大,往往在几个月内不断重复生产一种或若干种产品,因而往往也同大量生产一样,只要求按照产品品种计算成本。

③对于小批、单件生产来说,由于其生产的产品批量小,一批产品一般可以同时完工,因而有可能按照产品的批别或件别归集生产费用,计算产品成本。从管理要求看,为了分析和考核各批产品成本水平,也要求按照产品批别或件别计算成本。

(3)成本计算对象

综上所述,在产品成本计算工作中有着有三种不同的成本计算对象:

①以产品品种为成本计算对象;

②以产品批别为成本计算对象;

③以产品生产步骤为成本计算对象。

成本计算对象的确定,是设置产品明细账、归集生产费用、计算产品成本的前提,是构成成本计算方法的主要标志,因而也是区别各种成本计算基本方法的主要标志。

2. 对产品成本计算期的影响

成本计算期是指每隔多长时间计算一次成本。产品成本计算期的确定,主要决定于生产组织的特点。

(1)对于大量、大批生产来说,由于生产活动连续不断地进行着,每月都有产品完工并销售,为了计算各月产品销售成本和利润,就要求定期按计算产品成本。在这种情况下,成本计算期往往与产品的生产周期不一致。

(2)对于小批、单件生产来说,各批或各件产品的生产周期是不一致的,每月也不一定都有产品完工,完工产品成本有可能在某批或某件产品完工以后计算,因而完工产品成本的计算是不定期的,其成本计算期与产品的生产周期基本一致,而与核算报告期不一致。

3. 对完工产品与在产品之间费用分配的影响

生产特点与月末在产品的数量有着密切的联系,它会对完工产品与月末在产品之间的费用分配产生重要的影响。

(1)在单步骤生产中的影响。在单步骤生产中,生产过程不能间断,生产周期也短,一般没有在产品,或者在产品数量很少,因而计算产品成本时,生产费用不必在完工产品与月末在产品之间进行分配。

(2)在多步骤生产中的影响。在多步骤生产中,是否需要在完工产品与在产品之间分配费用,在很大程度上取决于生产组织的特点。

(3)在大量、大批生产中的影响。在大量、大批生产中,由于生产连续不断地进行,而且经常存在在产品,因而在计算成本时,就需要采用适当的分配方法,将生产费用在完工产品与月末在产品之间进行分配。

(4)在小批、单件生产中的影响。在小批、单件生产中,在每批、每件产品完工前,产品成本明细账中所记录的生产费用就是在产品的成本;完工后,其所记费用就是完工产品的成本,因而不存在在完工产品与月末在产品之间分配费用的问题。

根据上述生产特点和管理要求对产品成本计算方法的影响可以归纳为表6－1所示。

表6－1　生产特点和管理要求与产品成本计算方法的关系

<table>
<tr><th colspan="2">生产特点</th><th rowspan="2">管理要求</th><th rowspan="2">成本计算对象</th><th rowspan="2">成本计算期</th><th rowspan="2">完工产品和在产品成本划分</th><th rowspan="2">成本计算方法</th></tr>
<tr><th>工艺过程</th><th>生产组织方式</th></tr>
<tr><td rowspan="2">单步骤生产</td><td>大量大批生产</td><td></td><td>品种</td><td>定期</td><td>不需要</td><td>品种法</td></tr>
<tr><td>单件小批生产</td><td>要求分批计算成本</td><td>批别</td><td>不定期</td><td>不需要</td><td>分批法</td></tr>
<tr><td rowspan="3">多步骤生产</td><td rowspan="2">大量大批生产(连续式或装配式多步骤)</td><td>不要求分步骤计算成本</td><td>品种</td><td>定期</td><td>需要</td><td>品种法</td></tr>
<tr><td>要求分步骤计算成本</td><td>步骤</td><td>定期</td><td>需要</td><td>分步法</td></tr>
<tr><td>单件小批生产(装配式多步骤)</td><td>要求分批计算成本</td><td>批别</td><td>不定期</td><td>不需要</td><td>分批法</td></tr>
</table>

二、产品成本计算的基本方法

企业的产品成本计算,就是按照成本计算对象分配和归集生产费用,计算各成本计算对象的总成本和单位成本的过程,产品成本计算的核心是成本计算对象的确定,成本计算对象是构成成本计算方法的主要标志。

(一)产品成本计算的基本方法

为了适应不同类型生产特点和成本管理的要求,在产品成本计算工作中有着三种不同的成本计算对象,即产品品种、产品批别和产品的生产步骤。因而以成本计算对象为主要标志的产品成本计算的基本方法也有三种。

(1)以产品品种为成本计算对象的产品成本计算方法,称为品种法。该方法一般适用于单步骤的大量生产,如发电、采掘等作业;也可用于不需要分步骤计算成本的多步骤的大量、大批生产,如小型造纸厂、水泥厂等。

(2)以产品批别为成本计算对象的产品成本计算方法,称为分批法。该方法适用于单件、小批的单步骤生产或管理上不要求分步骤计算成本的多步骤生产,如修理作业、专用模具制造、重型机械制造、船舶制造等。

(3)以产品生产步骤为成本计算对象的产品成本计算方法,称为分步法。该方法适用于大量、大批的多步骤生产,如纺织、冶金、机械制造等。

这三种方法是产品成本计算的基本方法,与不同生产类型的特点有着直接联系,涉及成本计算对象的确定,是计算产品实际成本必不可少的方法。

(二)产品成本计算的基本方法与生产类型的关系

产品成本计算的基本方法与生产类型的关系如表6－2所示。

表6-2 成本计算方法与生产类型的关系

成本计算方法	生产组织	生产工艺过程和管理要求	成本计算对象
品种法	大量大批生产	单步骤生产或管理上不要求分步骤计算成本的多步骤生产	产品品种
分批法	单件小批生产	单步骤生产或管理上不要求分步骤计算成本的多步骤生产	产品批别
分步法	大量大批生产	管理上要求分步骤计算成本的多步骤生产	产品生产步骤

第二节 产品成本计算的品种法

一、品种法的含义及适用范围

品种法亦称简单法，是按照产品品种归集生产费用，计算产品成本的一种方法。各种成本计算方法最终都要计算出各产品品种的实际成本和单位成本，按照产品品种计算产品成本也是成本计算最基本的要求，品种法是成本计算的最基本的方法。

品种法一般适用于大量大批的单步骤生产，如发电、采掘等生产。在这种类型的生产中，产品的生产工艺过程不可能或者不需要划分为几个生产步骤，所以也就不能或者不需要按照生产步骤计算产品成本。在大量大批的多步骤生产中，如果企业或车间的规模较小，或者车间是封闭式的（整个生产过程在一个车间内进行），或者生产是按流水线组织的，管理上不要求按照生产步骤计算产品成本，也可以采用品种法计算产品成本，如小型水泥厂、化肥厂以及辅助生产的供水、供电车间等。

二、品种法的特点

（一）以产品品种作为成本计算对象

品种法的成本计算对象是企业最终生产的某种产成品，也即产品品种。

（1）如果只生产一种产品，计算产品成本时，只需要为这种产品开设成本明细账，账内按成本项目设立专栏或专行。在这种情况下，所发生的生产费用都是直接费用，不存在成本计算对象之间分配费用的问题。

（2）如果生产多种产品，产品成本明细账就要按照产品品种分别设置。发生的生产费用中，能分清是哪种产品耗用的，可以直接计入各该产品成本明细账的有关成本项目；分不清的则要采用适当的分配方法，在各成本计算对象之间进行分配，然后分别计入各产品成本明细账的有关成本项目。

（二）按月定期计算产品成本

采用品种法计算产品成本的企业，从其生产工艺流程来看，有的是单步骤生产，有的是多步骤生产，但从生产组织方式上看，大多数是大量大批生产，是连续不断地重复生产一种或几种产品，经常有很多完工产品，不能等到产品全部生产完工再计算产品成本，而只能定期在每月月末进行计算。

（三）费用在完工产品与月末在产品之间的分配

（1）在单步骤生产月末计算成本时，一般不存在尚未完工的在产品，或者在产品数量很少，因而可以不计算在产品成本。在这种情况下，产品成本明细账中按成本项目归集的生产费用，就是该产品的总成本。

（2）在一些规模较小，而且管理上又不要求按照生产步骤计算产品成本的大量、大批的多步骤生产中，月末一般都有在产品，这就需要选择适当的分配方法，在完工产品与月末在产品之间进行分配。

三、品种法的成本计算程序

（一）按照产品品种设置有关成本明细账

产品成本明细账是按照产品成本计算对象设置、归集和计算产品成本的明细账，也称为产品成本计算单。应根据企业具体情况的需要，按车间、部门设置基本生产成本明细账、辅助生产成本明细账、制造费用明细账或其他相关账户。

（二）归集和分配各种要素费用

对生产过程中发生的各项费用，根据费用发生的原始凭证及相关资料编制有关记账凭证，并登记有关明细账，同时对各种要素费用根据其受益对象的受益程度进行分配，编制各种费用分配表，据以登记“基本生产成本明细账”“辅助生产成本明细账”“制造费用明细账”等。

（三）归集和分配综合费用

1. 归集和分配辅助生产费用

归集“辅助生产成本明细账”，按照各产品及受益单位的辅助生产劳务数量，编制“辅助生产成本分配表”，分配辅助生产成本，并登记到各受益产品的产品成本明细账和受益单位的费用明细账中。

2. 归集和分配基本生产车间制造费用

归集基本生产车间“制造费用明细账”，采用一定的方法在基本生产车间生产的各种产品之间进行分配，编制“制造费用分配表”，并据以登记“基本生产成本明细账”。

3. 计算和结转废品损失

在企业单独核算废品损失的情况下，根据不可修复废品已耗生产成本或可修复废品修复费用等相关资料，编制不可修复废品成本计算单和废品损失明细账，并据此将废品净损失结转登记“基本生产成本明细账”。

（四）分配计算各种完工产品成本和月末在产品成本

根据各产品成本明细账中登记的各项生产费用按成本项目分别进行汇总，得出各成本项目的合计数。月末，选择适当的分配方法在完工产品和在产品之间进行分配，计算各种完工产品成本和在产品成本。

(五)汇总计算完工产品总成本和单位成本

根据各产品成本明细账中计算出来的本月完工产品成本,汇总编制"完工产品成本汇总表",计算并结转完工产品成本。

品种法成本计算程序如图6-1所示。

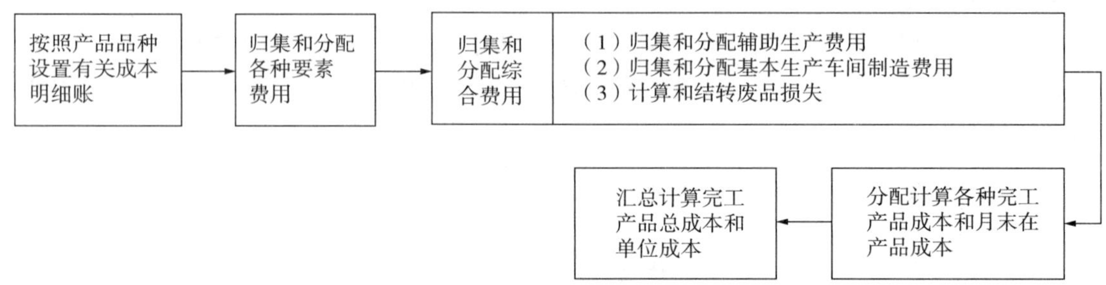

图6-1 品种法成本计算程序

四、品种法举例

下面通过一个具体的例子,把品种法所用的各种费用分配表和明细账都串联起来,说明品种法的成本计算程序和相应的账务处理,便于从中系统、全面、具体地掌握和理解品种法的特点,也有利于深入理解成本计算的基本原理。

(一)企业基本情况资料

【例6-1】兴唐公司设有一个基本生产车间,大量大批生产甲、乙两种产品,其生产工艺过程属于单步骤生产。根据生产特点和管理要求,确定采用品种法计算产品成本。甲、乙两种产品的原材料均在生产开始时一次投入,完工产品和月末在产品之间分配费用的方法为:甲产品采用在产品按定额成本计价法,乙产品采用约当产量比例法。该企业还设有供电和机修两个辅助生产车间,其中,机修车间单独设置"制造费用"账户进行核算。辅助生产费用采用交互分配法进行分配。基本生产车间的制造费用采用实际工时进行分配。废品损失单独核算,专设"废品损失"账户,月末全部由本月同种合格完工产品负担。产品成本包括"直接材料""燃料和动力""直接人工""制造费用""废品损失"五个成本项目。

该企业本月甲、乙两种产品共同耗用的材料费用按材料定额耗用量比例进行分配;基本生产车间的职工薪酬按产品生产工时比例进行分配;基本生产车间外购动力费用(电力)按产品机器工时比例进行分配。其他有关资料如下。

(1)月初在产品成本资料如表6-3所示。

表6-3 月初在产品成本表 单位:元

项目	直接材料	燃料和动力	直接人工	制造费用	废品损失	合计
甲在产品定额成本	6 000	800	4 000	1 200	0	12 000
乙在产品成本	2 500	300	1 800	400	0	5 000

(2)本月产量资料如表6－4所示。

表6－4　产量资料

单位:元

产品名称	月初在产品	本月投产	本月完工产品	月末在产品	完工程度
甲产品	60	240	240	50	—
乙产品	30	320	250	100	50%

(3)本月产品实际消耗生产工时资料如表6－5所示。

表6－5　产品实际消耗工时资料

产品名称	共消耗生产工时/小时	共消耗机器工时/小时
甲产品	3 800	2 200
乙产品	6 200	5 800

(4)本月产品消耗定额资料如表6－6所示。

表6－6　产品消耗定额

产品名称	单位产品材料消耗定额/(千克/件)	工时定额/(工时/件)
甲产品	40	40
乙产品	25	20

(5)本月不可修复废品费用定额和定额工时资料如表6－7所示。

表6－7　不可修复废品费用定额和定额工时

产品名称	定额工时/小时	直接材料/(元/件)	燃料及动力/(元/工时)	直接人工/(元/工时)	制造费用/(元/工时)
甲产品	50	100	4	6	5

(6)本月发生的材料、人工费用如表6－8和表6－9所示。

表6－8　发出材料汇总表

20××年10月

单位:元

领料单位		原材料	辅助材料	燃料	其他	合计
基本生产车间	甲产品	10 000	2 000			12 000
	乙产品	15 000	3 000			18 000
	甲乙产品共同耗用		6 000			6 000
车间管理部门			3 000		1 500	4 500
供电车间	产品耗用			5 000		5 000
	一般耗用				1 000	1 000

续表

领料单位		原材料	辅助材料	燃料	其他	合计
机修车间	产品耗用		2 000			2 000
	一般耗用				1 500	1 500
厂部管理部门			1 500		500	2 000
销售部门					1 000	1 000
合计		25 000	17 500	5 000	5 500	53 000

表 6－9　职工薪酬汇总表

20××年 10 月　　单位:元

基本生产车间		供电车间		机修车间		厂部管理部门	销售部门	合计
生产人员	管理人员	生产人员	管理人员	生产人员	管理人员			
22 000	8 000	6 000	2 000	5 000	1 500	4 000	1 500	50 000

(7)本月支付外购动力费用(电费)21 000 元,各部门外购动力消耗量如表 6－10 所示。

表 6－10　外购动力(电力)消耗量汇总表

20××年 10 月　　单位:千瓦·时

基本生产车间		供电车间用电	机修车间		厂部管理部门用电	销售部门用电	合计
生产用电	一般用电		生产用电	一般用电			
16 000	4 000	4 000	3 500	500	1 500	500	30 000

(8)本月辅助生产车间提供劳务资料如表 6－11 所示。

表 6－11　辅助生产车间提供劳务资料

受益部门	供电车间/千瓦·时	机修车间/工时
供电车间		500
机修车间	3 000	
基本生产车间生产产品	29 000	
基本生产车间一般耗用	7 000	1 500
厂部行政管理部门	6 000	600
销售部门	5 000	400
合计	50 000	3 000

(二)计算程序及账务处理

以兴唐公司 20××年 10 月份各项费用资料为例,说明产品成本计算的程序和相应的账务处理。

1. 设置产品成本明细账及有关账户

该企业生产甲、乙两种产品，在“基本生产成本”总账下按甲、乙产品分别开设明细账；在“辅助生产成本”总账下按供电车间、机修车间分别开设明细账；在“制造费用”总账下按基本生产车间、机修车间分别开设明细账。登记各账户期初余额。

2. 要素费用的归集和分配

根据本月各项费用的原始凭证和其他有关资料，编制各项费用分配表，分配各种要素费用。

（1）材料费用的分配

根据领料凭证编制材料费用分配表，登记和分配材料费用。在表 6－8 中，基本生产车间甲、乙产品共同耗用材料 6 000 元，需要在甲、乙两种产品之间进行分配。如表 6－12 所示。

表 6－12 甲、乙产品共同耗用材料分配表

产品名称	投产量/件	单位消耗定额/千克	定额消耗量/千克	分配率/（元/千克）	分配金额/元
甲产品	240	40	9 600		3 264
乙产品	320	25	8 000		2 736
合计			17 600	0.34	6 000

材料费用分配率＝6 000 ÷ 17 600 ≈ 0.34

甲产品应分配的材料费用＝9 600 × 0.34＝3 264（元）

乙产品应分配的材料费用＝6 000 － 3 264＝2 736（元）

根据计算结果及表 6－8 资料，编制材料费用分配表如表 6－13 所示。

表 6－13 材料费用分配表

20××年 10 月 单位：元

应借科目		直接计入	分配计入	合计
基本生产成本	甲产品	12 000	3 264	15 264
	乙产品	18 000	2 736	20 736
	小计	30 000	6 000	36 000
辅助生产成本	供电车间	6 000		6 000
	机修车间	2 000		2 000
	小计	8 000		8 000
制造费用	基本生产车间	4 500		4 500
	机修车间	1 500		1 500
	小计	6 000		6 000
管理费用		2 000		2 000
销售费用		1 000		1 000
合计		47 000	6 000	53 000

根据材料费用分配表编制会计分录如下：

借：基本生产成本——甲产品 15 264

——乙产品　　　　20 736
辅助生产成本——供电车间　　　　6 000
——机修车间　　　　2 000
制造费用——基本生产车间　　　　4 500
——机修车间　　　　1 500
管理费用　　　　2 000
销售费用　　　　1 000
贷:原材料　　　　53 000

(2)外购动力费用的分配

根据表 6－10 各车间、部门实际耗电数量、电价和有关的费用分配标准(各种产品耗用的机器工时,见表 6－5 资料),编制外购动力费用(电费)分配表,如表 6－14 所示。

表 6－14　外购动力费用(电费)分配表

20××年 10 月

应借科目		动力费用分配			电费分配		
		机器工时/小时	分配率/(元/小时)	分配金额/元	用电量/千瓦·时	分配率/(元/千瓦·时)	分配金额/元
基本生产成本	甲产品	2 200		3 080			
	乙产品	5 800		8 120			
	小计	8 000	1.4	11 200	16 000		11 200
辅助生产成本	供电车间				4 000		2 800
	机修车间				3 500		2 450
	小计				7 500		5 250
制造费用	基本生产车间				4 000		2 800
	机修车间				500		350
	小计				4 500		3 150
管理费用					1 500		1 050
销售费用					500		350
合计					30 000	0.7	21 000

表 6－14 中:电费分配率(单价)＝21 000÷30 000＝0.7(元/千瓦·时)

生产甲、乙产品共同耗电 16 000(千瓦·时),共耗电费为:

16 000×0.7＝11 200(元)。

按机器工时的比例计算分配如下:

分配率＝11 200÷8 000＝1.4

甲产品应分配的电费＝2 200×1.4＝3 080(元)

乙产品应分配的电费＝5 800×1.4＝8 120(元)

根据表 6－14 结果,编制会计分录如下:

借:基本生产成本——甲产品　　　3 080
　　　　　　　——乙产品　　　8 120
　辅助生产成本——供电车间　　2 800
　　　　　　　——机修车间　　2 450
　　制造费用——基本生产车间　2 800
　　　　　　——机修车间　　　350
　管理费用　　　　　　　　　1 050
　销售费用　　　　　　　　　350
贷:应付账款　　　　　　　　　　21 000

(3)职工薪酬费用的分配

根据本月工资结算汇总表和规定的职工福利费提取比例(按6%提取),编制职工薪酬费用分配表,如表6-15所示。

表6-15　职工薪酬及福利费分配表

20××年10月

应借科目		生产工人工资			薪酬费用/元	应付福利费(薪酬的6%)/元
		生产工时/小时	分配率/(元/小时)	分配金额/元		
基本生产成本	甲产品	3 800		8 360	8 360	501.60
	乙产品	6 200		13 640	13 640	818.40
	小计	10 000	2.2	22 000	22 000	1 320
辅助生产成本	供电车间				8 000	480
	机修车间				5 000	300
	小计				13 000	780
制造费用	基本生产车间				8 000	480
	机修车间				1 500	90
	小计				9 500	570
管理费用					4 000	240
销售费用					1 500	90
合计					50 000	3 000

在表6-15中,基本生产车间生产工人工资22 000元,是甲、乙两种产品共同耗用的工资费用,需要在甲、乙两种产品之间按生产工时的比例进行分配。其计算分配如下:

工资费用分配率=22 000÷10 000=2.2

甲产品应分配的工资费用=3 800×2.2=8 360(元)

乙产品应分配的工资费用=6 200×2.2=13 640(元)

根据上表结果,编制会计分录如下:

①分配工资费用

借:基本生产成本——甲产品　　　8 360
　　　　　　　——乙产品　　　13 640

辅助生产成本——供电车间　　8 000
　　　　　　——机修车间　　5 000
制造费用——基本生产车间　　8 000
　　　　——机修车间　　1 500
管理费用　　4 000
销售费用　　1 500
贷:应付职工薪酬——工资　　50 000

②分配职工福利费

借:基本生产成本——甲产品　　501.60
　　　　　　——乙产品　　818.40
辅助生产成本——供电车间　　480
　　　　　　——机修车间　　300
制造费用——基本生产车间　　480
　　　　——机修车间　　90
管理费用　　240
销售费用　　90
贷:应付职工薪酬——工资　　3 000

(4)其他职工薪酬费用的分配

该企业工会经费和职工教育经费分别按工资总额2%和1.5%计提;各种社会保险费(五险)和住房公积金分别按工资总额的20%和10%计提。根据本月工资结算汇总表及相关费用计提比例,编制其他职工薪酬费用分配表如表6-16所示。

表6-16　其他职工薪酬费用分配表

20××年10月　　单位:元

应借科目		工资总额	工会经费(按2%计提)	职工教育经费(按1.5%计提)	社会保险费(按20%计提)	住房公积金(按10%计提)	合计
基本生产成本	甲产品	8 360	167.20	125.40	1 672	836	2 800.60
	乙产品	13 640	272.80	204.60	2 728	1 364	4 569.40
	小计	22 000	440	330	4 400	2 200	7 370
辅助生产成本	供电车间	8 000	160	120	1 600	800	2 680
	机修车间	5 000	100	75	1 000	500	1 675
	小计	13 000	260	195	2 600	1 300	4 355
制造费用	基本生产车间	8 000	160	120	1 600	800	2 680
	机修车间	1 500	30	22.50	300	150	502.50
	小计	9 500	190	142.50	1 900	950	3 182.50
管理费用		4 000	80	60	800	400	1 340
销售费用		1 500	30	22.50	300	150	502.50
合计		50 000	1 000	750	10 000	5 000	16 750

根据表6-16结果,编制会计分录如下:

借:基本生产成本——甲产品　　2 800.60
　　　　　　　——乙产品　　4 569.40
　辅助生产成本——供电车间　　2 680
　　　　　　　——机修车间　　1 675
　制造费用——基本生产车间　　2 680
　　　　　——机修车间　　502.50
　管理费用　　1 340
　销售费用　　502.50
　贷:应付职工薪酬——工会经费　　1 000
　　　　　　　　——职工教育经费　　750
　　　　　　　　——社会保险费　　10 000
　　　　　　　　——住房公积金　　5 000

(5)折旧费用的分配

根据本月各车间、部门应提取的固定资产折旧额,编制折旧费用分配表,如表6－17所示。

表6－17　折旧费用分配表

20××年10月　　单位:元

项目	生产车间			厂部管理部门	销售部门	合计
	基本生产车间	供电车间	机修车间			
折旧费用	20 000	3 000	1 200	1 000	800	8 000

根据表6－17编制的会计分录如下:

借:辅助生产成本——供电　　3 000
　制造费用——基本生产车间　　20 000
　　　　　——机修车间　　1 200
　管理费用　　1 000
　销售费用　　800
　贷:累计折旧　　8 000

(6)银行存款支付的其他费用

根据本月份银行存款付款凭证汇总各车间、部门发生的其他费用,编制其他费用分配汇总表,如表6－18所示。

表6－18　其他费用分配汇总表

20××年10月　　单位:元

单位	办公费	水费	运输费	保险费	其他	合计
基本生产车间	2 000	1 000	500	1 500		5 000
供电车间	1 500	700	1 000	1 600		4 800
机修车间	1 200	400	600	800		3 000
企业管理部门	2 500	500		600	200	3 800
销售部门	900	500				1 400
合计						18 000

根据表 6－18 编制的会计分录如下：

借：辅助生产成本——供电　　　　4 800

　　制造费用——基本生产车间　　5 000

　　　　　　——机修车间　　　　3 000

　　管理费用　　　　　　　　　　3 800

　　销售费用　　　　　　　　　　1 400

　贷：银行存款　　　　　　　　　　18 000

3. 归集和分配辅助生产费用

（1）辅助生产费用的归集

辅助生产费用的归集分两种方式，第一种方式为不单独归集辅助生产车间的制造费用，如供电车间，如表 6－19 所示，辅助生产成本明细账按费用项目设专栏进行核算。本月供电车间发生的辅助生产费用就是该月辅助生产成本明细账中各费用项目的汇总。

表 6－19　辅助生产成本明细账

车间名称：供电车间　　　　20××年 10 月　　　　单位：元

20××年		摘要	机物料消耗	水电费	工资及福利费	折旧费	运输费	保险费	办公费	合计	转出	余额
月	日											
10	31	表 6－13	6 000							6 000		
		表 6－14		2 800						2 800		
		表 6－15			8 000					8 000		
		表 6－15			480					480		
		表 6－16			2 680					2 680		
		表 6－17				3 000				3 000		
		表 6－18		700			1 000	1 600	1 500	4 800		
		待分配费用小计	6 000	3 500	11 160	3 000	1 000	1 600	1 500	27 760		27 760
		表 6－22 分配转入								3 261.25		31 021.25
		表 6－22 分配转出									1 665.60	29 355.65
		表 6－22 分配转出									29 355.65	0

第二种方式为单独归集辅助生产车间的制造费用，如机修车间，辅助生产成本明细账按成本项目设置专栏进行核算。机修车间应先汇总本月发生的制造费用（如表 6－20 所示），据此结转计入该辅助生产车间对应的成本项目，然后根据机修车间辅助生产成本明细账中各成本项目汇总计算出本月辅助生产费用，如表 6－21 所示。

借:辅助生产成本——机修　　　8 142.50
　贷:制造费用——机修车间　　　8 142.50

表 6－20　制造费用明细账

车间名称:机修车间　　　20××年 10 月　　　单位:元

20××年		摘要	机物料消耗	水电费	工资	福利费	其他薪酬费用	折旧费	办公费	运输费	保险费	合计	转出	余额
月	日													
10	31	表 6－13	1 500											
		表 6－14		350										
		表 6－15			1 500									
		表 6－15				90								
		表 6－16					502.50							
		表 6－17						1 200						
		表 6－18		400					1 200	600	800	3 000		
		待分配费用小计	1 500	750	1 500	90	502.50	1 200	1 200	600	800	8 142.50		8 142.50
		转出至辅助生产成本											8 142.50	0
		本月合计	1 500	750	1 500	90	502.50	1 200	1 200	600	800	8 142.50	8 142.50	0

表 6－21　辅助生产成本明细账

车间名称:机修车间　　　20××年 10 月　　　单位:元

20××年		摘要	原材料	燃料及动力	直接人工	制造费用	合计	转出	余额
月	日								
10	31	表 6－13	2 000				2 000		
		表 6－14		2 450			2 450		
		表 6－15			5 000		5 000		
		表 6－15			300		300		
		表 6－16			1 675		1 675		
		表 6－20 制造费用转入				8 142.50	8 142.50		
		待分配费用小计	2 000	2 450	6 975	8 142.50	19 567.50		19 567.50
		表 6－22 分配转出						3 261.25	16 306.25
		表 6－22 分配转入					1 665.60		17 971.85
		表 6－22 分配转出						17 971.85	0

(2)辅助生产费用的分配

根据辅助生产成本明细账中归集的待分配费用(见表 6－19 和表 6－21)、供电车间的供电度数、机修车间的机修工时,采用交互分配法分配辅助生产费用,并编制辅助生产费用分配表,如表 6－22 所示。

表 6－22 辅助生产费用分配表

（交互分配法）

单位:元

项目			交互分配		对外分配		对外分配金额合计
			供电	机修	供电	机修	
待分配费用			27 760	19 567.50	29 355.65	17 971.85	47 327.50
劳务供应数量			50 000	3 000	47 000	2 500	
分配率(单位成本)			0.555 2	6.522 5	0.624 6	7.188 8	
受益对象	供电车间	耗用数量		500			
		分配金额		3 261.25			
	机修车间	耗用数量	3 000				
		分配金额	1 665.60				
	基本车间生产产品	耗用数量			29 000		
		分配金额			18 113.40		18 113.40
	基本车间一般耗用	耗用数量			7 000	1 500	
		分配金额			4 372.20	10 783.20	15 155.40
	企业管理部门	耗用数量			6 000	600	
		分配金额			3 747.60	4 313.28	8 060.88
	销售部门	耗用数量			5 000	400	
		分配金额			3 122.45	2 875.37	5 997.82
分配金额合计					29 355.65	17 971.85	47 327.50

根据表 6－22 分配的结果得知，甲、乙两种产品共同耗用电费 18 113.40 元，采用甲、乙两种产品所耗实际生产工时的比例进行分配，如表 6－23 所示。

表 6－23 产品生产用电分配表

20××年 10 月

产品名称	生产工时/小时	分配率/(元/小时)	分配金额/元
甲产品	3 800		6 882.94
乙产品	6 200		11 230.46
合计	10 000	1.811 3	18 113.40

①辅助生产费用交互分配时的分配率：

供电费用分配率＝27 760÷50 000＝0.555 2

机修费用分配率＝＝19 567.50÷3 000＝6.522 5

供电车间调整后的费用:27 760＋3 261.25－1 665.60＝29 355.65(元)

机修车间调整后的费用:19 567.50＋1 665.60－3 261.25＝17 971.85(元)

②辅助生产车间对外分配时的分配率：

$$供电费用分配率=\frac{29\ 355.65}{50\ 000-3\ 000}=0.624\ 6$$

$$机修费用分配率 = \frac{17\ 971.85}{3\ 000 - 500} = 7.188\ 8$$

根据上述计算结果，编制会计分录如下：

①交互分配的会计分录

借：辅助生产成本——机修　　3 261.25

　　　　　　　——供电　　1 665.60

　贷：辅助生产成本——机修　　1 665.60

　　　　　　　　——供电　　3 261.25

②对外分配的会计分录

借：基本生产成本——甲产品　　6 882.94

　　　　　　　——乙产品　　11 230.46

　制造费用——基本生产车间　　15 155.40

　管理费用　　8 060.88

　销售费用　　5 997.82

　贷：辅助生产成本——供电车间　　29 355.65

　　　　　　　　——机修车间　　17 971.85

4. 归集和分配基本生产车间制造费用

根据各种费用分配表和其他有关资料，登记基本生产车间的制造费用明细账，归集和分配基本生产车间发生的制造费用。

(1)归集基本生产车间制造费用，将本月制造费用明细账中各费用项目进行汇总，如表6-24所示。

表6-24　制造费用明细账

车间名称：基本生产车间　　20××年10月　　单位：元

20××年		要	机物料消耗	水电费	工资	福利费	其他薪酬费用	折旧费	办公费	运输费	保险费	其他	合计	转出	余额
月	日														
10	31	表6-13	4 500										4 500		
		表6-14		2 800									2 800		
		表6-15			8 000								8 000		
		表6-15				480							480		
		表6-16					2 680						2 680		
		表6-17						20 000					20 000		
		表6-18		1 000					2 000	500	1 500		5 000		
		表6-22辅助生产费用转入		4 372.20								10 783.20	15 155.40		58 615.40
		分配转出												58 615.40	0
		本月合计	4 500	8 172.20	8 000	480	2 680	20 000	2 000	500	1 500	10 783.20	58 615.40	58 615.40	0

(2)根据甲、乙产品的实际生产工时分配基本生产车间的制造费用,并编制基本生产车间制造费用分配表,如表6-25所示。

表6-25 基本生产车间制造费用分配表

20××年10月

应借科目		生产工时/小时	分配率/(元/小时)	分配金额/元
基本生产车间	甲产品	3 800		22 273.70
	乙产品	6 200		36 341.70
合计		10 000	5.8615	58 615.40

根据表6-25计算结果,编制会计分录如下:

借:基本生产成本——甲产品　　22 273.70

　　　　　　　——乙产品　　36 341.70

　贷:制造费用——基本生产车间　　58 615.40

5. 计算和结转废品损失

企业本月有甲产品不可修复废品10件(见表6-26),不可修复废品按定额费用计算所耗生产成本。根据不可修复废品费用定额和定额工时资料以及回收残料入库单等,编制不可修复废品损失计算表、废品损失明细账和废品损失分配表,如表6-26、表6-27和表6-28所示。并据此登记相关产品成本明细账。

表6-26 不可修复废品损失计算表

废品数量:10件　　(废品损失按定额成本计算)　　废品定额工时:50

产品名称:甲产品　　20××年10月　　单位:元

项目	直接材料	燃料和动力	直接人工	制造费用	合计
单件(小时)费用定额	100	4	6	5	
废品定额成本	1 000	200	300	250	1 750
减:回收残料价值	150				150
废品损失	850	200	300	250	1 600

根据表6-26计算结果,编制会计分录如下:

结转废品成本时:

借:废品损失——甲产品　　1 750

　贷:基本生产成本——甲产品　　1 750

回收残料时:

借:原材料　　150

　贷:废品损失——甲产品　　150

表 6－27　废品损失明细账

产品名称:甲产品　　　　20××年 10 月　　　　单位:元

20××年		摘要	直接材料	燃料和动力	直接人工	制造费用	合计
月	日						
10	31	根据表 6－26	1 000	200	300	250	1 750
		根据表 6－26	150				150
		废品损失合计	850	200	300	250	1 600
		根据表 6－28	850	200	300	250	1 600

说明:在不设“转出”栏的明细账中,分配转出数可用红字登记。在书写时用数字加“框”表示红字。

表 6－28　废品损失分配表

产品名称:甲产品　　　　20××年 10 月　　　　单位:元

应借科目	明细科目	成本项目	金额
基本生产成本	甲产品	废品损失	1 600

结转甲产品净损失:

借:基本生产成本——甲产品　　　　1 600

　贷:废品损失——甲产品　　　　1 600

6. 登记基本生产成本明细账并计算产品成本

根据上述各种费用分配表和其他有关资料,登记基本生产成本明细账,分别归集甲、乙两种产品的生产费用,并采用一定的方法,分配计算甲、乙产品的完工产品成本和月末在产品成本。

该企业甲产品消耗定额资料比较准确、稳定,采用在产品按定额成本计价法分配计算完工产品和月末在产品成本;乙产品采用约当产量比例法分配计算完工产品和月末在产品成本,如表 6－29、表 6－30 和表 6－31 所示。

表 6－29　月末在产品定额成本计算表

产品名称:甲产品　　　　20××年 10 月

项目	定额工时/小时	直接材料/元	燃料和动力（单位工时定额 4）/元	直接人工（单位工时定额 6）/元	制造费用（单位工时定额 5）/元	合计/元
单件在产品定额	25	100	100	150	125	475
50 件在产品	1 250	5 000	5 000	7 500	6 250	23 750

表 6－30　基本生产成本明细账

产品名称:甲产品　　　　20××年 10 月　　　　单位:元

20××年		摘要	直接材料	燃料和动力	直接人工	制造费用	废品损失	合计
月	日							
10	1	月初在产品定额成本	6 000	800	4 000	1 200	0	12 000
	31	表 6－13	15 264					15 264
		表 6－14		3 080				3 080
		表 6－15			8 360			8 360
		表 6－15			501.60			501.60
		表 6－16			2 800.60			2 800.60
		表 6－23		6 882.94				6 882.94
		表 6－25				22 273.70		22 273.70
		表 6－26	1 000	200	300	250		1 750
		表 6－28					1 600	1 600
		生产费用合计	20 264	10 562.94	15 362.20	23 223.70	1 600	71 012.84
		月末在产品定额成本（40 件,见表 6－29）	5 000	5 000	7 500	6 250	0	23 750
		完工产品成本(240 件)	15 264	5 562.94	7 862.20	16 973.70	1 600	47 262.84

表 6－31　基本生产成本明细账

产品名称:乙产品　　　　20××年 10 月　　　　单位:元

20××年		摘要	直接材料	燃料和动力	直接人工	制造费用	合计
月	日						
10	1	月初在产品定额成本	2 500	300	1 800	400	5 000
	31	表 6－13	20 736				20 736
		表 6－14		8 120			8 120
		表 6－15			13 640		13 640
		表 6－15			818.40		818.40
		表 6－16			4 569.40		4 569.40
		表 6－23		11 230.46			11 230.46
		表 6－25				36 341.70	36 341.70
		生产费用合计	23 236	19 650.46	20 827.80	36 741.70	100 455.96
		完工产品成本(250 件)	16 597.50	16 375	17 357.50	30 617.50	80 947.50
		月末在产品成本(100 件)	6 638.50	3 275.46	3 470.30	6 124.20	19 508.46

根据表 6－31 中生产费用合计的资料以及相关资料,采用约当产量比例法分配乙产品完工产品成本和月末在产品成本。由于原材料是在生产开始时一次投入,可按完工产品和月末

在产品的数量比例分配；其他加工费用完工率为50%。计算分配如下：

①原材料费用分配率 $=\frac{23\ 236}{250+100}=66.39$

完工产品的原材料费用 $=250\times 66.39=16\ 597.50$（元）

月末在产品的原材料费用 $=23\ 236-16\ 597.50=6\ 638.50$（元）

②燃料及动力费用的分配

在产品的约当产量 $=100\times 50\%=50$（件）

燃料及动力费用分配率 $=\frac{19\ 650.46}{250+50}=65.50$

完工产品的燃料及动力费用 $=250\times 65.50=16\ 375$（元）

月末在产品的原材料费用 $=19\ 650.46-16\ 375=3\ 275.46$（元）

③直接人工费用的分配

直接人工费用分配率 $=\frac{20\ 827.80}{250+50}=69.43$

完工产品的燃料及动力费用 $=250\times 69.43=17\ 357.50$（元）

月末在产品的原材料费用 $=20\ 827.80-17\ 357.50=3\ 470.30$（元）

④制造费用的分配

制造费用分配率 $=\frac{36\ 741.70}{250+50}=122.47$

完工产品的燃料及动力费用 $=250\times 122.47=30\ 617.50$（元）

月末在产品的原材料费用 $=36\ 741.70-30\ 617.50=6\ 124.20$（元）

⑤总成本

完工产品总成本 $=16\ 597.50+16\ 375+17\ 357.50+30\ 617.50=80\ 947.50$（元）

月末在产品成本 $=100\ 455.96-80\ 947.50=19\ 508.46$（元）

7. 结转完工产品成本

根据甲、乙产品成本明细账中的完工产品成本，编制“产成品成本汇总表”，结转产成品成本，如表6－32所示。

表6－32　产成品成本汇总表

20××年10月

产品名称	产量/件	成本/元	直接材料/元	燃料和动力/元	直接人工/元	制造费用/元	废品损失/元	成本合计/元
甲产品	240	总成本	15 264	5 562.94	7 862.20	16 973.70	1 600	47 262.84
		单位成本	63.60	23.18	32.76	70.72	6.67	196.93
乙产品	250	总成本	16 597.50	16 375	17 357.50	30 617.50	0	80 947.50
		单位成本	66.39	65.50	69.43	122.47	0	323.79
总成本			31 861.50	21 937.94	25 219.70	47 591.20	1 600	128 210.34

根据表6－32结果编制会计分录如下：

借：库存商品——甲产品　　　47 262.84

　　　　　　——乙产品　　　80 947.50

贷:基本生产成本——甲产品　　　47 262.84
　　　　　　　——乙产品　　　80 947.50

第三节　产品成本计算的分批法

一、分批法概述

(一)分批法的含义

分批法是指以产品的批别(或订单)为成本计算对象来归集生产费用并计算产品成本的一种方法。在单件小批生产的情况下,由于生产多是根据购货单位的订货单组织的,因此,分批法也称订单法。

(二)分批法的适用范围

分批法主要适用于单件小批类型的生产,以及管理上不要求分步骤计算成本的多步骤生产。如重型机械制造、船舶制造、精密工具仪器制造,以及专用模具、工具等的生产等。在大量大批类型的企业中,主要产品之外的新产品试制、来料加工、自制设备等的成本计算也可以采用分批法。

分批法的适用范围主要包括:

(1)按产品批别组织生产的企业,如根据购买者订单生产的企业、经常需要变换产品种类的小型企业等;

(2)提供机器设备修理等劳务的企业或生产单位;

(3)从事新产品试制、自制设备、自制工具、自制模具等生产任务的生产单位。

(三)分批法的特点

1. 以产品的批别(或订单)作为成本计算对象

企业产品批别的组织是由生产计划部门负责的。在小批和单件生产中,按订单计算成本;几种产品一张订单,可以分为几批;一张订单一种产品可以分为几批;几张订单可以合并为一批。生产计划部门依据用户订单签发一式多份的"生产任务通知单",作为供应部门备料、生产部门安排生产、会计部门设置成本计算单的依据。对于某批产品直接发生的费用,应根据原始凭证或费用分配表,直接计入该批产品成本计算单的有关项目中;对于不能按批别划分的间接费用,则应按费用发生的地点先加以归集,月末再在各受益对象之间进行分配。

2. 成本计算期与会计报告期不一致,而与产品生产周期一致

采用分批法计算产品成本的企业,各批产品成本计算单虽然仍按月归集费用,但只有在该批次或订单产品全部完工时,才能计算其实际成本。当某一批次产品完工后,各基本生产车间应及时进行清理盘点,盘点出来的该批次的在产品及剩余材料应办理退库手续并相应冲减该批次的产品成本。如果某批次产品尚未完工,则不计算其成本。因此,分批法的产品成本计算期是不定期的,成本计算期与某批次或订单产品的生产周期一致。

3. 通常不需要在完工产品与月末在产品之间分配生产费用

分批法是按批别或订单归集生产费用的,生产周期结束时,某批完工产品成本计算单上归集的费用,即为完工产品的成本,应全部转出。在未完工批次产品成本计算单中归集的费用,全部作为月末在产品成本,仍保留在该批产品成本计算单中。因此,在通常情况下,生产费用不需要在完工产品和月末在产品之间进行分配。

但是,如果产品批量较大,出现产品跨月陆续完工和分次交货的情况时,就应该采取适当的方法计算完工产品成本和月末在产品成本。如果大批量投产且批内陆续完工数量不多,则可以采用按计划成本、定额成本或近期同种产品实际成本计算完工产品成本的方法,从成本计算单中转出批内完工产品的成本,剩余生产费用即为月末在产品成本,待该批产品全部完工时,再合并计算其实际总成本和单位成本,对前期陆续完工并已转账的完工产品成本,不需要作账面调整;如果大批投产,批内跨月完工数量较多,则应采用适当的方法,如约当产量法等,在完工产品和月末在产品之间分配费用。

4. 间接费用在不同批次之间的分配方法

间接费用在不同批次之间的分配可以选择采用“当月分配法”或“累计分配法”。

(1)当月分配法。“当月分配法”的特点是分配间接费用时,不论各批次或订单产品是否完工,都要按当月分配率分配其负担的间接费用。采用“当月分配法”,各月份月末间接费用明细账没有余额,未完工批次或订单也要按月结转间接费用,如果企业在投产批次比较多,而多数为未完工批次或订单时,按月结转未完工批次产品的间接费用意义不大,而且手续烦琐,在这种情况下,就要考虑采用“累计分配法”分配间接费用。

(2)累计分配法。“累计分配法”的特点是分配间接费用时,只对当月完工的批次或订单按累计分配率进行分配,将未完工批次或订单的间接费用总额保留在间接费用明细账中不进行分配,但在各批产品成本计算单中要按月登记发生的工时,以便计算各月的累计分配率和在某批次产品完工时,按其累计工时汇总结转应负担的间接费用总额。采用“累计分配法”,间接费用明细账月末留有余额,完工批次或订单一次负担其间接费用,因此,可以简化成本核算工作。但是,如果各月份的间接费用水平相差悬殊,采用这种方法会影响到各月成本计算的准确性。

二、分批法的成本计算程序

(一)按照产品批别(或订单)设置有关成本明细账

企业应在“基本生产成本”和“辅助生产成本”总账账户下设置成本二级账,同时按照确定的成本计算对象(产品批别或订单)设置基本生产成本明细账(产品成本计算单),按照辅助生产车间提供的产品(或劳务)品种,设置辅助生产成本明细账;在“制造费用”总账账户下按车间别设置制造费用明细账。基本生产成本明细账和辅助生产成本明细账应当按照成本项目设专栏,制造费用明细账应当按费用项目设专栏。

(二)要素费用的归集和分配

对生产过程中发生的各项要素费用,应根据费用发生的原始凭证及相关资料、根据其具体的发生地点和用途编制有关记账凭证,并登记有关明细账,同时对各种要素费用根据其受益对象的受益程度进行分配,编制各种费用分配表,据以登记“基本生产成本明细账”“辅助生产成本明细账”“制造费用明细账”等。

（三）归集和分配综合费用

（1）归集和分配辅助生产费用。辅助生产车间是为基本生产车间和行政管理等部门提供产品或劳务的，因此，辅助生产车间所发生的费用应按照各产品及受益单位的辅助生产劳务数量，编制“辅助生产成本分配表”，分配辅助生产成本，并登记到各受益产品的产品成本明细账和受益单位的费用明细账中。

（2）归集和分配辅助生产车间制造费用。归集辅助生产车间“制造费用明细账”，采用一定的方法，在辅助生产车间各种产品或劳务之间进行分配，编制“制造费用分配表”，并据以登记“辅助生产成本明细账”。

（3）归集和分配基本生产车间制造费用。归集基本生产车间“制造费用明细账”，采用一定的方法在基本生产车间生产的各种产品之间进行分配，编制“制造费用分配表”，并据以登记“基本生产成本明细账”。

（四）分配计算各种完工产品成本和月末在产品成本

根据各产品成本明细账中登记的各项生产费用按成本项目分别进行汇总，得出各成本项目的合计数。月末，选择适当的分配方法在完工产品和在产品之间进行分配，计算各种完工产品成本和在产品成本。

（五）汇总计算完工产品总成本和单位成本

根据各产品成本明细账中计算出来的本月完工产品成本，汇总编制“完工产品成本汇总表”，计算并结转完工产品成本。

分批法可以看成是品种法的多次、重复使用的过程。

三、分批法计算举例

【例 6－2】兴唐公司根据订单小批生产甲、乙两种产品，采用分批法计算产品成本。20××年 10 月的生产情况和生产费用支出情况的资料如下。

（一）生产产品批号

各批产品的生产批号情况如表 6－33 所示。

表 6－33　各批产品的生产批号情况

产品批号	产品数量	投产日期	完工情况
111	甲产品 10 台	8 月投产	本月全部完工
112	甲产品 20 台	9 月投产	本月完工 12 台，未完工 8 台
113	乙产品 15 台	10 月投产	计划 11 月完工，本月提前完工 2 台

（二）生产费用的支出情况

（1）各批产品的月初在产品费用如表 6－34 所示。

表 6－34　各批产品月初在产品费用

单位:元

批号	直接材料	燃料和动力	直接人工	制造费用	合计
111	8 000	9 000	5 000	3 000	25 000
112	15 000	10 000	6 000	4 000	35 000

(2)根据各种费用分配表,汇总各批产品本月发生的生产费用,如表 6－35 所示。

表 6－35　各批产品本月生产费用

单位:元

批号	直接材料	燃料和动力	直接人工	制造费用	合计
111		5 000	3 500	1 000	9 500
112		6 000	7 500	3 000	16 500
113	16 000	13 000	11 000	8 000	48 000

(三)完工产品与在产品之间分配费用的方法

(1)112 批甲产品,本月完工产品数量较大。直接材料是在生产开始时一次投入,其费用可以按照完工产品和在产品实际数量比例分配;其他费用采用约当产量比例法在完工产品与月末在产品之间进行分配,在产品完工程度为 65%。

(2)113 批乙产品,本月完工产品数量为 2 台。为了简化核算,完工产品按定额成本转出,每台乙产品的定额成本为:直接材料 1 800 元,直接燃料和动力 1 400 元,直接人工 800 元,制造费用 500 元,合计 4 500 元。

(四)根据上述资料登记各批产品成本明细账

(1)对 111 号甲产品成本明细账的登记,如表 6－36 所示。

由于甲产品本月全部完工,不存在费用分配问题,完工产品成本即为全部生产费用。

表 6－36　基本生产成本明细账

投产日期:8 月

产品批号:111　　购货单位:××厂　　完工日期:10 月

产品名称:甲产品　　批量:10 台　　单位:元

摘要	直接材料	燃料和动力	直接人工	制造费用	合计
月初在产品费用	8 000	9 000	5 000	3 000	25 000
本月生产费用		5 000	3 500	1 000	9 500
本月生产费用合计	8 000	14 000	8 500	4 000	34 500
完工产品成本	8 000	14 000	8 500	4 000	34 500
完工产品单位成本	800	1 400	850	400	3 450

(2)对于 112 号甲产品 20 台来说,本月完工 12 台,未完工 8 台,月初在产品成本和本月发生的生产费用合计,如表 6－37 所示。

表 6－37　基本生产成本明细账

投产日期：9 月
完工日期：11 月

产品批号：112　　　　购货单位：××厂　　　　本月完工：12 台
产品名称：甲产品　　　　批量：20 台　　　　单位：元

摘要	直接材料	燃料和动力	直接人工	制造费用	合计
月初在产品费用	15 000	10 000	6 000	4 000	35 000
本月生产费用		5 824	7 416	2 880	16 120
本月生产费用合计	15 000	15 824	13 416	6 880	51 120
完工产品成本	9 000	11 040	9 360	4 800	34 200
完工产品单位成本	750	920	780	400	2 850
月末在产品费用	6 000	4 784	4 056	2 080	16 920

1）直接材料费用的分配

直接材料是在生产开始时一次投入，其费用按照完工产品和在产品实际数量比例分配。

①分配率 $=\dfrac{\text{费用总和}}{\text{产品总数量}}=\dfrac{15\ 000}{12+8}=750$（元/台）

②完工产品直接材料费用 $=12\times750=9\ 000$（元）

③在产品直接材料费用 $=8\times750=6\ 000$（元）

④完工产品单位成本 $=9\ 000\div12=750$（元）

2）其他费用的分配

采用约当产量比例法计算：完工率 65%

在产品约当产量：$8\times65\%=5.2$ 台

①直接燃料和动力分配率 $=\dfrac{15\ 824}{12+5.2}=920$（元/台）

完工产品：$12\times920=11\ 040$（元）

月末在产品：$5.2\times920=4\ 784$（元）

②直接人工分配率 $=\dfrac{13\ 416}{12+5.2}=780$（元/台）

完工产品：$12\times780=9\ 360$（元）

月末在产品：$5.2\times780=4\ 056$（元）

③制造费用分配率 $=\dfrac{6\ 880}{12+5.2}=400$（元/台）

完工产品：$12\times400=4\ 800$（元）

月末在产品：$5.2\times400=2\ 080$（元）

④总成本及单位成本：

完工产品：$9\ 000+11\ 040+9\ 360+4\ 800=34\ 200$（元）

月末在产品：$6\ 000+4\ 784+4\ 056+2\ 080=16\ 920$（元）

单位成本：$34\ 200\div12=2\ 850$

（3）对于 113 号乙产品来说，其计算如表 6－38 所示。本月提前完工 2 台，按定额成本转出。

表 6-38　基本生产成本明细账

投产日期：10 月
完工日期：11 月

产品批号：113　　购货单位：××厂　　本月完工：2 台
产品名称：乙产品　　批量：15 台　　单位：元

摘要	直接材料	燃料和动力	直接人工	制造费用	合计
本月生产费用	16 000	13 000	11 000	8 000	48 000
单台定额成本	1 800	1 400	800	500	4 500
完工 2 台产品成本	3 600	2 800	1 600	1 000	9 000
月末在产品费用	12 400	10 200	9 400	7 000	39 000

四、分批零件法

（一）分批零件法的含义

分批零件法是分批法延伸或派生的一种成本计算方法，同属于分批法类型。它是以投产的每批零件、部件和完工产品作为成本计算对象，分别归集生产费用，依次计算零件、部件和完工产品成本的一种方法。

（二）分批零件法的适用范围

分批零件法适用于装配式多步骤生产的企业。从单件小批生产向成批、大批生产组织类型的过渡转换。在这类企业中，由于从单件小批生产向成批、大批生产的转换，企业一般是自己制定生产的计划，规定所生产的产品品种、规格和数量，分批组织生产，而不再是根据用户的订单组织生产。另外，随着批量的加大，产品中的标准件、通用件越来越多，零部件可以装配成完工产品，也可以单独出售。因此，要求企业要有必要的零部件库存储备，要计算零件、部件和完工产品成本。正是基于生产特点的这种转变，分批零件法应运而生。分批零件法一般适用于零部件种类较少的装配式成批生产的企业，如仪器、仪表、机器制造等企业。

（三）分批零件法与分批法的不同之处

分批零件法虽然与分批法同属一种成本计算方法，其成本计算期都是不定期的，但两者之间在成本计算对象、成本计算内容、成本计算顺序、“在产品”的含义以及适用范围等方面存在着许多不同之处，主要表现在以下几个方面。

（1）成本计算对象的不同。分批零件法是以投产的各批零件、部件和完工产品的批别作为成本计算对象；而分批法是以订单产品批别或“生产任务通知单”的工作指令设置成本计算单，计算各批产品成本。前者比后者的成本计算对象更具体。

（2）成本计算顺序的不同。分批零件法下企业的生产是按照零件生产、部件生产和完工产品组装的顺序进行的，因此，其成本计算的顺序也是先从计算零件成本开始，依次计算部件成本，到最后计算完工产品成本；分批法则是直接计算完工批别或订单产品的成本，不单独计算零件和部件成本。

(3)“在产品”含义的不同。分批零件法下的“在产品”是指在生产车间加工中的那部分在产品,即狭义在产品,不包括加工告一段落的自制半成品;而分批法下的“在产品”是指广义在产品,在集中交货的情况下,相对整批订单而言,即使只有一件产品未加工完成,订单成本也可能都被计为在产品成本。

(4)适用范围的不同。分批零件法适合零部件数量较少的成批、大批生产类型的企业;而分批法则适用于单件小批生产类型的企业,无须考虑零部件数量的多少。

五、简化的分批法

(一)简化的分批法的含义

在小批、单件生产的企业或车间中,当同一月份内投产的产品批次很多时,有时可能多达几十批或上百批,并且在月末完工的批次也很多。在这种情况下,如果按批别设置明细账,而每一个明细账中的费用都要计算分配,各种间接计入的费用在各批之间按月进行分配的工作就会异常繁重、费时费力,因此为简化核算,在这类企业或车间中可以采用简化的分批法进行成本计算。

在简化的分批法下,应按产品批别设立产品成本明细账,但在各批产品完工之前,账内只登记直接计入费用(直接材料费用)和生产工时。每月发生的间接计入费用(工资、制造费用等),先将其在基本生产成本二级账中,按成本项目分别累计起来;只有在有产品完工的那个月份,才对完工产品,按照其累计工时的比例,分配间接计入费用,计算完工产品成本;而全部产品的在产品应负担的间接计入费用,则以总数反映在基本生产成本二级账中,不进行分配,不分批计算在产品成本。

(二)分配费用的计算公式

各批完工产品应负担的间接计入费用,一般是按照全部产品累计间接计入费用分配率和各该批完工产品累计生产工时的比例进行计算分配的。其计算公式如下:

(1)累计间接计入费用分配率 $=\dfrac{\text{全部产品累计间接计入费用}}{\text{全部产品累计工时}}$

(2)完工产品应负担的间接计入费用 = 该批完工产品累计工时 × 累计间接计入费用分配率

(三)简化的分批法的特点

(1)采用简化的分批法时,每月发生的各项间接计入费用,不是按月在各批产品之间进行分配,而是先在基本生产成本二级账中归集并累计,在产品完工时,按照完工产品累计生产工时的比例,在各批产品之间进行分配。这种方法也称“累计间接计入费用分批法”,或称“不分批计算在产品成本的分批法”。

(2)采用简化的分批法,必须设置基本生产成本二级账,用以登记全部产品的月初在产品费用、本月发生的各批产品的生产费用、累计生产费用、月初在产品生产工时,本月生产工时和累计生产工时,以便能够按月提供全部产品的累计生产费用和生产工时资料,并在此基础上计算全部产品累计间接计入费用分配率。

(3)采用这种方法时,各批产品之间间接计入费用的分配率以及完工产品和月末在产品费用的分配,是利用累计间接计入费用分配率来计算的,即各批产品之间分配间接计入费用以及完工产品与月末在产品之间费用的分配,是在产品完工时合并在一起进行的,各项累计间接计入费用分配率,既是在各批完工产品之间,也是在完工产品批别与月末在产品批别之间以及各批次内完工产品与月末在产品之间分配各该费用的依据。

(四)简化的分批法举例

【例6－3】兴唐公司小批生产多种产品,由于产品批数多,为了简化成本计算工作,采用简化的分批法计算成本。该企业10月的产品批号情况如表6－39所示。

表6－39　各批产品的生产批号情况

产品批号	产品数量	投产日期	完工情况
1011	甲产品20件	8月投产	本月完工
1012	甲产品25件	9月投产	尚未完工
1013	乙产品35件	9月投产	本月完工2台
1014	丙产品15件	10月投产	尚未完工

(1)该企业设置的基本生产成本二级账如表6－40所示。

表6－40　基本生产成本二级账

(各批产品总成本)

20××年		摘要	直接材料/元	生产工时/小时	直接人工/元	制造费用/元	合计/元
月	日						
9	30	在产品	93 400	185 000	1 700 000	2 700 000	4 493 400
10	31	本月发生	72 600	308 000	2 737 000	3 216 000	6 025 600
		本月合计	166 000	493 000	4 437 000	5 916 000	10 519 000
		累计间接计入费用分配率			9	12	
		完工产品转出	29 500	116 000	1 044 000	1 392 000	2 465 500
		在产品	136 500	377 000	3 393 000	4 524 000	8 053 500

在表6－40基本生产成本二级账中,各项数字的计算登记方法。

①本月数字的计算登记。

10月31日在产品的生产工时和各项费用系上月末根据上月的生产工时和生产费用资料计算登记。本月发生的直接材料和生产工时,应根据本月材料费用分配表、生产工时记录,与各批产品成本明细账平行登记。本月发生的各项间接计入费用,应根据各该费用分配表汇总登记。

②全部产品累计间接计入费用分配率计算。

直接人工费用累计分配率 =4 437 000 ÷493 000 =9

制造费用累计分配率 =5 916 000 ÷493 000 =12

③本月完工转出数。

本月完工转出产品的直接材料费用和生产工时，应根据各批产品的产品成本明细账中完工产品的直接材料费用和生产工时汇总登记。完工产品的各项间接计入费用，可以根据账中完工产品工时分别乘以各项费用的累计分配率计算登记，也可以根据各批产品成本明细账中完工产品的各该费用分别汇总登记。

④月末在产品数。

月末在产品的直接材料费用、生产工时和各项间接费用，是以账中累计行的各栏数字分别减去本月完工产品转出数求得。月末在产品的直接材料费用和生产工时，也可以根据各批产品成本明细账中月末在产品的直接材料费用和生产工时分别汇总登记；各项间接计入费用也可以根据其生产工时分别乘以各该费用累计分配率计算登记。

（2）该企业设立的各批产品明细账，详如表 6 –41 ~ 表 6 –44 所示。

表 6 –41　基本生产成本明细账

投产日期:8 月

产品批号:1011　　购货单位: × ×厂　　完工日期:10 月

产品名称:甲产品　　批量:20 件

20××年		摘要	直接材料/元	生产工时/小时	直接人工/元	制造费用/元	合计/元
月	日						
8	31	本月发生	15 000	14 000			
9	30	本月发生	3 400	26 000			
10	31	本月发生	3 600	45 000			
		累计数及累计间接计入费用分配率	22 000	85 000	9	12	
		完工产品转出	22 000	85 000	765 000	1 020 000	1 807 000
		完工产品单位成本	1 100		38 250	51 000	90 350

表 6 –42　基本生产成本明细账

投产日期:9 月

产品批号:1012　　购货单位: × ×厂　　完工日期:　月

产品名称:甲产品　　批量:25 件

20××年		摘要	直接材料/元	生产工时/小时	直接人工/元	制造费用/元	合计/元
月	日						
9	30	本月发生	30 000	60 000			
10	31	本月发生	9 000	130 000			

表 6－43　基本生产成本明细账

投产日期:9 月

产品批号:1013　　购货单位:××厂　　完工日期:10 月完成 2 件

产品名称:乙产品　　批量:35 件

20××年 月	日	摘要	直接材料/元	生产工时/小时	直接人工/元	制造费用/元	合计/元
9	30	本月发生	45 000	85 000			
10	31	本月发生		48 000			
		累计数及累计间接计入费用分配率	45 000	133 000	9	12	
		完工产品(2 件)转出	7 500	31 000	279 000	372 000	658 500
		完工产品单位成本	3 750		139 500	186 000	329 250
		在产品	37 500	102 000			

表 6－44　基本生产成本明细账

投产日期:10 月

产品批号:1014　　购货单位:××厂　　完工日期:　月

产品名称:丙产品　　批量:15 件

20××年 月	日	摘要	直接材料/元	生产工时/小时	直接人工/元	制造费用/元	合计/元
10	31	本月发生	60 000	85 000			

对各批产品成本明细账的说明。在上述各批产品成本明细账中:

①对于没有完工产品的月份,只登记直接材料和生产工时,如第 1012 和 1014 两批产品。

②对于有完工产品的月份,包括批内产品全部完工或部分完工,除登记本月发生的直接材料费用和生产工时及其累计数外,还应根据基本生产成本二级账登记各项累计间接计入费用的分配率以及完工产品转出成本等内容。

③对于 1011 批产品,月末全部完工,因而其产品成本明细账中累计的直接材料费用和生产工时,就是完工产品的直接材料费用和生产工时,以其生产工时分别乘以各项累计间接计入费用分配率,即为完工产品应分配的各项间接计入费用。

④对于第 1013 批产品,月末部分完工、部分未完工,因而还应在完工产品与月末在产品之间分配费用。该种产品所耗直接材料在生产开始时一次投入,因而直接材料费用按完工产品与月末在产品的数量比例分配,完工产品直接材料费用 7 500 元(即 45 000/12 ×2);完工产品工时 31 000 小时系按工时定额计算。

(五)简化的分批法与分批法的比较

简化的分批法与一般分批法比较具有以下特点

1. 简化的分批法必须设立基本生产成本二级账

从计算产品实际成本的角度来说,采用其他成本计算方法,可以不设立基本生产成本二级

账,但采用简化的分批法则必须设立基本生产成本二级账。其作用在于:

(1)按月提供企业或车间全部产品的累计生产费用(包括直接计入费用和间接计入费用)和生产工时资料;

(2)在有产品完工的月份,按照上述公式计算和登记全部产品累计间接计入费用分配率;

(3)根据完工产品累计生产工时和累计间接计入费用分配率,计算和登记完工产品应负担的累计间接计入费用,并计算完工产品总成本;

(4)以全部产品累计生产费用减去本月完工产品总成本,计算和登记月末各批在产品总成本。

2. 在基本生产成本二级账中累计发生的间接费用

每月发生的间接计入费用(工资、制造费用等),不是按月在各批产品之间进行分配,而是先将其在基本生产成本二级账中分别累计起来,在有产品完工的月份,才按上述公式计算累计间接计入费用分配率,在各批完工产品之间进行分配,计算完工产品成本;对未完工的在产品则不分配间接计入费用,只以总数反映在二级账中,即不分批计算在产品成本。采用这种方法,可以简化费用的分配和登记工作,月末未完工产品的批数越多,核算工作就越简化。

3. 利用累计间接计入费用分配率分配完工产品成本

采用这种方法,各批产品之间分配间接计入费用的工作以及完工产品与月末在产品之间分配间接计入费用的工作,即生产费用的横向分配和纵向分配工作,都是利用累计间接计入费用分配率,到产品完工时合并在一起进行的。换言之,各项累计间接计入费用分配率,既是在各批完工产品之间,也是在全部完工产品批别与全部月末在产品之间,以及某批产品的完工产品与月末在产品之间分配各该项费用的依据。

第四节　产品成本计算的分步法

一、分步法的概念

产品成本计算的分步法是指按照产品的生产步骤归集生产费用,计算产品成本的一种方法。分步法主要适用于大量、大批的多步骤生产。因为在这些企业中,产品生产可以划分为若干个生产步骤进行。例如,纺织企业可以分为纺纱、织布等步骤;冶金企业的生产可以分为炼铁、炼钢、轧钢等步骤;机械制造企业的生产可以分为铸造、加工、装配等步骤。为了加强成本管理,不仅要求按照产品品种归集生产费用,计算产品成本,而且要求按照产品的生产步骤归集生产费用,计算各步骤产品成本,提供反映各种产品及其各生产步骤成本计划执行情况的资料。

二、分步法的特点

(一)成本计算对象

分步法的成本计算对象就是各种产品的生产步骤。在计算产品成本时,应该按照产品的生产步骤设置产品成本明细账。

(1)如果只生产一种产品,成本计算对象就是该种产成品及其所经过的各生产步骤,产品成本明细账应该按照产品的生产步骤开设。

(2)如果生产多种产品,成本计算对象则应是各种产成品及其所经过的各生产步骤。产品成本明细账应该按照每种产品的各个生产步骤开设。

(3)在计算产品成本时,应该按照产品的生产步骤分产品归集和分配生产费用。

①单设成本项目的直接费用,直接计入各成本计算对象;

②单设成本项目的间接计入费用,单独分配计入各成本计算对象;

③不单设成本项目的费用,一般是先按车间、部门等归集为制造费用,月末再直接计入或分配计入各成本计算对象。

需要说明的是,在实际工作中,成本计算对象分步与产品生产步骤的划分不一定完全一致。例如,在按生产步骤设立车间的企业中,一般来说,分步计算成本也就是分车间计算成本。如果企业生产规模很大,车间内又分为几个生产步骤,而管理上又要求分步计算成本,也可以在车间内再分步计算成本。

(二)成本计算期

在大量、大批的多步骤生产中,由于生产过程较长,可以间断,而且往往都是跨月陆续完工,因此,成本计算一般都是按月、定期地进行。成本计算期与会计报告期一致,而与产品的生产周期不相一致。

(三)费用在完工产品与在产品之间的分配

多步骤生产的产品往往是跨月陆续完工,月末各步骤一般都存在未完工的在产品。所以各步骤发生的生产费用需要采用适当的分配方法在完工产品与月末在产品之间进行分配,计算各产品、各生产步骤的完工产品成本和月末在产品成本。

(四)各步骤之间成本的结转

由于产品生产是分步骤进行的,上一步骤的半成品是下一步骤的加工对象。因此,为了计算各种产品的成本,还需要按照产品品种结转各步骤成本,这也是分步法的一个重要特点。

结合生产工艺特点和管理的要求,以及对简化成本计算工作的考虑,各生产步骤的成本按是否结转半成品成本,可以采用两种不同的方法:即逐步结转和平行结转。因此,产品成本计算的分步法也就相应地分为逐步结转分步法和平行结转分步法。

三、逐步结转分步法

(一)逐步结转分步法的含义

逐步结转分步法是按照产品的生产步骤逐步计算并结转半成品成本,最后算出产成品成本的一种分步法。采用这种方法,在进行成本计算时,按照产品加工步骤的顺序,先计算第一步骤半成品成本;然后随着半成品实物的转移,将半成品成本也转移到下一加工步骤;下一步骤将上一步骤转来的半成品成本,加上本步骤发生的各种费用,计算本步骤的半成品成本;再向下一步骤结转,直至计算出产成品成本。这种方法也成为计列半成品成本的分步法。

(二)逐步结转分步法的计算程序

在逐步结转分步法下,各步骤所耗用的上一步骤半成品的成本,要随着半成品实物的转移,从上一步骤的产品成本明细账转入下一步骤相同产品的产品成本明细账中,以便逐步计算各步骤的半成品成本和最后步骤的产成品成本。

1. 逐步结转分步法的计算程序

逐步结转分步法的计算程序如图 6 –2 所示。

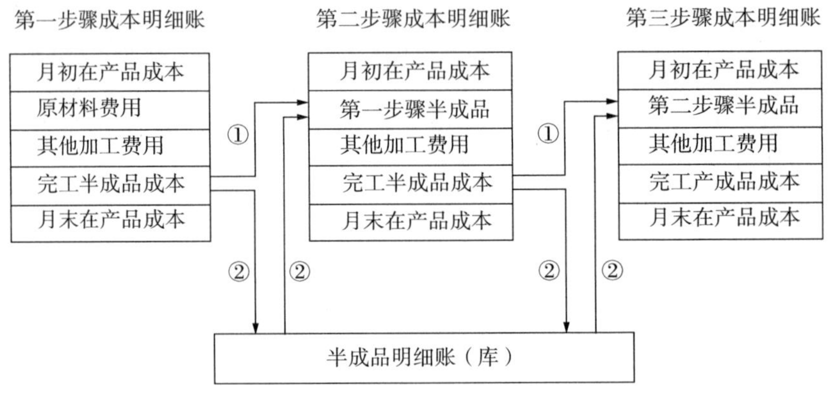

图 6 –2 逐步结转分步法计算程序

在图 6 –2 中,各步骤的完工产品的结转有两种方式:①各步骤直接领用;②通过半成品库收发领用。

各步骤产品生产完工入库时:

借:自制半成品

　　贷:基本生产成本

各步骤领用自制半成品时:

借:基本生产成本

　　贷:自制半成品

如果半成品完工后不通过半成品库收发核算,而直接转入下一步骤,半成品成本应该在各步骤的产品成本明细账之间直接结转,不编制上述分录。

采用逐步结转分步法,每月月末,各项生产费用在各步骤产品成本明细账中归集以后,如果该步骤既有完工的半成品,又有正在加工中的在产品,为了计算其成本,还应该将各步骤产品成本明细账中归集的生产费用,采用适当的分配方法,在完工半成品与在产品之间进行分配,然后通过半成品的逐步结转,在最后一个步骤的产品成本明细账中,计算出完工产品成本。

上述计算程序表明,每一个步骤的计算都是一个品种法,逐步结转分步法实际上是品种法的多次连续应用。

2. 计算半成品成本的原因

(1)可作为商品对外销售。各生产步骤所生产的半成品不仅供本单位进一步加工,而且还可作为商品出售。为了计算外销半成品的盈亏和全面考核、分析产品成本计划的执行情况,就需要计算这些半成品的成本。

(2)进行同行业成本评比的需要。有的半成品虽然不一定对外销售,但要进行同行业成本的评比,因而也要求计算这种半成品的成本。

(3)成本计算的需要。有些半成品为本单位几种产品所耗用,为了分别计算各种产品的成本,也要计算半成品的成本。

(4)单位内部经济核算的需要。为了全面考核和分析各生产步骤等内部单位的生产耗费和资金占用水平,需要随半成品实物在各个生产步骤之间的转移,逐步计算并结转半成品成本。

采用逐步结转分步法,按照结转的半成品成本在下一步骤产品成本明细账中的反映方式(是集中反映,还是分项反映),又可以分为综合结转和分项结转两种方法。

(三)逐步结转分步法的综合结转

逐步结转分步法的综合结转法,其特点是将各步骤所耗上一步骤半成品成本,以专设的"半成品"项目,综合计入各该步骤的产品成本明细账中。各步骤产品成本明细账的半成品成本项目,反映上步骤转入的半成品成本。综合结转法,可以按照半成品的实际成本结转,也可以按照半成品的计划成本(或定额成本)结转。

1. 半成品按实际成本综合结转

采用半成品按实际成本综合结转法,各步骤所耗上一步骤的半成品费用,应根据所耗半成品的实际数量乘以半成品的实际单位成本计算。即半成品的收、发、结存的核算,都是按实际成本计算(计价)。

(1)半成品(存货)的计价方法

由于各月所产半成品的实际单位成本不同,因而所耗半成品实际单位成本的计算,可以根据企业的实际情况,选择适当的存货计价方法(如先进先出法、加权平均法等)对半成品进行计价结转。在半成品月初余额较大,本月所耗半成品全部或者大部分是以前月份所生产的情况下,本月所耗半成品费用也可按上月末半成品的单位成本计算。

(2)各步骤完工产品的账务处理

①某步骤完工半成品入库时:

借:自制半成品

　　贷:基本生产成本

②下一步骤领用半成品时:

借:基本生产成本

　　贷:自制半成品

③最后步骤产品完工时:

借:库存商品

　　贷:基本生产成本

【例6-4】假定兴唐公司甲产品生产分三个步骤进行,分别由三个车间加工完成。各步骤所耗的原材料或半成品均是在生产开始时一次投入,半成品通过半成品库收发核算。半成品费用按加权平均法计算。各步骤的完工产品与月末在产品费用采用约当产量比例法进行分配。各步骤之间的成本结转采用逐步结转分步法的综合结转。其他有关资料如表6-45所示。

表 6－45　各步骤实物量和完工程度资料

项目	第一步骤	第二步骤	第三步骤
月初在产品数量/件	800	600	600
本月投产数量/件	3 600	3 400	3 400
本月完工产品数量/件	4 000	3 600	3 600
月末在产品数量/件	400	400	400
在产品完工程度/%	50	50	50

（1）根据上月第一步骤产品成本明细账所记录的月末在产品成本和本月的各种生产费用分配表，登记第一步骤产品成本明细账中月初在产品成本和本月费用的有关数据，如表 6－46 所示。

表 6－46　第一步骤产品成本明细账

项目		直接材料	直接人工	制造费用	合计
月初在产品成本/元		96 000	20 400	30 000	146 400
本月费用/元		454 000	156 000	192 600	802 600
合计/元		550 000	176 400	222 600	949 000
产品产量/件	完工产品产量	4 000	4 000	4 000	
	在产品约当产量	400	200	200	
	合计	4 400	4 200	4 200	
单位成本（费用分配率）/元		125	42	53	220
转出半成品成本/元		500 000	168 000	212 000	880 000
月末在产品成本/元		50 000	8 400	10 600	69 000

第一步骤产品成本明细账中的有关完工半成品与月末在产品费用分配的数据计算如下。

①直接材料费用的分配

由于各步骤所耗的原材料或半成品均是在生产开始时一次投入，直接材料费用可按完工半成品与月末在产品数量比例进行分配。

$$直接材料费用分配率=\frac{550\ 000}{4\ 000+400}=125$$

完工半成品应分配的直接材料费用 $=4\ 000\times125=500\ 000$（元）

月末在产品应分配的直接材料费用 $=400\times125=50\ 000$（元）

②直接人工费用的分配

在产品约当产量 $=400\times50\%=200$（件）

$$直接人工费用分配率=\frac{176\ 400}{4\ 000+200}=42$$

完工半成品应分配的直接人工费用 $=4\ 000\times42=168\ 000$（元）

在产品应分配的直接人工费用 $=200\times42=8\ 400$（元）

③制造费用的分配

在产品约当产量 = 400 × 50% = 200(件)

$$制造费用分配率 = \frac{222\ 600}{4\ 000 + 200} = 53$$

完工半成品应分配的制造费用 = 4 000 × 53 = 212 000（元）

在产品应分配的制造费用 = 200 × 53 = 10 600（元）

根据第一车间的半成品交库单所列交库数量和甲产品成本明细账中完工转出的半成品成本，编制的会计分录如下：

借：自制半成品　　　　　　　　880 000

　贷：基本生产成本　　　　　　　880 000

(2)根据计价后的第一步骤的半成品交库单和第二步骤领用单，登记自制半成品明细账，如表6-47所示。

表6-47　自制半成品明细账

产品名称：甲半成品(1)

月份	月初余额		本月增加		合计			本月减少	
	数量/件	实际成本/元	数量/件	实际成本/元	数量/件	实际成本/元	单位成本	数量/件	实际成本/元
1	400	92 400	4 000	880 000	4 400	972 400	221	3 400	751 400
2	1 000	221 000							

$$加权平均单位成本 = \frac{92\ 400 + 880\ 000}{400 + 4\ 000} = 221$$

本月减少 = 3 400 × 221 = 751 400(元)

第二步骤领用半成品会计分录：

借：基本生产成本　　　　　　751 400

　贷：自制半成品　　　　　　　751 400

(3)根据各种生产费用分配表、半成品领用单登记第二步骤产品成本明细账中月初在产品成本和本月费用的有关数据，如表6-48所示。

表6-48　第二步骤产品成本明细账

项目		半成品	直接人工	制造费用	合计
月初在产品成本/元		140 600	15 880	16 840	173 320
本月费用/元		751 400	128 520	165 560	1 045 480
合计/元		892 000	144 400	182 400	1 218 800
产品产量/件	完工产品产量	3 600	3 600	3 600	
	在产品约当产量	400	200	200	
	合计	4 000	3 800	3 800	
单位成本(费用分配率)/元		223	38	48	309
转出半成品成本/元		802 800	136 800	172 800	1 112 400
月末在产品成本/元		89 200	7 600	9 600	106 400

第二步骤成本明细账中其他有关完工半成品与月末在产品费用分配的数据计算如下。

①半成品费用的分配

由于各步骤所耗的原材料或半成品均是在生产开始时一次投入,半成品费用可按完工半成品与月末在产品数量比例进行分配。

$$半成品费用分配率=\frac{892\ 000}{3\ 600+400}=221$$

完工半成品应分配的半成品费用 =3 600 ×223 =802 800(元)

在产品应分配的半成品费用 =400 ×223 =89 200(元)

②直接人工费用的分配

在产品约当产量 =400 ×50% =200(件)

$$直接人工费用分配率=\frac{144\ 400}{3\ 600+200}=38$$

完工半成品应分配的直接人工费用 =3 600 ×38 =136 800(元)

在产品应分配的直接人工费用 =200 ×38 =7 600(元)

③制造费用的分配

在产品约当产量 =400 ×50% =200(件)

$$制造费用分配率=\frac{182\ 400}{3\ 600+200}=48$$

完工半成品应分配的制造费用 =3 600 ×48 =172 800(元)

在产品应分配的制造费用 =200 ×48 =9 600(元)

根据第二步骤的半成品交库单所列交库数量和第二步骤甲产品成本明细账中完工转出的半成品成本,编制的会计分录如下:

借:自制半成品　　　　　　1 112 400

　贷:基本生产成本　　　　　　1 112 400

(4)根据第二步骤计价后的半成品交库单和第三步骤领用半成品的领用单,登记自制半成品明细账,如表 6 –49 所示。

表 6 –49　自制半成品明细账

产品名称:甲半成品(2)

月份	月初余额		本月增加		合计			本月减少	
	数量/件	实际成本/元	数量/件	实际成本/元	数量/件	实际成本/元	单位成本/元	数量/件	实际成本/元
1	600	189 600	3 600	1 112 400	4 200	1 302 000	310	3 400	1 054 000
2	800	248 000							

$$加权平均单位成本=\frac{189\ 600+1\ 112\ 400}{600+3\ 600}=310$$

本月减少 =3 400 ×310 =1 054 000(元)

根据第三步骤半成品领用单,编制会计分录如下:

借:基本生产成本　　　　　　1 054 000

贷:自制半成品　　　　　　　1 054 000

(5)根据各种生产费用分配表、半成品领用单,登记第三步骤甲产品成本明细账中月初在产品成本和本月费用的有关数据,如表 6－50 所示。

表 6－50　第三步骤产品成本明细账

项目		半成品	直接人工	制造费用	合计
月初在产品成本/元		190 000	14 400	17 280	221 680
本月费用/元		1 054 000	126 200	157 520	1 337 720
合计/元		1 244 000	140 600	174 800	1 559 400
产品产量/件	完工产品产量	3 600	3 600	3 600	
	在产品约当产量	400	200	200	
	合计	4 000	3 800	3 800	
单位成本(费用分配率)/元		311	37	46	394
完工产品成本/元		1 119 600	133 200	165 600	1 418 400
月末在产品成本/元		124 400	7 400	9 200	141 000

第三步骤成本明细账中的其他有关完工产品与月末在产品费用分配的数据计算如下:

①半成品费用的分配

由于各步骤所耗的原材料或半成品均是在生产开始时一次投入,半成品费用可按完工半成品与月末在产品数量比例进行分配。

$$半成品费用分配率=\frac{1\ 244\ 000}{3\ 600+400}=311$$

完工半成品应分配的半成品费用 $=3\ 600\times311=1\ 119\ 600$ (元)

在产品应分配的半成品费用 $=400\times311=124\ 400$(元)

②直接人工费用的分配

在产品约当产量 $=400\times50\%=200$(件)

$$直接人工费用分配率=\frac{140\ 600}{3\ 600+200}=37$$

完工半成品应分配的直接人工费用 $=3\ 600\times37=133\ 200$ (元)

在产品应分配的直接人工费用 $=200\times37=7\ 400$(元)

③制造费用的分配

在产品约当产量 $=400\times50\%=200$(件)

$$制造费用分配率=\frac{174\ 800}{3\ 600+200}=46$$

完工半成品应分配的制造费用 $=3\ 600\times46=165\ 600$ (元)

在产品应分配的制造费用 $=200\times46=9\ 200$ (元)

根据第三步骤的产成品交库单编制的会计分录如下:

借:库存商品　　　　　　1 418 400

　贷:基本生产成本　　　　　1 418 400

2. 半成品按计划成本综合结转

采用半成品按计划成本综合结转法,半成品的收、发、结存的明细核算,都是按计划成本计价。在半成品实际成本计算出来后,再计算半成品成本差异率和差异额,调整领用半成品的计划成本。半成品收发的总分类核算则按实际成本计价。半成品按计划成本计价的示意图见图6-3。

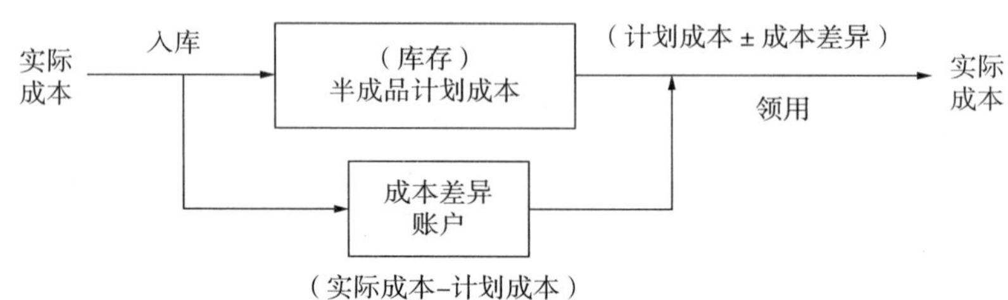

图6-3　半成品按计划成本计价的示意图

(1)半成品按计划成本综合结转所用账表的特点

①自制半成品明细账不仅要反映半成品收发和结存的数量和实际成本,而且要反映其计划成本、以及成本差异额和差异率。其基本格式如表6-51所示。

表6-51　自制半成品明细账

产品名称:××半成品　　　　单位:元

摘要	收入			发出			结存			
	数量	计划成本	差异	数量	计划成本	差异	数量	计划成本	差异	差异率
期初										
入库										
发出										
合计										

②在产品成本明细账中,对于所耗用半成品的成本,既可以直接按照调整成本差异后的实际成本登记;也可以按照计划成本和成本差异分别登记,以便于分析上一步骤半成品成本差异对本步骤成本的影响。如果采用按照计划成本和成本差异分别登记的做法,产品成本明细账中的"半成品"项目,应分设"计划成本""成本差异""实际成本"三栏。其格式如表6-52所示。

表6-52　产品成本明细账

产品名称:××半成品

摘要	产量/件	半成品/元			直接人工/元	制造费用/元	成本合计/元
		计划成本	成本差异	实际成本			
月初在产品							
本月费用							
完工产品成本							
月末在产品							

(2)半成品成本的计算公式

①半成品成本差异率 $=\dfrac{\text{月初结存半成品成本差异}+\text{本月入库半成品成本差异}}{\text{月初结存半成品计划成本}+\text{本月入库半成品计划成本}}\times 100\%$

②发出半成品成本差异额 = 发出半成品计划成本 × 半成品成本差异率

③发出半成品实际成本 = 发出半成品计划成本 ± 发出半成品成本差异额

【例 6－5】假定兴唐公司乙产品的生产分为两个步骤,分别由两个车间进行,采用逐步结转分步法计算产品成本。两个车间产品所耗的原材料或半成品均是在生产开始时一次投入。半成品通过半成品库收发核算。第二车间所耗半成品费用按计划成本综合结转。两个车间的完工产品与月末在产品之间的费用分配采用在成品按定额成本计价法。乙产品的成本计算过程如下:

(1)根据各种生产费用分配表登记第一车间乙产品成本明细账中月初在产品成本和本月费用的有关数据,以及生产费用的合计数。采用在成品按定额成本计价法将生产费用合计数在完工半成品与月末在产品之间进行分配,并据以登记产品成本明细账(分配计算过程从略)。第一车间乙产品成本明细账登记结果如表 6－53 所示。

表 6－53　产品成本明细账

第一车间:乙产品　　　　单位:元

摘要	直接材料	直接人工	制造费用	成本合计
月初在产品(定额成本)	22 500	7 200	9 000	38 700
本月费用	227 750	118 220	148 400	494 370
合计	250 250	125 420	157 400	533 070
完工转出半成品(500 件)	225 500	117 500	147 500	490 500
单位成本	451	235	295	981
月末在产品(定额成本)	24 750	7 920	9 900	42 570

(2)根据第一车间的半成品交库单所列交库数量和乙产品成本明细账中完工转出的半成品成本,编制会计分录如下:

借:自制半成品　　　　490 500

　贷:基本生产成本　　　　490 500

(3)根据本月乙半成品交库的有关成本资料、第一车间交库单、第二车间领用单记录的有关资料,以及月初乙半成品的有关资料计算本月乙半成品的成本差异率,并据以计算第二车间领用乙半成品应负担的成本差异。乙半成品明细账的格式如表 6－54 所示。

表 6－54　自制半成品明细账

产品名称:乙半成品　　　　计划单位成本:970 元

项目			1 月	2 月
月初余额	数量/件	(1)	25	25
	计划成本/元	(2)	24 250	24 250
	实际成本/元	(3)	23 842.50	24 007.50

续表

项目			1月	2月
本月增加	数量/件	(4)	500	
	计划成本/元	(5)	485 000	
	实际成本/元	(6)	490 500	
合计	数量/件	(7) = (1) + (4)	525	
	计划成本/元	(8) = (2) + (5)	509 250	
	实际成本/元	(9) = (3) + (6)	514 342.50	
	成本差异/元	(10) = (9) − (8)	5 092.50	
	成本差异率/%	(11) = (10)/(8) × 100	+1	
本月减少	数量/件	(12)	500	
	计划成本/元	(13)	485 000	
	实际成本/元	(14) = (13) + (13) × (11)	489 850	

根据表6－54资料，发出半成品实际成本计算如下：

①月初结存半成品成本差异＝23 842.50－24 250＝－407.50（元）

②本月入库半成品成本差异＝490 500－485 000＝5 500（元）

③半成品成本差异总额＝－407.50＋5 500＝5 092.50（元）

④半成品计划成本总额＝24 250＋485 000＝509 250（元）

⑤$半成品成本差异率=\frac{半成品成本差异总额}{半成品计划成本总额}\times 100\% = \frac{5\ 092.50}{509\ 250}\times 100\% = +1\%$

⑥发出半成品成本差异额＝发出半成品计划成本×半成品成本差异率

＝485 000×1%＝4 850（元）

⑦发出半成品实际成本＝发出半成品计划成本±发出半成品成本差异额

＝485 000＋4 850＝489 850（元）

（4）根据各种生产费用分配表、半成品领用单登记第二车间乙产品成本明细账中月初在产品成本和本月费用的有关数据，以及生产费用的合计数。采用在产品按定额成本计价法将生产费用合计数在完工产品与月末在产品之间进行分配，并据以登记产品成本明细账（分配计算过程从略）。其登记计算结果如表6－55所示。

表6－55 产品成本明细账

第二车间：乙产成品　　　　单位：元

摘要	半成品			直接人工	制造费用	成本合计
	计划成本	成本差异	实际成本			
月初在产品（定额成本）	48 500	—	48 500	9 000	11 250	20 250
本月费用	485 000	4 850	489 850	147 500	185 000	822 350
合计	533 500	4 850	538 350	156 500	196 250	891 100

续表

摘要	半成品			直接人工	制造费用	成本合计
	计划成本	成本差异	实际成本			
完工产品成本（500 件）	485 000	4 850	489 850	146 000	183 125	818 975
单位成本	970	9.7	979.70	292	366.25	1 637.95
月末在产品（定额成本）	48 500	—	48 500	10 500	13 125	72 125

3. 按计划成本综合结转与按实际成本综合结转的比较

与按实际成本综合结转半成品成本方法相比较，按计划成本综合结转半成品成本具有以下优点。

（1）可以简化和加速半成品核算和产品成本计算工作

①按计划成本综合结转半成品成本，可以简化和加速半成品收发的凭证计价和记账工作。

②半成品成本差异率如果不是按半成品品种，而是按类计算，可以省去大量的计算工作。

③如果月初半成品存量较大，本月耗用的半成品大部分甚至全部是以前月份生产的，本月所耗半成品成本差异的调整也可以根据上月半成品成本差异率计算。

（2）便于各步骤进行成本的考核和分析

按计划成本综合结转半成品成本，在各步骤的产品成本明细账中，可以分别反映耗用半成品的计划成本、成本差异和实际成本，因而在分析各步骤产品成本时，可以剔除上一步骤半成品成本变动对于本步骤产品成本的影响，有利于分清经济责任，考核各步骤的经济效益。

4. 综合结转的成本还原

在采用逐步结转分步法的综合结转法时，从其结果可以看出，表现在产成品成本中的绝大部分费用是最后一个生产步骤所耗半成品的费用，而直接人工、制造费用只是产成品消耗最后一个生产步骤的费用，在产成品成本中所占比重很小。比如，在前面所举例题表 6 – 50 中，第三步骤（最后一个步骤）产品成本明细账中的完工产品成本资料如表 6 – 56 所示。

表 6 – 56　第三步骤产品成本明细账的完工情况

单位：元

项目	半成品	直接人工	制造费用	合计
完工产品成本	1 119 600	133 200	165 600	1 418 400

从完工产品成本的构成来看，直接人工费用只占完工产品成本的 9.39% 左右（133 200 ÷ 1 418 400 × 100%）；而制造费用占了完工产品成本的 11.68% 左右（165 600 ÷ 1 418 400 × 100%）这些数字只反映了第三步骤发生的加工费用的水平，而半成品成本中还包含着前两个步骤发生的加工费用（直接材料和制造费用）。显然，这不符合产品成本构成的实际情况，因而不能据以从整个企业角度分析和考核产品成本的构成水平。因此，还应该将综合结转算出的产成品成本进行成本还原。

(1)成本还原的含义

成本还原就是从最后一个步骤起,把本月产成品成本中所耗上一步骤半成品的综合成本还原成直接材料、直接人工、制造费用等原始成本项目,从而求得按原始成本项目反映的产成品成本资料。

【例6-6】假定兴唐公司甲产品的生产由两个生产步骤组成,第一生产步骤生产的半成品,不通过半成品库收发,而是直接由第二生产步骤领用,半成品成本在各步骤的产品成本明细账之间直接结转。其各步骤逐步结转如图6-4所示。

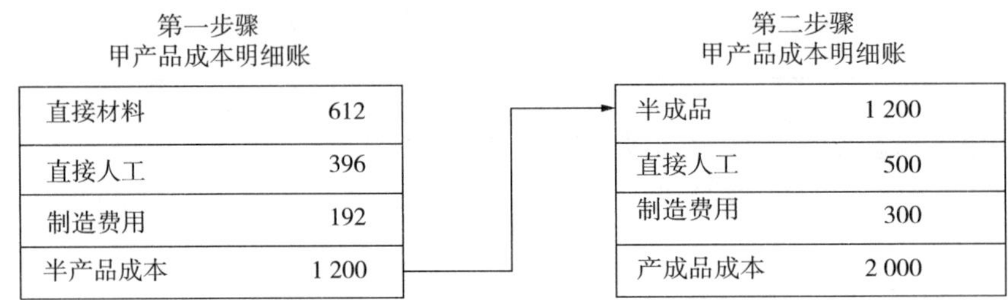

图6-4 半成品成本直接结转图(单位:元)

图6-4中甲产品第一步骤完工的半成品直接被第二步骤领用,数量上也恰好相等。要进行成本还原,方法就比较简单,只要将所耗半成品成本中的直接材料、直接人工和制造费用分别汇总即可。还原后的成本构成为:直接材料612元,直接人工896元(396+500),制造费用492元(192+300),合计2 000元。

假如第二步骤领用的半成品的数量,不是第一步骤本月完工半成品的数量,比如,第一步骤完工半成品1 200元,第二步骤领用半成品1 000元,或者领用半成品1 400元,这时就需要进行专门的成本还原计算。

(2)成本还原的方法(原理)

成本还原采用的方法(原理)是:将本月所耗上一步骤半成品的综合成本,按照本月所产这种半成品的成本构成进行还原。其原理如图6-5所示。

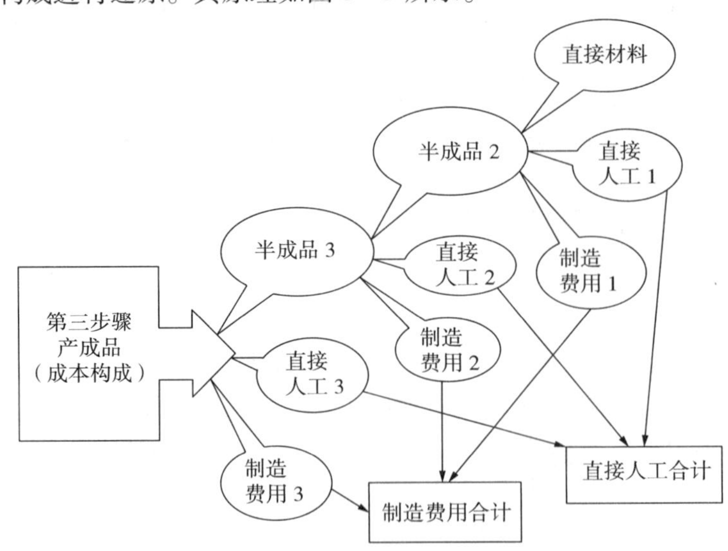

图6-5 成本还原方法(原理)示意图

图示说明:假设产品生产分三个步骤,从最后一个步骤开始,将产成品成本中的半成品成本进行还原;还原后还存在半成品,将继续进行还原,直至还原到以原始成本项目反映的成本为止。

成本还原的具体方法有两种:一种是“成本构成百分比法”,另一种是“还原分配率法”。

1)第一种方法:成本构成百分比法

成本构成百分比法是指,计算半成品各成本项目占其总成本的比重(百分比),并按该比重进行成本还原。其计算公式为:

各成本项目的构成百分比 = 上一步骤完工半成品各成本项目的金额 ÷ 上一步骤完工半成品的成本合计

还原出的各成本项目 = 待还原的半成品成本 × 各成本项目的构成百分比

【例6-7】以【例6-6】资料为例,采用成本构成百分比法进行成本还原。要计算当月第二步骤所耗半成品的成本构成情况,应按第一步骤当月所产这种半成品的成本构成比例进行计算。

①第一步骤本月完工半成品的成本构成

总成本:1 200 元。

直接材料:612 元,所占比例为:$\frac{612}{1\ 200} \times 100\% = 51\%$

直接人工:396 元,所占比列为:$\frac{36}{1\ 200} \times 100\% = 33\%$

制造费用:192 元,所占比例为:$\frac{192}{1\ 200} \times 100\% = 16\%$

②假设:完工半成品通过半成品库收发核算

a. 如果第二步骤本月所耗上一步骤半成品成本为 1 200 元,就是【例6-6】计算的数。

b. 如果第二步骤本月所耗上一步骤半成品成本为 1 000 元,则成本还原计算如下:

直接材料:1 000 × 51% = 510(元)

直接人工:1 000 × 33% = 330(元)

制造费用:1 000 × 16% = 160(元)

c. 如果第二步骤本月所耗上一步骤半成品成本为 1 400 元,则计算如下:

直接材料:1 400 × 51% = 714(元)

直接人工:1 400 × 33% = 462(元)

制造费用:1 400 × 16% = 224(元)

2)第二种方法:还原分配率法。

还原分配率法是指:计算需要还原的半成品综合成本占本月所产该种半成品总成本的比例,并按此比例进行成本还原。其计算公式为:

还原分配率 = 需要还原的半成品综合成本 ÷ 上一步骤本月所产该种半成品的成本合计

还原出的各成本项目 = 上一步骤本月所产该种半成品的各成本项目 × 还原分配率

在这里需要说明的是,以上公式中所称的需要还原的半成品综合成本,如果只需要进行一次成本还原,则是指产成品成本中所耗用的上一步骤的半成品成本;如果需要进行两次以上成本还原,则除上述含义外,还指经过上述成本还原后,还需要继续进行成本还原的半成品综合成本。

【例6-8】仍以【例6-6】资料为例,采用还原分配率法进行成本还原。

● 如果第二步骤所耗上一步骤半成品成本为 1 200 元时

还原分配率 =1 200 ÷1 200 =1

直接材料:612 ×1 =612

直接人工:369 ×1 =369

制造费用:192 ×1 =192

● 如果第二步骤所耗上一步骤半成品成本为 1 000 元时

还原分配率 =1 000 ÷1 200 =0.8333

直接材料:612 ×0.8333 =510

直接人工:396 ×0.8333 =330

制造费用:192 ×0.8333 =160

● 如果第二步骤所耗上一步骤半成品成本为 1 400 元

还原分配率 =1 400 ÷1 200 =1.1667

直接材料:612 ×1.1667 =714

直接人工:396 ×1.1667 =462

制造费用:192 ×1.1667 =224

【例 6 -9】沿用【例 6 -4】资料,将三个步骤完工产品的资料进行汇总编制完工产品成本表,如表 6 -57 所示。

表 6 -57　完工产品成本资料表

产品名称:甲产品　　　　单位:元

生产步骤	摘要	直接材料	半成品	直接人工	制造费用	成本合计
第一步骤	完工半成品	500 000		168 000	212 000	880 000
第二步骤	完工半成品		802 800	136 800	172 800	1 112 400
第三步骤	完工产成品		1 119 600	133 200	165 600	1 418 400

①确定还原对象

根据上述资料,成本还原是从最后一个步骤起,把本月产成品成本中所耗上一步骤半成品的综合成本进行还原,成本还原对象为 1 119 600 元。本例需要进行两次还原:第一次成本还原是按照第二步骤完工半成品成本 1 112 400 元的成本构成对 1 119 600 元进行成本还原;第二次成本还原是针对第一次成本还原中所计算出的综合性成本项目(半成品)按照第一步骤本月所产的半成品的成本结构,即 880 000 元的成本结构再进行成本还原,直至求出按原始成本项目反映的甲产品的产成品成本资料。

②采用成本构成百分比法进行成本还原

a.将第三步骤(最后步骤)完工产品成本中的半成品 1 119 600 元作为成本还原对象,按照第二步骤完工半成品的成本构成进行成本还原。

第二步骤完工半成品的成本构成:

总成本 1 112 400 元。(作为分配的标准)

半成品:802 800 元,所占比例为:$\frac{802\ 800}{1\ 112\ 400}\times 100\% = 72.17\%$

直接人工:136 800 元,所占比例为:$\frac{136\ 800}{1\ 112\ 400}\times 100\% = 12.30\%$

制造费用:172 800 元,所占比列为:$\frac{172\ 800}{1\ 112\ 400}\times100\%=15.53\%$

按上面计算的比例对还原对象 1 119 600 元进行还原计算。其计算结果为:

还原的半成品:1 119 600 ×72.17% =808 015.32

还原的直接人工:1 119 600 ×12.30% =137 710

还原的制造费用:1 119 600 ×15.53% =173 874.68

b. 还原出来的半成品成本 808 015.32 元,作为还原对象,按照第一步骤完工半成品的成本构成再进行还原。

第一步骤完工半成品的成本构成:

总成本:880 000 元

直接材料:500 000 元,所占比例为:$\frac{500\ 000}{880\ 000}\times100\%=56.82\%$

直接人工:168 000 元,所占比例为:$\frac{168\ 000}{880\ 000}\times100\%=19.09\%$

制造费用:212 000 元,所占比例为:$\frac{212\ 000}{880\ 000}\times100\%=24.09\%$

按上面计算的比例对还原对象 808 015.32 元进行还原计算。其计算结果为:

还原的直接材料:808 015.32 ×56.82% =459 114.30

还原的直接人工:808 015.32 ×19.09% =154 250.12

还原的制造费用:808 015.32 ×24.09% =194 650.90

c. 还原的结果:总成本为:1 418 400(元)

直接材料:459 114.30(元)

直接人工:154 250.12 +137 710 +133 200 =425 160.12(元)

制造费用:194 650.90 +173 874.68 +165 600 =534 125.58(元)

根据第三步骤产品成本明细账的有关资料,编制产品成本还原计算表,如表 6 –58 所示。

表 6 –58 产品成本还原计算表

(成本构成百分比法)

单位:元

项目	成本项目	还原前产品成本	本月生产半成品成本	还原分配率	半成品还原成本	还原后总成本
按第二步骤半成品成本结构还原	直接材料					
	半成品	1 119 600	802 800	72.17%	808 015.32	808 015.32
	直接人工	133 200	136 800	12.30%	137 710	270 910
	制造费用	165 600	172 800	15.53%	173 874.68	339 474.68
	合计	1 418 400	1 112 400		1 119 600	1 418 400
按第一步骤半成品成本结构还原	直接材料		500 000	56.82%	459 114.30	459 114.30
	半成品	808 015.32				
	直接人工	270 910	168 000	19.09%	154 250.12	425 160.12
	制造费用	339 474.68	212 000	24.09%	194 650.90	534 125.58
	合计	1 418 400	880 000			1 418 400

③采用还原分配率法进行成本还原。

a. 将第三步骤(最后步骤)完工产品成本中的半成品 1 119 600 元作为成本还原对象,按照第二步骤完工半成品的成本构成进行成本还原。

第二步骤完工半成品的总成本 1 112 400 元。(作为分配的标准)。

$$还原分配率 = \frac{1\ 119\ 600}{1\ 112\ 400} = 1.0065$$

半成品:802 800 × 1.0065 = 808 018.20

直接人工:136 800 × 1.0065 = 137 689.20

制造费用:172 800 × 1.0065 = 173 892.60

b. 还原出来的半成品成本 808 018.20 元,作为还原对象,按照第一步骤完工半成品的成本构成再进行还原。

第一步骤完工半成品的总成本 880 000 元。(作为分配的标准)。

$$还原分配率 = \frac{808\ 018.20}{880\ 000} = 0.9182$$

直接材料:500 000 × 0.9182 = 459 100

直接人工:168 000 × 0.9182 = 154 257.60

制造费用:212 000 × 0.9182 = 194 660.60

c. 还原的结果:总成本为:1 418 400(元)

直接材料:459 100(元)

直接人工:154 257.60 + 137 689.20 + 133 200 = 425 146.80(元)

制造费用:194 660.60 + 173 892.60 + 165 600 = 534 153.20(元)

根据第三步骤产品成本明细账的有关资料,编制产品成本还原计算表,如表 6-59 所示。

表 6-59　产品成本还原计算表

(还原分配率法)

单位:元

项目	成本项目	还原前产品成本	本月生产半成品成本	还原分配率	半成品还原成本	还原后总成本
按第二步骤半成品成本结构还原	直接材料			1 119 600 ÷ 1 112 400 = 1.0065		
	半成品	1 119 600	802 800		808 018.20	808 018.20
	直接人工	133 200	136 800		137 689.20	270 889.20
	制造费用	165 600	172 800		173 892.60	339 492.60
	合计	1 418 400	1 112 400		1 119 600	1 418 400
按第一步骤半成品成本结构还原	直接材料		500 000	808 018.20 ÷ 880 000 = 0.9182	459 100	459 100
	半成品	808 018.20				
	直接人工	137 689.20	168 000		154 257.60	425 146.80
	制造费用	173 892.60	212 000		194 660.60	534 153.20
	合计	1 418 400	880 000			1 418 400

采用成本构成百分比法进行成本还原与采用还原分配率法进行成本还原,其结果理论上

应该是一致的,但在实际计算中,由于小数点尾差而造成计算结果略有差别。

需要说明的是,成本还原所使用的半成品成本的标准都是当月所产的半成品,而实际领用的半成品是以前月份所产的半成品,由于以前月份所产半成品的成本构成与本月所产半成品的成本构成可能不一致,因此,在各月所产半成品的成本构成变动较大的情况下,按照上述方法进行成本还原,对其准确性会有较大的影响。在这种情况下,如果半成品的定额成本或计划成本比较准确,可以按半成品的定额成本或计划成本的构成进行还原,这样就可以提高还原的准确性。

综上所述,采用综合结转法逐步结转半成品成本,从各步骤的产品成本明细账中可以看出,各步骤产品所耗上一步骤半成品费用的水平和本步骤加工费用的水平,从而有利于各生产步骤的管理。但如果管理上要求提供按原始成本项目反映的产成品成本资料,就需要进行成本还原。这种方法适用于只在管理上要求计算各步骤完工产品所耗半成品费用,而不要求进行成本还原的情况下采用。

(四)逐步结转分步法的分项结转

逐步结转分步法的分项结转法,其特点是将各步骤所耗用的上一步骤半成品的成本,按照成本项目分别转入各该步骤产品成本明细账的各个成本项目中。如果半成品通过半成品库收发核算,在自制半成品明细账中登记半成品成本时,也要按照成本项目分别登记。

在分项结转法中,既可以按照半成品的实际成本结转,也可以按照半成品的计划成本结转。由于按半成品的计划成本分项结转计算工作量较大,因而一般多采用按实际成本分项结转的方法。

【例6-10】假定兴唐公司甲产品生产分两个步骤,分别由两个车间进行。第一车间生产半成品,交半成品库验收;第二车间按所需数量从半成品库领用,所耗半成品费用按加权平均单位成本计算。两个车间的月末在产品均按定额成本计价。成本计算程序如下:

(1)根据各种生产费用分配表、半成品交库单和第一车间在产品定额成本资料,登记第一车间甲产品成本明细账,如表6-60所示。

表6-60　产品成本明细账

第一车间:甲产品　　　　单位:元

摘要	直接材料	直接人工	制造费用	成本合计
月初在产品(定额成本)	6 120	5 400	8 560	20 080
本月费用	10 160	6 020	13 200	29 380
合计	16 280	11 420	21 760	49 460
完工转出半成品(200件)	10 080	6 220	12 960	29 260
月末在产品(定额成本)	6 200	5 200	8 800	20 200

(2)根据计价后的半成品交库单和第二车间领用半成品的领用单,登记自制半成品明细账,如表6-61所示。

表 6－61　自制半成品明细账

产品名称:甲半成品

月份	摘要	数量/件	实际成本/元			
			直接材料	直接人工	制造费用	成本合计
10	月初余额	40	2 124	1 300	2 596	6 020
	本月增加	200	10 080	6 220	12 960	29 260
	合计	240	12 204	7 520	15 556	35 280
	单位成本		50.85	31.33	64.82	147
	本月减少	210	10 678.50	6 579.30	13 612.20	30 870
	月末余额	30	1 525.50	940.70	1 943.80	4 410

根据第一车间半成品交库单所列交库数量和甲产品成本明细账中完工转出的半成品成本,编制会计分录如下:

借:自制半成品　　　　　　29 260

　贷:基本生产成本　　　　　　29 260

表 6－61 中甲半成品单位成本的各成本项目,都是按加权平均单位成本计算的。根据第二车间半成品领用单,编制会计分录如下:

借:基本生产成本　　　　　　30 870

　贷:自制半成品　　　　　　30 870

(3)根据各种生产费用分配表、第二车间半成品领用单、自制半成品明细账、第二车间产成品交库单和第二车间在产品定额成本等资料,登记第二车间甲产品成本明细账,如表 6－62 所示。

表 6－62　产品成本明细账

第二车间:甲产品　　　　单位:元

摘要	直接材料	直接人工	制造费用	成本合计
月初在产品(定额成本)	4 620	5 000	10 640	20 260
本月本步骤生产费用		5 600	11 850	17 450
本月耗用半成品费用	10 678.50	6 579.30	13 612.20	30 870
合计	15 298.50	17 179.30	36 102.20	68 580
完工转出产成品成本(200 件)	10 738.50	12 259.30	25 502.20	48 500
产成品单位成本	53.69	61.30	127.51	242.50
月末在产品(定额成本)	4 560	4 920	10 600	20 080

根据第二车间的产成品交库单所列产成品交库数量和上述第二车间产品成本明细账中完工转出产成品成本,编制会计分录如下:

借:库存商品　　　　　　48 500

　贷:基本生产成本　　　　　　48 500

采用分项结转法逐步结转半成品的成本,可以直接、准确地提供按原始成本项目反映的产成品成本资料,便于从整个企业角度考核和分析产品成本计划的执行情况,不需要进行成本还原。但是,这种方法的成本结转工作比较复杂,而且在各步骤完工产品成本中看不出所耗上一步骤半成品的费用和本步骤加工费用的水平,不便于进行完工产品成本分析。这种方法一般适用于管理上不要求分别提供各步骤完工产品所耗半成品费用和本步骤加工费用资料,但要求按原始成本项目反映产品成本的企业。

(五)逐步结转分步法的优缺点

(1)为成本分析和考核提供资料。成本计算对象是产成品及其各步骤的半成品。逐步结转分步法的成本计算对象是产成品及其各步骤的半成品,这就为分析和考核企业产品成本计划和各生产步骤半成品成本计划的执行情况,以及正确计算半成品销售成本提供了资料。

(2)为在产品的实物管理和生产资金管理提供资料。半成品成本都是随着半成品实物的转移而结转。不论是综合结转还是分项结转,半成品成本都是随着半成品实物的转移而结转,各生产步骤产品成本明细账中的生产费用余额,反映了留存在各个生产步骤的在产品成本,因而还能为在产品的实物管理和生产资金管理提供资料。

(3)采用综合结转法结转半成品成本时,能全面反映各步骤完工产品中所耗上一步骤半成品费用水平和本步骤加工费用水平,有利于各步骤的成本管理。采用分项结转法结转半成品成本时,可以直接提供按原始成本项目反映的产品成本,满足企业分析和考核产品构成和水平的需要,而不必进行成本还原。

(4)核算工作比较复杂,核算工作的及时性也较差。

①如果采用综合结转法,需要进行成本还原;

②如果采用分项结转法,结转的核算工作量大;

③如果半成品按计划成本结转,还要计算和调整半成品成本差异;

④如果半成品按实际成本结转,各步骤则不能同时计算成本,成本计算的及时性差。

四、平行结转分步法

(一)平行结转分步法的含义

平行结转分步法是指在计算产品成本时,不计算各步骤所产半成品成本,也不计算各步骤所耗上一步骤的半成品成本(即各步骤之间不结转所耗半成品成本),而只计算本步骤所发生的各项生产费用以及这些费用中应计入产成品的份额。最后将各步骤应计入同一产成品成本的份额平行结转、汇总,即可计算出该种产品的产成品成本。这种方法称为平行结转分步法,或称不计列半成品成本的分步法。

平行结转分步法,主要适用于在成本管理上要求分步归集生产费用,但不要求计算半成品成本的多步骤生产企业,特别是没有半成品对外销售的大量大批装配式多步骤生产企业。

(二)平行结转分步法的成本计算程序

平行结转分步法的成本计算程序为:

(1)各生产步骤计算出某产品在本生产步骤所发生的各种费用;

(2)将各生产步骤该产品所发生的费用在最终产成品与该步骤月末在产品之间进行分配,各步骤计算出的应计入最终产成品的成本称为产成品成本的“份额”;

(3)将各生产步骤应计入相同产成品成本的“份额”平行汇总,计算出最终产成品的实际成本。

平行结转分步法的成本计算程序如图6-6所示。

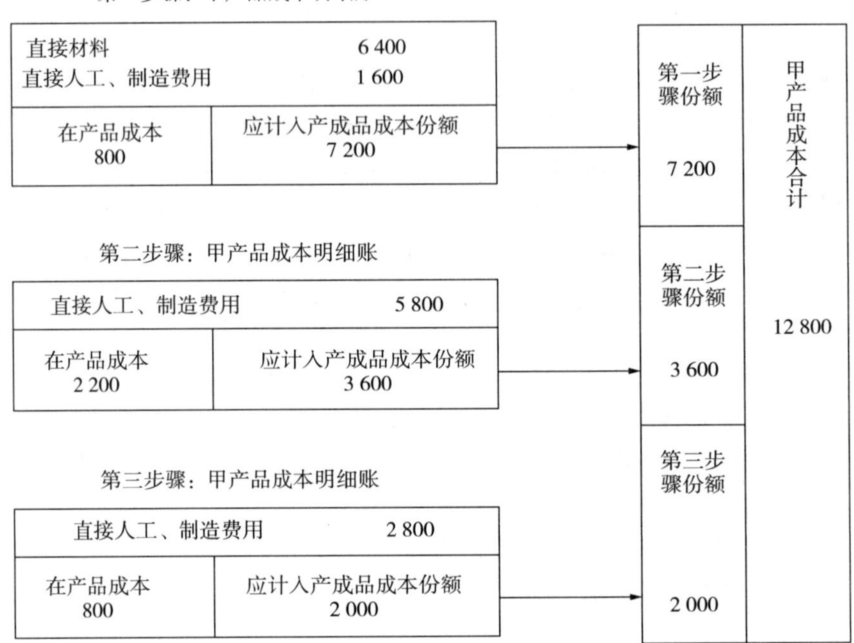

图6-6 平行结转分步法成本计算程序(单位:元)

(三)平行结转分步法的特点

(1)各生产步骤不计算半成品成本,只计算本步骤所发生的各项生产费用。除第一步骤生产费用中包括所耗用的直接材料和各项加工费用外,其他各步骤只计算本步骤发生的各项加工费用。

(2)各步骤之间不结转半成品成本。不论半成品实物是在各生产步骤之间直接转移,还是通过半成品库收发核算,都不进行总分类核算。也就是说,半成品成本不随半成品实物转移而结转。

(3)为了计算各生产步骤发生的费用中应计入产成品成本的份额,必须将每一生产步骤发生的生产费用划分为耗用于产成品部分和尚未最后制成的在产品部分。这里的在产品是指广义的在产品。

(4)将各步骤费用中应计入产成品的份额,平行结转、汇总计算该种产成品的总成本和单位成本。

如何正确确定各步骤生产费用中应计入产成品的“份额”,即每一生产步骤的生产费用如何正确地在完工产成品和广义在产品之间进行分配,是采用这一方法时能否正确计算产成品成本的关键所在。在实际工作中,通常采用在产品按定额成本计价法或定额比例法、约当产量比例法。

(四)平行结转分步法的举例说明

1. 平行结转分步法下采用定额比例法分配完工产品与月末在产品之间的费用

【例6－11】兴唐公司生产丙产品分别由两个车间分步连续加工完成。原材料在生产开始时一次投入,采用定额比例法分配完工产品与月末在产品之间的费用。企业月初在产品成本和本月发生的费用如表6－63所示;丙产品有关定额资料如表6－64所示。

表6－63　生产费用资料表

产品名称:丙产品　　　　单位:元

成本项目	月初在产品成本		本月发生生产费用	
	第一车间	第二车间	第一车间	第二车间
直接材料	43 200		71 460	
直接人工	24 200	15 800	18 800	16 700
制造费用	29 600	12 960	26 400	24 540
合计	97 000	28 760	116 660	41 240

表6－64　有关定额资料表

产品名称:丙产品

项目	月初在产品		本月投入		本月产成品				
					单件定额		产量/件	直接材料定额费用/元	定额工时/小时
	直接材料定额费用/元	定额工时/小时	直接材料定额费用/元	定额工时/小时	直接材料费用/元	工时/小时			
第一车间	53 000	48 000	56 200	52 000	148	120	1 000	74 000	60 000
第二车间		16 000		34 000		80			40 000
合计	53 000	64 000	56 200	86 000		200	1 000	74 000	100 000

第一,根据以上有关资料,计算分配完工产品成本和月末在产品成本,并登记两个车间的产品成本明细账。

第一车间产品成本明细账如表6－65所示。

表6－65　产品成本明细账

第一车间:丙产品

摘　要	产成品产量/件	直接材料/元		定额工时/小时	直接人工/元	制造费用/元	成本合计/元
		定额	实际				
月初在产品		53 000	43 200	48 000	24 200	29 600	97 000
本月生产费用		56 200	71 460	52 000	18 800	23 400	116 660
生产费用合计		109 200	114 660	100 000	43 000	56 000	213 330

续表

摘　要	产成品产量/件	直接材料/元		定额工时/小时	直接人工/元	制造费用/元	成本合计/元
		定额	实际				
费用分配率			1.05		0.43	0.56	
产成品成本中本步骤份额	1 000	74 000	77 700	60 000	25 800	33 600	137 100
月末在产品成本		35 200	36 960	40 000	17 200	22 400	76 560

账中数字的计算、登记方法如下。

(1)直接材料定额工时和定额费用

月末在产品定额资料,可根据月初在产品定额资料、本月投入产品定额资料和产成品定额资料,采用倒挤法计算求得的。其计算公式如下:

①月末在产品直接材料定额费用＝月初在产品直接材料定额费用＋本月投入产品的直接材料定额费用－本月完工产品的直接材料定额费用

②月末在产品定额工时＝月初在产品定额工时＋本月投入产品的定额工时－本月完工产品的定额工时

第一车间直接材料定额费用和定额工时计算:

月末在产品直接材料定额费用＝53 000＋56 200－74 000＝35 200（元）

月末在产品定额工时＝48 000＋52 000－60 000＝40 000（工时）

(2)费用分配率的计算

采用定额比例法在完工产品与在产品之间分配费用,应首先计算费用分配率。其中,直接材料费用按材料定额费用比例分配;其他各项费用均按定额工时比例分配。各项费用的计算如下:

①直接材料费用分配率 $=\dfrac{114\ 660}{74\ 000+35\ 200}=1.05$

产成品成本中本步骤直接材料费用份额＝74 000×1.05＝77 700(元)

月末在产品直接材料费用＝35 200×1.05＝36 960（元）

②直接人工分配率 $=\dfrac{43\ 000}{60\ 000+40\ 000}=0.43$

产成品成本中本步骤直接人工费用份额＝60 000×0.43＝25 800(元)

月末在产品直接人工费用＝40 000×0.43＝17 200(元)

③制造费用分配率 $=\dfrac{56\ 000}{60\ 000+40\ 000}=0.56$

产成品成本中本步骤制造费用份额＝60 000×0.56＝33 600(元)

月末在产品制造费用＝40 000×0.56＝22 400(元)

第二车间产品成本明细账如表6－66所示。

表 6－66　产品成本明细账

第二车间：丙产品

摘　要	产成品产量/件	直接材料/元		定额工时/小时	直接人工/元	制造费用/元	成本合计/元
		定额	实际				
月初在产品				16 000	15 800	12 960	28 760
本月生产费用				34 000	16 700	24 540	41 240
生产费用合计				50 000	32 500	37 500	70 000
费用分配率					0.65	0.75	
产成品成本中本步骤份额	1 000			40 000	26 000	30 000	56 000
月末在产品成本				10 000	6 500	7 500	14 000

账中数字的计算、登记方法（其他计算略）：

月末在产品定额工时＝16 000＋34 000－40 000＝10 000（工时）

$$直接人工分配率=\frac{32\ 500}{40\ 000+10\ 000}=0.65$$

$$制造费用分配率=\frac{37\ 500}{40\ 000+10\ 000}=0.75$$

第二，根据两个车间产品成本明细账中的产成品成本份额平行相加汇总，计算出本月完工产品总成本，除以产量即得出产成品单位成本。编制完工产品成本汇总表，如表 6－67 所示。

表 6－67　完工产品成本汇总表

产品名称：丙产品　　20××年×月

项　目	产量/件	直接材料/元	直接人工/元	制造费用/元	成本合计/元
第一车间成本份额	1 000	77 700	25 800	33 600	137 100
第二车间成本份额	1 000		26 000	30 000	56 000
总成本		77 700	51 800	63 600	193 100
单位成本		77.70	51.80	63.60	193.10

2. 平行结转分步法下采用约当产量比例法分配完工产品与月末在产品之间的费用

（1）各步骤完工产品数量的计算

由于各步骤归集的生产费用是在最终产成品与本步骤的广义在产品之间分配，所以各步骤的完工产品数量是最终完工产品数量耗用本步骤的完工半成品数量，其计算公式如下：

某步骤的完工产品数量＝最终产成品数量×单位产成品耗用本步骤的半成品数量。

如果一件产成品耗用一件半成品，则某步骤完工产品的数量就是最终完工产品的数量；如果一件产成品耗用 2 件半成品，则某步骤完工产品的数量就是最终完工产品的数量乘以 2。

（2）各步骤广义在产品约当产量的计算

在分步法中，某步骤产品的生产都是在上一步骤加工完成后有本步骤领用继续加工，加工完成后再交由下步骤继续加工，直至加工完成形成产成品。所以对本步骤来说，以后各步骤加工的产品都是本步骤的完工产品，其完工率为100%（相对于本步骤）。因此本步骤在产品约当产量的计算应该考虑以后步骤领用的半成品。其计算公式如下：

某步骤月末（广义）在产品约当产量 = 该步骤月末在产品数量 × 在产品完工程度 + 该步骤加工完成转入以后各步骤但尚未最后完工的半成品数量。

（3）某步骤生产总量

某步骤的生产总量 = 该步骤完工产品数量 + 该步骤（广义）在产品约当产量。

【例6-12】兴唐公司20××年10月生产A产品，其加工过程分为三个步骤完成，原材料在生产开始时一次投入，各步骤的完工率为50%。由于第一、第二步骤的半成品很少对外出售，采用平行结转分步法。月末在产品按约当产量比例法计算分配。产量资料如表6-68所示。

表6-68 产量记录表

20××年10月　　单位：件

项目	第一车间	第二车间	第三车间
月初在产品	300	360	240
本月投入或上步骤转入	1 100	1 200	1 400
本月完工转出	1 200	1 400	1 360
月末在产品	200	160	280

根据上述资料，计算各步骤广义在产品的约当产量，如表6-69所示。

表6-69 在产品约当产量计算表

20××年10月　　单位：件

生产步骤	直接材料	直接人工和制造费用
第一步骤	200×100% +160+280=640	200×50% +160+280=540
第二步骤		160×50% +280=360
第三步骤		280×50% =140

【例6-13】兴唐公司20××年10月生产的甲产品为装配式多步骤生产。第一车间生产A零件，第二车间生产B零件，第三车间将一个A零件和一个B零件装配成一件甲产品。第一、第二车间原材料于生产开始时一次投入，第三车间没有发生材料费用，各步骤在产品完工率均为50%。由于A、B零件很少对外销售，采用平行结转分步法计算产品成本。月末在产品按约当产量比例法计算分配，产量资料如表6-70所示。

表6-70 产量记录表

20××年10月　　单位：件

项目	第一车间	第二车间	第三车间
月初在产品	320	400	520
本月投入或上步骤转入	3 120	3 100	3 000
本月完工转出	3 000	3 000	3 200
月末在产品	440	500	320

根据以上资料，在产品(广义)约当产量的计算如表6－71所示。

表6－71　在产品约当产量计算表

20××年10月　　单位:件

生产车间	直接材料	直接人工和制造费用
第一车间	440×100%＋320＝760	440×50%＋320＝540
第二车间	500×100%＋320＝820	500×50%＋320＝570
第三车间		320×50%＝160

【例6－14】兴唐公司生产甲产品经过三个加工步骤，第一步骤生产A半成品，完工后直接交给第二步骤继续加工，由2件A半成品加工生成一件B半成品，完工后再直接交给第三步骤继续加工生成甲产品。第三步骤加工完工后交给产成品仓库。原材料在第一步骤生产开始时一次投入;第一、第二步骤在产品完工程度均为50%;第三车间月末在产品有40件尚未加工，其余20件完工率为50%。采用平行结转分步法计算成本;完工产品与月末在产品之间费用的分配采用约当产量比例法。本月各生产步骤生产数量资料如表6－72所示。

表6－72　兴唐公司生产数量记录资料

产品名称:甲产品　　20××年10月　　单位:件

项目	第一步骤	第二步骤	第三步骤
月初在产品数量	60	80	100
本月投入或上步转入数量	460	200	200
本月完工转入下步骤或交库数量	400	200	240
月末在产品数量	120	80	60
月末在产品投料率	100%	100%	100%
月末在产品完工率	50%	50%	40件:0;20件:50%

兴唐公司本月各生产步骤月初在产品成本和本月发生的费用资料如表6－73所示。

表6－73　兴唐公司生产数量记录资料

产品名称:甲产品　　20××年10月　　单位:元

项　目	第一步骤	第二步骤	第三步骤
月初在产品成本	111 000	76 800	48 000
其中:直接材料	50 000		
直接人工	32 000	41 600	21 000
制造费用	29 000	35 200	27 000
本月发生生产费用	263 900	128 900	94 700
其中:直接材料	156 800		
直接人工	58 200	53 600	41 000
制造费用	48 900	75 300	46 500

(4)采用平行结转分步法,兴唐公司甲产品成本的计算步骤

①第一步:计算各步骤在产品约当产量和生产总量

根据上述资料,分别计算三个步骤月末在产品约当产量和生产总量,如表6－74和表6－75所示。

表6－74　兴唐公司月末在产品约当产量计算表

产品名称:甲产品　　20××年10月　　单位:件

生产步骤	直接材料	直接人工和制造费用
第一步骤	120＋(80×2＋60×2)＝400	120×50%＋(80×2＋60×2)＝340
第二步骤		80×50%＋60＝100
第三步骤		40×0＋20×50%＝10

表6－75　兴唐公司生产总量(分配标准)计算表

产品名称:甲产品　　20××年10月　　单位:件

生产步骤	直接材料	直接人工和制造费用
第一步骤	240×2＋400＝880	240×2＋340＝820
第二步骤		240＋100＝340
第三步骤		240＋10＝250

②第二步:计算各步骤各成本项目的费用分配率

在生产总量(分配标准)确定以后,将各步骤某成本项目应分配的费用总额,除以该成本项目的分配标准的总量,就是费用分配率。兴唐公司各步骤各成本项目的费用分配率计算如表6－76所示。

表6－76　兴唐公司费用分配率计算表

产品名称:甲产品　　20××年10月　　单位:元/件

生产步骤	直接材料	直接人工	制造费用
第一步骤	$\frac{50\ 000+156\ 800}{880}=235$	$\frac{32\ 000+58\ 200}{820}=110$	$\frac{29\ 000+48\ 900}{820}=95$
第二步骤		$\frac{41\ 600+53\ 600}{340}=280$	$\frac{35\ 200+75\ 300}{340}=325$
第三步骤		$\frac{21\ 000+41\ 000}{250}=248$	$\frac{27\ 000+46\ 500}{250}=294$

③第三步:计算各步骤应计入甲产品成本的份额

当一件产成品耗用某步骤半成品数量为多件时,则单位产成品成本在某步骤、某成本项目应负担的“份额”应按下式计算:

单位产成品成本在某步骤应负担的份额 = 单位产成品耗用该步骤半成品数量 × 某成本项目费用分配率

兴唐公司甲产品单位产成品耗用A半成品为2件，则单位产成品成本应负担第一步骤的份额就是第一步骤各成本项目的费用分配率乘以2。

单位产成品在第一步骤直接材料项目应负担的“份额” = 2 × 235 = 470（元）

单位产成品在第一步骤直接人工项目应负担的“份额” = 2 × 110 = 220（元）

单位产成品在第一步骤制造费用项目应负担的“份额” = 2 × 95 = 190（元）

兴唐公司甲产品单位产成品耗用B半成品为1件，则单位产成品成本应负担第二步骤的份额就是第二步骤各成本项目的费用分配率。第三步骤也是如此。

单位产成品成本在某步骤应负担的“份额”乘上最终完工的产成品数量，就是产成品成本在该生产步骤应负担的“份额”。用公式表示如下：

产成品成本在某步骤应负担的份额 = 单位产成品成本在该步骤应负担的份额 × 最终完工产品数量

兴唐公司本月最终产成品（240件）成本应负担的“份额”计算如表6－77所示。

表6－77　兴唐公司最终产成品成本应负担的“份额”计算表

产品名称：甲产品　　　　20××年10月　　　　单位：元

生产步骤	直接材料	直接人工	制造费用
第一步骤	2 × 235 × 240 = 112 800	2 × 110 × 240 = 52 800	2 × 95 × 240 = 45 600
第二步骤		1 × 280 × 240 = 67 200	1 × 325 × 240 = 78 000
第三步骤		1 × 248 × 240 = 59 520	1 × 294 × 240 = 70 560

将上述计算结果分别记入各生产步骤的产品成本明细账后，可以分别计算出各生产步骤月末广义在产品的总成本，如表6－78、表6－79和表6－80所示。

表6－78　兴唐公司第一步骤产品成本明细账

产品名称：甲产品　　　　20××年10月　　　　单位：元

摘要		直接材料	直接人工	制造费用	合计
月初在产品成本		50 000	32 000	29 000	111 000
本月发生生产费用		156 800	58 200	48 900	263 900
生产费用合计		206 800	90 200	77 900	374 900
分配标准	完工产品数量	480	480	480	
	广义在产品约当产量	400	340	340	
	生产总量	880	820	820	
分配率		235	110	95	440
本月产成品成本份额		112 800	52 800	45 600	211 200
月末在产品成本		94 000	37 400	32 300	163 700

表 6 – 79 兴唐公司第二步骤产品成本明细账

产品名称:甲产品　　20××年10月　　单位:元

摘　要		直接材料	直接人工	制造费用	合计
月初在产品成本			41 600	35 200	76 800
本月发生生产费用			53 600	75 300	128 900
生产费用合计			95 200	110 500	205 700
分配标准	完工产品数量		240	240	
	广义在产品约当产量		100	100	
	生产总量		340	340	
分配率			280	325	605
本月产成品成本份额			67 200	78 000	145 200
月末在产品成本			28 000	32 500	60 500

表 6 – 80 兴唐公司第三步骤产品成本明细账

产品名称:甲产品　　20××年10月　　单位:元

摘　要		直接材料	直接人工	制造费用	合计
月初在产品成本			21 000	27 000	48 000
本月发生生产费用			41 000	46 500	87 500
生产费用合计			62 000	73 500	135 500
分配标准	完工产品数量		240	240	
	广义在产品约当产量		10	10	
	生产总量		250	250	
分配率			248	294	542
本月产成品成本份额			59 520	70 560	130 080
月末在产品成本			2 480	2 940	5 420

④第四步:计算最终产成品成本

采用平行结转分步法,将各生产步骤应计入相同产成品成本的份额平行相加汇总,就可以求得产成品总成本;产成品总成本除以产成品数量,即可计算出产成品的单位成本。根据上述各明细账的计算结果,汇总编制兴唐公司“产成品成本计算汇总表”,如表 6 – 81 所示。

表 6 – 81 兴唐公司产成品成本计算汇总表

产品名称:甲产品　　产量:240 件　　20××年10月　　单位:元

生产步骤	直接材料	直接人工	制造费用	合计
第一步骤本月完工甲产品成本份额	112 800	52 800	45 600	211 200
第二步骤本月完工甲产品成本份额		67 200	78 000	145 200
第三步骤本月完工甲产品成本份额		59 520	70 560	130 080
本月完工甲产品总成本	112 800	179 520	194 160	486 480
本月完工甲产品单位成本	470	748	809	2 027

根据产品成本计算汇总表,编制结转本月完工入库甲产品成本的会计分录如下:

借:库存商品——甲产品　　　　　　　　486 480

　贷:基本生产成本——第一步骤(甲产品)　　211 200

　　　　　　　　——第二步骤(甲产品)　　145 200

　　　　　　　　——第三步骤(甲产品)　　130 080

(五)平行结转分步法与逐步结转分步法比较

1. 平行结转分步法与逐步结转分步法比较具有的优点

(1)采用平行结转分步法,各步骤可以同时计算产品成本,然后将应计入完工产品成本的份额平行结转、汇总计入产成品成本,不必逐步结转半成品成本,从而可以加速和简化成本计算工作。

(2)平行结转分步法,一般是按成本项目平行结转、汇总各步骤成本中应计入产成品成本的份额,因而能够直接提供按原始成本项目反映的产成品成本资料,不必进行成本还原,省去了大量烦琐的计算工作。

2. 平行结转分步法的缺点

由于采用平行结转分步法,各步骤不计算也不结转半成品成本,因而存在以下缺点:

(1)不能提供各步骤半成品成本资料及各步骤所耗上一步骤半成品费用资料,因而不能全面地反映各步骤生产耗费的水平,不利于各步骤的成本管理;

(2)由于各步骤间不结转半成品成本,使半成品实物转移与费用结转脱节,因而不能为各步骤在产品的实物管理和资金管理提供资料。

从以上对比分析可以看出,平行结转分步法的优缺点正好与逐步结转分步法的优缺点相反。

思考题

1. 生产特点和管理要求对成本计算的影响主要表现在哪些方面?
2. 产品成本计算的基本方法有哪些? 其中最基本方法是什么?
3. 品种法、分批法和分步法各自的特点是什么? 它们在适用范围上有何不同?
4. 简化的分批法主要特点、适用条件是什么?
5. 什么是成本还原、如何进行成本还原?
6. 半成品的综合结转与分项结转各有何特点?
7. 平行结转分步法下各步骤的约当产量如何计算?
8. 简述平行结转分步法与逐步结转分步法的优缺点。

第七章　产品成本计算的辅助方法

【学习目标】

1. 理解产品成本计算辅助方法的意义。
2. 掌握分类法、定额法的特点、计算程序、适用范围、应用条件和优缺点。
3. 掌握联产品、副产品和等级产品成本的计算。
4. 理解和掌握各种成本计算方法的结合运用。

第一节　产品成本计算辅助方法概述

一、产品成本计算的辅助方法

在前面的内容中介绍了产品成本计算的品种法、分批法和分步法等基本方法。除此以外，还有一些方法是建立在基本方法基础之上、具有一定目的的成本计算方法，我们将这些方法统称为产品成本计算的辅助方法。

所谓产品成本计算的辅助方法是指为了达到某种目的，必须与产品成本计算的基本方法结合起来使用，而不能单独使用的方法。主要包括分类法、定额法等方法。

二、各种辅助方法的目的

(一)产品成本计算的分类法

产品成本计算的分类法，是按产品类别归集生产费用，计算产品成本的一种方法。分类法的目的是在产品品种、规格繁多的企业中，为了简化成本计算工作而采用的一种简便的产品成本计算方法。

(二)产品成本计算的定额法

产品成本计算的定额法是为了反映和监督生产费用和产品成本脱离定额的差异，把产品成本的计划、控制、核算和分析结合在一起，以便加强成本管理而采用的一种成本计算方法。定额法的目的是为了配合加强定额管理，加强成本控制，更有效地发挥成本计算的分析和监督作用而采用的一种将符合定额的费用和脱离定额的差异分别核算的产品成本计算方法。

需要指出的是，产品成本计算的基本方法和辅助方法的划分，是从计算产品实际成本角度考虑的，并不是因为辅助方法不重要，相反，有的辅助方法，如定额法，对于控制生产费用、降低产品成本具有重要作用。

第二节　产品成本计算的分类法

一、分类法的含义

产品成本计算的分类法，是按产品类别归集生产费用，计算产品成本的一种方法。采用分类法，其成本计算对象就是产品的类别，在成本计算过程中应按照产品类别归集生产费用；同时，因为分类法只是成本计算的辅助方法，不能单独使用，在成本计算时，需要结合产品成本计算的基本方法，才能进行成本计算，所以成本计算期的确定、完工产品和月末在产品之间生产费用的分配，应依据所结合使用的成本计算的基本方法而确定。

二、分类法的适用范围

1. 适用的企业

适用于产品品种、规格繁多，并且可以按照一定标准分类的企业。例如，食品厂、制鞋厂等。

2. 适用于工业企业的联产品、副产品及等级品的成本计算

（1）联产品是指使用同种原材料，经过同一加工过程，同时生产出的各种主要产品。例如，炼油厂用原油经过同一生产过程加工提炼出汽油、煤油和柴油等产品。联产品所用的原材料和工艺过程相同，可以归为一类，采用分类法计算成本。

（2）副产品是在生产主要产品的过程中附带生产出来的非主要产品。例如，在原油的加工过程中产生的渣油、石焦油；制皂过程中产生的甘油等。副产品虽然不是企业的主要产品，所占的费用比重不大，但它也有一定的经济价值，为了简化核算工作，对副产品可以不单独计算成本，而采用与分类法相类似的方法计算成本。即将副产品与主产品合为一类开设成本计算单，归集它们发生的各项生产费用，计算该类产品的总成本，然后将副产品按照一定的方法计价，从总成本中扣除，以扣除后的成本作为主产成品的成本。

（3）等级品是指品种、规格相同，但质量等级不同的产品。例如，针纺织品生产中经常会出现一等品、二等品、三等品和等外品。出现等级品的原因主要是由于技术操作不当、管理不善和原材料质量或工艺技术要求的不同而造成的。由于工人技术操作不当或管理不善导致的不同等级的产品，其成本不应有区别，可将其归为一类产品，采用分类法计算成本。

三、分类法的计算

（一）分类法的计算程序

1. 产品类别的划分

根据产品所耗原材料和工艺技术的不同，将产品划分为若干类，按类别开立产品成本明细账，按类别归集产品的生产费用，计算各类产品的成本。

2. 类内产品成本的分配计算

选择合理的分配标准，分别将每类产品成本，在类内的各种产品之间进行分配，计算每类产品内各种产品的成本。

假定兴唐公司产品品种、规格繁多,但可以按一定标准将其分为甲、乙、丙三类产品。其中甲类包括A、B两种产品;乙类包括C、D两种产品;丙类包括E、F、G三种产品。产品成本明细账的设置,以及成本计算的一般程序如图7-1所示。

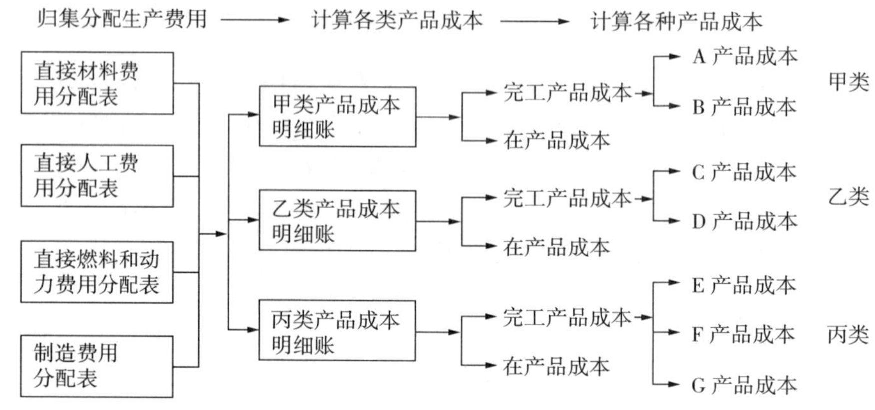

图7-1 分类法成本计算程序图

说明:计算各种产品成本应该也包括其完工产品成本和在产品成本,为了简化计算,这里只计算各种完工产品成本,而在产品成本不再分到每种产品。

(二)类内各种产品之间分配费用的标准

同类产品内各种产品之间分配费用的标准,一般有定额消耗量、定额费用;售价以及产品的体积、长度和重量等。在选择费用的分配标准时,主要应考虑与产品生产耗费的关系,即应选择与产品各项耗费有密切关系的分配标准。

(三)类内各种产品之间分配标准的选择

在类内各种产品之间分配费用时,各成本项目可以按同一个分配标准进行分配;也可以根据各成本项目的性质,分别按照不同的分配标准进行分配;为了简化分配工作,还可以将分配标准折算成相对固定的系数,按照固定的系数在类内各种产品之间分配费用。

这种按照系数分配类内各种产品成本的方法,称为系数法。采用系数法分配类内产品成本时的具体步骤如下:

(1)确定分配标准(即系数的确定)。在同类产品中选择一种生产量较大、生产比较稳定或规格折中的产品作为标准产品,将这种产品的系数定为"1";

(2)计算其他产品的系数。用其他各种产品的分配标准额分别与标准产品的分配标准额相比较,计算出其他各种产品的分配标准额与标准产品的分配额的比率,即系数;

(3)计算各产品的总系数。将各产品的实际产量与系数相乘即为总系数,也就是标准产品产量;

(4)计算费用分配率。各成本项目的金额与系数总和之比;

(5)计算各产品应负担的费用。各产品的系数与分配率的乘积就是其应分配的费用。以总系数作为分配标准分配类内产品的费用,计算类内各产品的成本。

在系数法下,其计算公式为:

①单位产品系数 = $\frac{\text{该种产品的分配标准}}{\text{标准产品的分配标准}}$

②某种产品总系数 = 该种产品的实际产量 × 该产品单位产品系数

③费用分配率 = $\frac{\text{该类别完工产品的总成本}}{\text{各种产品总系数之和}}$

（四）分类法的计算实例

【例 7－1】兴唐公司生产的 A、B、C 三种产品的结构、所用原材料和工艺过程基本相同，将其合并为一类（甲类），采用分类法计算成本。甲类产品中各产品之间分配费用的标准为：直接材料费用按各种产品的直接材料费用系数分配，直接材料费用系数按直接材料费用定额确定；其他费用按定额工时的比例分配。A、B、C 三种产品有关的成本资料如表 7－1 所示。

表 7－1　产品成本资料表

产品名称	单位产品直接材料费用				直接材料费用系数
	原材料编号	消耗定额/千克	计划单价/元	费用定额/元	
A 产品	1101	10	10	100	1
	1102	8	15	120	
	1103	14	20	280	
	小计			500	
B 产品	1101	12	10	120	410 ÷ 500 = 0.82
	1102	6	15	90	
	1103	10	20	200	
	小计			410	
C 产品	1101	14	10	140	550 ÷ 500 = 1.10
	1102	10	15	150	
	1103	13	20	260	
	小计			550	

（1）计算直接材料费用系数。根据表 7－1 中有关资料，由于 A 产品单位产品直接材料费用折中，选择 A 产品为标准产品，其系数定为 1。其他产品分别与 A 产品相比较，系数的计算结果件表 7－1 所示。

（2）按产品类别（甲类产品）开设产品成本明细账。根据各项生产费用分配表登记产品成本明细账，计算该类产品成本（完工产品与月末在产品之间的费用分配采用在产品按定额成本计价法）。其结果如表 7－2 所示。

表 7－2　产品成本明细账

产品名称:甲类产品　　　　20××年 10 月　　　　单位:元

摘要	直接材料	直接人工	制造费用	成本合计
月初在产品成本	20 000	9 000	11 000	40 000
本月费用	960 000	60 000	80 000	1 100 000
本月生产费用合计	980 000	69 000	91 000	1 140 000
完工产品成本	739 000	56 000	72 000	867 000
月末在产品成本	241 000	13 000	19 000	273 000

(3)分配计算 A、B、C 三种产品的产成品成本。根据各种产品的产量、原材料费用系数和工时消耗定额,分配计算甲类产品中 A、B、C 三种产成品成本,如表 7－3 所示。

表 7－3　各种产成品成本计算表

20××年 10 月

项目	①	分配率	A 产品	B 产品	C 产品	合计
产量/件	②		1 200	800	1 000	
直接材料费用系数	③		1	0.82	1.10	
直接材料费用总系数	④=②×③		1 200	656	1 100	2 956
工时消耗定额/元	⑤		2.5	3	2.6	
定额工时/小时	⑥=②×⑤		3 000	2 400	2 600	8 000
直接材料/元	⑦=④×分配率	250	300 000	164 000	275 000	739 000
直接人工/元	⑧=⑥×分配率	7	21 000	16 800	18 200	56 000
制造费用/元	⑨=⑥×分配率	9	27 000	21 600	23 400	72 000
成本合计/元	⑩		348 000	202 400	316 600	867 000

表 7－3 中各种费用分配计算如下:

①直接材料费用分配率＝739 000÷2 956＝250

A 产品应分配的直接材料费用＝1 200×250＝300 000(元)

B 产品应分配的直接材料费用＝656×250＝164 000(元)

C 产品应分配的直接材料费用＝1 100×250＝275 000(元)

②直接人工费用分配率＝56 000÷8 000＝7

A 产品应分配的直接人工费用＝3 000×7＝21 000(元)

B 产品应分配的直接人工费用＝2 400×7＝16 800(元)

C 产品应分配的直接人工费用＝2 600×7＝18 200(元)

③制造费用分配率＝72 000÷8 000＝9

A 产品应分配的制造费用＝3 000×9＝27 000(元)

B 产品应分配的制造费用＝2 400×9＝21 600(元)

C 产品应分配的制造费用＝2 600×9＝23 400(元)

在表 7－3 中所示产品成本计算表中,各项费用的合计数是分配对象,它应该根据该类产品成本明细账中产成品成本一行中的数字填列。直接材料费用分配率，应根据直接材料费用合计数除以直接材料费用总系数的合计数计算填列；分配率分别乘以各种产成品的直接材料费用总系数，即可求得各种产成品的直接材料费用。

在表7－3中的直接人工费用、制造费用的分配率，应根据各该项费用的合计数，分别除以定额工时的合计数计算填列；以各该项费用分配率分别乘以各种产成品的定额工时，即可求得各种产成品的各该项费用。

四、分类法的优缺点

（一）分类法的优点

采用分类法计算产品成本是将不同品种、规格的各种产品按照一定的标准进行分类，并按产品的类别进行生产费用的归集，产品生产过程中涉及的领料单、工时记录等原始凭证均按产品类别填制，而各项生产费用的分配也只按产品类别进行，这样不仅可以简化产品成本的计算工作，而且能够在产品品种、规格繁多的情况下，分类掌握产品成本的情况。企业可以便捷地获取不同类别产品成本的数据，有利于企业加强成本管理与控制。

（二）分类法的缺点

在采用分类法时，无论是直接计入费用，还是间接计入费用，均要在产品类别内选择一定的标准进行分配，如果标准选择不适当，将导致生产费用分配的不合理。而且即使选择了适当的标准，也是假设该分配标准与生产费用之间存在既定的相关关系，因此计算结果会由于这种假设前提条件的存在，可能与实际情况不符。

（三）分类法的应用条件

在分类法下产品进行分类时，应以所耗原材料和工艺技术过程是否相近为标准。类距既不能定的过小，使成本计算工作复杂化；也不能定得过大，造成成本计算上的“大锅烩”，影响成本计算的准确性。在产品结构、所耗原材料或工艺技术发生较大变动时，应及时修订分配系数，或另选分配标准，以保证成本计算的准确性。

五、分类法的应用

（一）联产品成本的计算

1. 联产品成本计算的特点

联产品是指使用同种原材料，经过同一加工过程，同时生产出的各种主要产品。联产品所经过的同一加工过程，称为联产过程；在联产过程中发生的成本，可称为联合成本。在联产品的成本计算中，各种联产品成本的分配，可以按各种联产品的产量比例、售价比例或定额成本比例等进行分配，也可以将这些分配标准预先折算成为系数，按系数进行分配。从最终出售的角度看，联产品的生产可以有两种情况：

（1）有的联产品经过联产过程后，即可出售，在这种情况下，某种联产品应分摊的联合成本就是该种联产品的全部成本；

(2)有些联产品在经过联产过程分离出来后,需要进一步加工后才能出售,这些联产品的成本是分离前的成本(即应分摊的联合成本)加上分离后的加工成本。

根据上述联产品生产的情况,联产品成本计算可以分为两个阶段:第一阶段,采用分类法计算联合成本,即以联产品为一类汇集生产费用,计算联产品联合成本,并采用适当的方法将联合成本在各种联产品之间进行分配,计算各种联产品应分摊的联合成本。第二阶段,对于分离后还需要进一步加工的联产品,还应采用适当方法分配计算其由于继续加工而应负担的成本,从而计算其全部成本。

2. 联产品成本分配方法

联产品分离前的联合成本计算,可以采用分类法计算。计算出联合成本后,需要将其在各种产品之间进行分配,分配的常用方法有实物计量分配法、系数分配法、销售价值分配法等。

(1)实物计量分配法

实物计量分配法是指将联合成本按产品实物量(如重量、体积等)进行分配的一种方法。其计算公式如下:

①联合成本分配率 $=\dfrac{\text{联合成本}}{\text{各种联产品实物量之和}}$

②某种产品应分配的联合成本 = 该种联产品实物量 × 联合成本分配率

【例7-2】兴唐公司生产甲、乙、丙三种联产品,本期发生的联产品成本为252 000元。各种产品的体积资料及联产品成本计算结果如表7-4所示。

其分配率的计算如下:

联合成本分配率 = 252 000 ÷ 1 400 = 180(元/立方米)

表7-4 联产品成本计算单

产品名称	体积/立方米	分配率/(元/立方米)	应分配金额/元
甲产品	300		54 000
乙产品	450		81 000
丙产品	650		117 000
合计	1 400	180	252 000

根据表7-4,编制会计分录如下:

借:库存商品——甲产品　　54 000

　　　　　——乙产品　　81 000

　　　　　——丙产品　　117 000

　贷:基本生产成本　　252 000

(2)系数分配法

系数分配法是根据各种联产品实际产量,按照系数将其折算为标准产量来分配联合成本的一种方法。具体计算程序为:

①确定各种联产品的系数,然后用每种产品的产量乘以各自的系数,计算出标准产量。

②将联合成本除以各种联产品标准产量之和,求得联合成本分配率。

③用联合成本分配率乘以每种产品的标准产量,就可以计算出各种联产品应负担的联合

成本。

【例 7－3】兴唐公司利用同一种原材料，在同一工艺过程中生产出甲、乙、丙、丁四种产品。进行联合成本分配时，以产品售价为标准确定系数，以甲产品为标准产品，其系数确定为 1。甲产品分离后还需要继续加工。其他有关资料如表 7－5、表 7－6 所示。

表 7－5　联产品产量、售价和系数计算表

产品名称	产量/千克	单位售价/元	系数
甲产品	4 000	20	1
乙产品	1 000	24	1.2
丙产品	1 600	16	0.8
丁产品	400	30	1.5

表 7－6　联产品成本资料

金额单位：元

项目	直接材料	直接人工	制造费用	合计
分离前的联合成本	32 214	9 204	4 602	46 020
各成本项目占总成本比重	65%	15%	20%	100%
分离后甲产品加工成本	1 600	400	800	2 800

联合成本的计算分配如表 7－7 所示。

表 7－7　联产品成本计算单

（采用系数分配法）

产品名称	产量/千克	系数	标准产量/千克	联合成本/元	分配率/（元/千克）	应分配的联合成本/元
甲产品	4 000	1	4 000			26 000
乙产品	1 000	1.2	1 200			7 800
丙产品	1 600	0.8	1 280			8 320
丁产品	400	1.5	600			3 900
合计	—		7 080	46 020	6.5	46 020

表 7－7 中联合成本的分配率的计算为：

联合成本分配率＝46 020÷7 080＝6.5

各种产品应分配的联合成本等于各该产品的标准产量分别乘以分配率。

甲产品分离后继续加工，其成本计算结果如表 7－8 所示。

表 7－8　甲产品成本汇总计算表

金额单位:元

项目	分配的联合成本		分离后的加工成本	总成本	单位成本
	比重	金额			
直接材料	65%	16 900	1 600	18 500	4.62
直接人工	15%	3 900	400	4 300	1.08
制造费用	20%	5 200	800	6 000	1.50
合计	100%	26 000	2 800	28 800	7.20

根据表 7－7、表 7－8 编制会计分录如下:

借:库存商品——甲产品　　28 800
　　　　　——乙产品　　7 800
　　　　　——丙产品　　8 320
　　　　　——丁产品　　3 900
　贷:基本生产成本　　48 820

(3)销售价值分配法

销售价值分配法是指按照各种联产品的销售价值作为分配标准来分配联合成本的一种联产品成本分配方法。(销售价值分配法中的销售价值是按产品产量计算的,而不是按销售量计算)。其计算公式如下:

①联合成本分配率 $=\dfrac{\text{联合成本}}{\text{各种联产品销售价值之和}}$

②某种联产品应分配的联合成本 = 该种联产品销售价值 × 联合成本分配率

【例 7－4】沿用【例 7－3】有关资料为例,采用销售价值分配法进行联产品成本的分配,其计算结果如表 7－9 所示。

表 7－9　联产品成本计算单

(采用销售价值分配法)

产品名称	产量/千克	单价/(元/千克)	销售价值/元	联合成本分配率	分配联合成本/元
甲产品	4 000	20	80 000	46 020 ÷ 141 600 = 0.325	26 000
乙产品	1 000	24	24 000		7 800
丙产品	1 600	16	25 600		8 320
丁产品	400	30	12 000		3 900
合计			141 600		46 020

根据表 7－9 编制会计分录如下:

借:库存商品——甲产品　　26 000
　　　　　——乙产品　　7 800
　　　　　——丙产品　　8 320

——丁产品　　　　　　3 900

贷:基本生产成本　　　　　　46 020

(二)副产品成本的计算

1. 副产品成本计算的特点

副产品是指企业在生产主要产品的过程中附带生产出一些非主要产品。副产品虽然不是企业的主要产品,所占的费用比重不大,但它也有一定的经济价值和用途。例如,在原油的加工过程中产生的渣油、石焦油等。

由于副产品和主要产品是在同一生产过程中生产出来的,它们发生的费用很难分开,因此,一般将副产品和主要产品归为一类,按照分类法归集费用,计算其总成本。主要产品和副产品分离前的成本可以视为联合成本。一般来说,副产品的价值相对较低,在企业的全部产品中所占比重也较小,所以,可以采用简化的方法计价,从主要产品和副产品的总成本中扣除,从而确定主要产品的成本。

2. 副产品的计价方法

副产品有多种计价方法,选择什么方法计价,如何从联合成本中扣除其成本,这时副产品成本计算要解决的主要问题。企业应根据实际情况进行确定。常用的分配方法有以下几种。

(1)副产品不计价法

副产品不计价法是指副产品不负担分离前的成本,而将副产品的销售收入直接作为收益处理。这种方法一般适用于副产品分离后不再加工,而且其价值较低的情况。采用这种方法的优点是手续简便;但由于副产品成本是由主要产品负担的,从而会影响主要产品成本的准确性。

(2)副产品按分离后的成本计价法

采用这种计价方法时,副产品成本只包括分离后进一步加工的成本,不负担分离前的成本费用。这种方法的优缺点与副产品不计价法相同。

(3)副产品按固定成本计价法

副产品按固定成本计价法是指按确定的固定成本作为副产品的成本,从主要产品中扣除。其中,固定成本可按固定价格计价,也可以按计划单位成本计价。这种方法计算手续简便;但当副产品成本变动较大、市价不稳定时,会影响主要产品成本的准确性。

(4)副产品按销售价格扣除销售税金、销售费用后的余额计价法

副产品按销售价格扣除销售税金、销售费用后的余额计价法,也可以说是按副产品的售价减去按正常利润率计算的销售利润后的余额计价,以此作为分离前的共同成本中副产品应负担的部分。这种方法适用于副产品价值较高的情况。如果副产品在分离后还需要进一步加工才能出售,那么按这种方法对副产品计价时,还应该从售价中扣除分离后的加工费。

【例 7-5】兴唐公司在生产主要产品甲产品的同时,附带生产出 A、B、C 三种副产品。其中,A 产品按售价扣除销售税金、销售费用等项目后的余额计价,并按比例从联合成本中扣除;B 产品按计划成本计价,从联合成本的直接材料项目中扣除;C 产品由于数量较少、价值较低,采用简化的方法不予计价。有关产量、成本资料如表 7-10、表 7-11 所示。

表 7－10　有关产量、单价、计划成本资料

产品名称	产量/千克	单位售价/元	单位税金/元	单位销售费用/元	计划单位成本/元
甲产品	4 000				
A 产品	400	100	8	16	
B 产品	100				40
C 产品	2				

表 7－11　有关成本费用资料

单位:元

项目	直接材料	直接人工	制造费用	合计
本月主副产品共同成本	140 000	40 000	20 000	200 000
A 产品分离后加工费用		1 200	800	2 000

根据表 7－10、表 7－11,各种产品的成本计算如下:

①A 产品成本的计算。

售价＝400×100＝40 000(元)

税金＝400×8＝3 200(元)

销售费用＝400×16＝6 400(元)

A 产品的总成本＝40 000－3 200－6 400＝30 400(元)

A 产品分离前成本＝30 400－2 000＝28 400(元)

按成本的构成比例计算 A 产品分离前的成本项目:

直接材料费用＝28 400×65%＝18 460(元)

直接人工费用＝28 400×15%＝4 260(元)

制造费用＝28 400×20%＝5 680(元)

②B 产品成本的计算。

B 产品总成本＝100×40＝4 000(元)

根据计算结果,编制完工产品成本计算如表 7－12 所示。

表 7－12　完工产品成本计算表

单位:元

<table>
<tr><td colspan="3">项目</td><td>直接材料</td><td>直接人工</td><td>制造费用</td><td>合计</td></tr>
<tr><td rowspan="2">共同成本</td><td colspan="2">金额</td><td>140 000</td><td>40 000</td><td>20 000</td><td>200 000</td></tr>
<tr><td colspan="2">比重</td><td>65%</td><td>15%</td><td>20%</td><td>100%</td></tr>
<tr><td rowspan="4">A 产品</td><td rowspan="3">总成本</td><td>分离前</td><td>18 460</td><td>4 260</td><td>5 680</td><td>28 400</td></tr>
<tr><td>分离后</td><td></td><td>1 200</td><td>800</td><td>2 000</td></tr>
<tr><td>合计</td><td>18 460</td><td>5 460</td><td>6 480</td><td>30 400</td></tr>
<tr><td colspan="2">单位成本</td><td>46.15</td><td>13.65</td><td>16.20</td><td>76</td></tr>
<tr><td rowspan="2">B 产品</td><td colspan="2">总成本</td><td>4 000</td><td></td><td></td><td>4 000</td></tr>
<tr><td colspan="2">单位成本</td><td>40</td><td></td><td></td><td>40</td></tr>
<tr><td rowspan="2">甲产品</td><td colspan="2">总成本</td><td>117 540</td><td>35 740</td><td>14 320</td><td>167 600</td></tr>
<tr><td colspan="2">单位成本</td><td>29.38</td><td>8.94</td><td>3.58</td><td>41.90</td></tr>
</table>

根据表 7－12 编制会计分录如下：

借：库存商品——甲产品　　　167 600

　　　　　　——A 产品　　　30 400

　　　　　　——B 产品　　　4 000

　贷：基本生产成本——甲产品　　　202 000

（三）等级品的成本计算

1. 等级品的概念

等级品是指品种、规格相同，但质量等级不同的产品。例如，针纺织品生产中经常会出现一等品、二等品、三等品和等外品。产生不同等级品的原因是多方面的，常见原因有：技术操作不当、管理不善和原材料质量或工艺技术要求的不同。由于工人技术操作不当或管理不善导致的不同等级的产品，其成本不应有区别。等级品售价不同从而导致的利润不同，正说明企业在生产、管理方面存在问题，需要进行改进。

2. 等级品的成本计算

等级品的成本计算方法，应根据企业的具体情况加以确定。如果产生的等级品是由于客观原因造成的，则应采用适当的方法计算各种等级品的成本。计算时，可将各种等级品作为一类产品，计算该类产品的联合成本，再根据各种等级品的售价等标准确定的系数，将各等级品产量折合为标准产量，采用标准产量比例法分配联合成本，以分配的联合成本作为各等级品的成本。如果是由于主观原因造成的等级品，在这种情况下，因为等级品用料相同，工艺过程也相同，则其成本也应相同，所以应该采用实际产量比例法，将等级品的联合成本直接按各等级品实际产量平均计算，从而使各等级品单位成本水平一致。

【例 7－6】兴唐公司 20××年 10 月生产床单 200 000 条，已全部生产完工，其总成本为 2 670 000 元，由于所用原材料质量不同而生产了不同等级的床单，其中一等品 120 000 条、二等品 50 000 条、三等品 30 000 条；其售价分别为 150 元、120 元、90 元。以售价作为分配标准，以一等品作为标准产品，采用系数法分配共同成本。

根据上述资料，分配各等级品床单的成本，编制等级品产品成本计算表，如表 7－13 所示。

表 7－13　等级品产品成本计算表

等　级	产量/条	单价/元	系数	标准产量（总系数）	分配率/（元/条）	总成本/元	单位成本/元
	①	②	③	④＝①×③	⑤＝Σ⑥÷Σ④	⑥＝⑤×④	⑦＝⑥÷①
一等品	120 000	150	1	120 000	2 670 000÷178 000＝15	1 800 000	15
二等品	50 000	120	0.8	40 000		600 000	12
三等品	30 000	90	0.6	18 000		270 000	9
合计	200 000	—	—	178 000		2 670 000	—

表 7－13 中，以售价作为分配的标准，以一等品作为标准产品，其系数计算如下：

一等品售价系数＝150÷150＝1

二等品售价系数＝120÷150＝0.8

三等品售价系数 = 90 ÷ 150 = 0.6

根据各种床单的验收入库单编制会计分录如下：

借：库存商品——床单　　　　　　　2 670 000

　贷：基本生产成本——床单　　　　　　2 670 000

第三节　产品成本计算的定额法

一、定额法概述

前面介绍的成本计算方法，如品种法、分批法、分步法和分类法等，生产费用的日常核算都是按照其实际发生额进行的，产品的实际成本也都是根据实际生产费用计算的。因此，生产费用和产品成本脱离定额的差异及其发生的原因，只有在月末时通过实际资料与定额资料的对比、分析才能得到反映，而不能在月份内生产费用发生的当时就得到反映。这不利于加强定额管理，及时对产品成本进行控制和管理，不能更有效地发挥成本核算对于节约费用、降低成本的作用。产品成本计算的定额法，就是为了克服上述几种成本计算方法的弱点，解决及时反映和监督生产费用和产品成本脱离定额的差异，把成本的计划、控制、核算和分析结合在一起，以便加强成本管理而采用的一种成本计算方法。

（一）定额法的含义

定额法是以产品的品种作为成本计算对象，根据产品的实际产量，计算产品的定额生产费用以及实际费用脱离定额的差异，用完工产品的定额成本，加上或减去定额差异、定额变动差异，从而计算出完工产品成本和月末在产品成本的一种方法。在定额法下，实际成本的计算公式为：

产品实际成本 = 定额成本 ± 脱离定额差异 ± 定额变动差异

如果材料按计划成本核算（计价），还应加减材料成本差异。

1. 定额成本

所谓产品的定额成本就是根据各种有关的现行定额和计划单位成本计算的成本。产品定额成本的制定过程也是对产品成本事前控制的过程；定额成本是计算产品实际成本的基础，也是企业对生产费用进行事中控制和事后分析的依据。

（1）定额成本与计划成本的共同之处

企业制定的定额成本和计划成本都是成本控制的目标，定额成本和计划成本的制定过程都是对产品成本进行事前控制的过程，两者都是以生产的消耗定额和计划单价为根据确定目标成本。例如：

①直接材料费用定额 = 原材料消耗定额 × 计划单价

②直接人工费用定额 = 工时定额 × 计划直接人工费用率

③制造费用定额 = 工时定额 × 计划制造费用费用率

直接人工和制造费用，通常是按生产工时比例分配计入产品成本的，因而其计划单价（计划费用率）通常是计划的每小时各该项费用额。各项费用定额的合计数。就是单位产品的定额成本或计划成本。

(2)定额成本与计划成本的不同之处

定额成本和计划成本有不同之处。计算计划成本所依据的消耗定额是计划期(一般为一年)内平均消耗定额,也称计划定额,在计划期内通常是不变的;而计算定额成本所依据的消耗定额是现行的定额,是企业在当时的生产技术条件下,在各项消耗上应达到的标准,它应随着生产技术的进步、劳动生产率的提高不断修订。此外,计算计划成本所依据的原材料等的计划单价,在计划期内通常是不变的;而计算定额成本所依据的原材料、直接人工和制造费用的计划单价,则是变动的。因此,计划成本在计划期内通常是不变的;而定额成本在计划期内则是变动的。

2. 脱离定额差异

脱离定额差异是指在生产过程中,各项生产费用的实际支出脱离现行定额的数额。它反映了各项生产费用支出的合理程度和现行定额的执行情况。其计算公式为:

脱离定额差异 = 实际成本 - 定额成本

3. 定额变动差异

定额变动差异是指因修订消耗定额或生产耗费的计划价格而产生的新旧定额之间的差额。定额变动差异是定额本身变动的结果,它与生产中费用支出的节约或超支无关。定额变动差异与脱离定额差异之间的主要区别如下:

(1)发生的时间不同。定额变动差异不是经常发生的,也即定额不是经常变动的,因而不需要经常核算,只有在定额发生变动的情况下,才需要核算。脱离定额差异是经常发生的,因为定额与实际发生的数额经常是不一致的;

(2)差异的处理方式不同。定额变动差异是与某一产品相联系的,对哪一种产品的定额进行修改,定额变动差异就可以直接计入该种产品的成本中,而不能转入其他产品中。脱离定额差异一般不是由某一种产品所引起的,它是企业各方面工作的综合结果,因而不一定直接计入某种产品的成本中,往往采用分配的方法在各有关产品当中进行分配。

(二)定额法的特点

1. 事先制定产品的定额成本

定额法与产品成本计算的其他方法不同,它是以产品的定额成本为基础来计算产品实际成本的。采用定额法计算产品成本,企业必须事前制定产品的各项消耗定额和费用定额,并以现行消耗定额和费用定额为依据制定产品的定额成本,作为降低产品成本、节约费用支出的目标。

2. 分别核算符合定额的费用和脱离定额的差异

采用定额法计算产品成本,在生产费用发生的当时就应当将符合定额的费用和脱离定额的差异分别核算,及时揭示实际生产费用脱离定额的差异,以加强生产费用和产品成本的日常核算、分析和控制。

3. 以定额成本为基础,加减各种成本差异计算实际成本

定额法是成本计算和成本管理相结合的一种方法,作为成本计算方法,它应当计算出产品的实际成本。在其他各种成本计算方法下,如品种法、分批法、分步法、分类法等,本月完工产品的实际成本,是月初在产品实际成本加上本月实际发生的生产费用,再减去月末在产品实际成本来求得的。在定额法下,本月完工产品的实际成本是以本月完工产品定额成本为基础，加上或减去本月完工产品应负担的脱离定额差异、定额变动差异等成本差异来求得的。

二、定额法的计算程序

(一)制定定额成本

采用定额法必须先根据企业现行消耗定额和费用定额制定产品的定额成本。

(二)按成本计算对象设置产品成本明细账

在定额法下，应按产品品种设置产品成本明细账。在账中，月初在产品成本、本月生产费用、生产费用合计、完工产品成本和月末在产品成本各栏中，应分别设置“定额成本”“脱离定额差异”和“定额变动差异”等专栏。

(三)计算定额变动差异

若定额成本发生变动，则应在当月调整月初在产品的定额成本，计算月初在产品的定额变动差异数额。

(四)确定定额成本和脱离定额差异

在本月发生的费用中，应区别定额成本和脱离定额差异两部分。核算脱离定额差异，计算材料成本差异，并予以汇总。

(五)计算费用合计

费用合计是在月初在产品成本的基础上加上本月发生的生产费用计算的。在计算时应分别进行定额成本、脱离定额差异和定额变动差异的计算。

(六)计算完工产品和月末在产品的定额成本

完工产品的定额成本是按完工产品的数量乘以产品的定额成本计算的；月末在产品的定额成本是用定额成本合计减去完工产品的定额成本计算的。

(七)分配脱离定额差异和定额变动差异

若脱离定额差异和定额变动差异不大，为了简化成本核算工作，可将脱离定额差异和定额变动差异全部计入完工产品成本，月末在产品不负担脱离定额差异和定额变动差异。若脱离定额差异和定额变动差异较大，则应将脱离定额差异和定额变动差异按定额成本的比例，在完工产品和月末在产品之间进行分配。

(八)计算完工产品的成本

将完工产品的定额成本、脱离定额差异和定额变动差异相加，就是完工产品的实际成本。

三、定额成本及差异的计算

(一)定额成本的计算

采用定额法计算产品成本,必须首先制定产品的原材料、动力、工时等消耗定额,并根据各项消耗定额和原材料的计划单价、计划直接人工费用率或计件工资单价、计划制造费用率等资料,计算产品的各项费用定额和单位定额成本。

产品单位定额成本的制定,应包括零件、部件的定额成本和产成品的定额成本,通常由计划部门、会计等部门共同制定。定额成本的制定步骤为:

(1)先制定零件的定额成本;

(2)再汇总计算部件定额成本;

(3)最后再计算确定产品的定额成本。

如果产品的零部件较多,为了简化计算工作,可以不计算零件的定额成本,而是直接根据零件定额卡所列零件的原材料消耗定额、工序计划和工时消耗定额,以及原材料的计划单价、计划的直接人工费用率和计划的制造费用率等,计算部件定额成本,然后汇总计算产成品定额成本;或者根据部件定额卡和原材料计划单价、计划的直接人工费用率和计划的制造费用率等,直接计算产成品定额成本。

【例7-7】兴唐公司生产甲产品采用定额法计算成本,产品定额成本根据零、部件定额卡直接计算。本月有关零件定额卡(以LJ1为例)、部件定额成本计算卡(以BJ1为例)和产品定额成本计算表(以甲产品为例)如表7-14~表7-16所示。

表7-14　零件定额卡

零件编号:LJ1　　20××年10月

材料编号	材料消耗定额/千克	工序编号	工时定额/小时	累计工时/小时
CL1	10	1	3	3
		2	5	8

表7-15　部件定额成本计算卡

零件编号:BJ1　　20××年10月

<table>
<tr><td rowspan="3">所需零件编号</td><td rowspan="3">零件数量</td><td colspan="7">材料定额</td><td rowspan="3">工时定额/小时</td></tr>
<tr><td colspan="3">CL1</td><td colspan="3">CL2</td><td rowspan="2">金额合计/元</td></tr>
<tr><td>数量/件</td><td>计划单价/元</td><td>金额/元</td><td>数量/件</td><td>计划单价/元</td><td>金额/元</td></tr>
<tr><td>LJ1</td><td>5</td><td>50</td><td>8</td><td>400</td><td></td><td></td><td></td><td>400</td><td>40</td></tr>
<tr><td>LJ2</td><td>3</td><td></td><td></td><td></td><td>30</td><td>10</td><td>300</td><td>300</td><td>24</td></tr>
<tr><td>装配</td><td></td><td></td><td></td><td></td><td></td><td></td><td></td><td></td><td>10</td></tr>
<tr><td>合计</td><td></td><td></td><td></td><td>400</td><td></td><td></td><td>300</td><td>700</td><td>74</td></tr>
<tr><td colspan="8">定额成本项目/元</td><td colspan="2" rowspan="3">定额成本合计/元</td></tr>
<tr><td colspan="2" rowspan="2">直接材料/元</td><td colspan="3">直接人工</td><td colspan="3">制造费用</td></tr>
<tr><td colspan="2">计划费用率</td><td>金额</td><td colspan="2">计划费用率</td><td>金额</td></tr>
<tr><td colspan="2">700</td><td colspan="2">12</td><td>888</td><td colspan="2">8</td><td>592</td><td colspan="2">2 180</td></tr>
</table>

表 7-16　产品定额成本计算表

产品名称:甲产品　　　　20××年 10 月

<table>
<tr><td rowspan="2">所用部件编号</td><td rowspan="2">所用部件数量/件</td><td colspan="2">直接材料费用定额/元</td><td colspan="2">工时定额/小时</td></tr>
<tr><td>部件</td><td>产品</td><td>部件</td><td>产品</td></tr>
<tr><td>BJ1</td><td>4</td><td>700</td><td>2 800</td><td>74</td><td>296</td></tr>
<tr><td>BJ2</td><td>4</td><td>800</td><td>3 200</td><td>66</td><td>264</td></tr>
<tr><td>装配</td><td></td><td></td><td></td><td></td><td>50</td></tr>
<tr><td>合计</td><td></td><td></td><td>6 000</td><td></td><td>610</td></tr>
<tr><td colspan="4">产品定额成本项目/元</td><td></td><td rowspan="3">产品定额成本合计/元</td></tr>
<tr><td rowspan="2">直接材料/元</td><td colspan="2">直接人工</td><td colspan="2">制造费用</td></tr>
<tr><td>计划费用率</td><td>金额</td><td>计划费用率</td><td>金额</td></tr>
<tr><td>6 000</td><td>12</td><td>7 320</td><td>8</td><td>4 880</td><td>18 200</td></tr>
</table>

(二)脱离定额差异的计算

在定额法下,企业应将实际生产费用分为符合定额的耗费和不符合定额的耗费两部分,分别核算,并予以汇总。不符合定额的耗费即为脱离定额差异。所谓脱离定额差异是指在生产过程中,各项生产费用的实际支出脱离现行定额或预算的数额。

脱离定额差异的核算,就是在发生生产费用时,为符合定额的费用和脱离定额的差异,分别编制定额凭证和差异凭证,并在有关的费用分配表和明细账中分别予以登记。这样就能及时、正确地核算和分析生产费用脱离定额的差异,控制生产费用支出。

1. 直接材料脱离定额差异的计算

直接材料脱离定额差异是指在生产过程中产品实际耗用材料数量与其定额用量之间的差异。直接材料脱离定额差异包括材料耗用量差异(量差)和材料价格差异(价差),这里仅只量差。其计算公式为:

直接材料脱离定额差异 =(材料实际耗用量 - 材料定额耗用量)× 材料计划单价

直接材料脱离定额差异的核算方法,一般有限额法、切割核算法和盘存法三种。

(1)限额法

限额法也称差异凭证法,它是控制领料的一种方法。在定额法下,原材料的领用应该实行限额领料制度,符合定额的原材料应根据限额领料单等定额凭证领发。如果增加产量需要增加用料时,在办理追加限额手续后,也可根据定额凭证领发。因各种原因而需要增加用料时,应填制超额领料单等差异凭证。差异凭证的签发,须经过一定的审批手续。为了减少凭证的种类,差异凭证也可以用普通领料单代替,但应以不同的颜色或加盖专用的戳记,以示区别。在差异凭证中,应填写差异的数量、金额以及发生差异的原因。

应该注意的是,限额法是控制领料、促进节约用料的重要手段,但它并不能完全控制用料。这是因为差异凭证中的差异仅仅是领料差异,而不一定是用料差异。由于期初、期末车间可能有余料,所领原材料的数量不一定等于原材料的实际消耗量。

【例 7-8】兴唐公司基本生产车间限额领料单规定的产品数量为 500 件,每件产品的直接材料消耗定额为 10 千克，则领用限额为 5 000 千克；本月实际领料 4 800 千克，领料差异为少领 200 千克。现假定有以下三种情况：

第一种情况：本期投产 500 件，且期初、期末均无余料。则上述少领 200 千克的领料差异就是脱离定额的节约差异。

第二种情况：本期投产 500 件，但车间期初余料为 200 千克，期末余料为 150 千克。则：

直接材料定额消耗量 = 500 × 10 = 5 000（千克）

直接材料实际消耗量 = 4 800 + 200 − 150 = 4 850（千克）

直接材料脱离定额差异 = 4 850 − 5 000 = −150（千克）（节约）

第三种情况：本期投产 450 件，车间期初余料为 200 千克，期末余料为 150 千克。则：

直接材料定额消耗量 = 450 × 10 = 4 500（千克）

直接材料实际消耗量 = 4 800 + 200 − 150 = 4 850（千克）

直接材料脱离定额差异 = 4 850 − 4 500 = +350（千克）（超支）

由此可见，只有投产产品数量等于规定的产品数量，且车间期初、期末均无余料，或期初、期末余料数量相等时，领料差异才是用料脱离定额的差异。

（2）切割核算法

切割核算法就是通过材料切割核算单，核算用料差异，控制用料。对于某些贵重材料或经常大量使用且又需要经过在准备车间或下料工段切割后，才能进一步进行加工的材料，如板材、棒材等，还应填制材料切割核算单。通过材料切割核算单，计算用料差异，控制用料。采用材料切割核算单进行材料切割的核算，能及时反映材料的使用情况和发生差异的具体原因，有利于加强对材料消耗的控制和监督。

材料切割核算单，应当按切割材料的批别设立，在单中要填列切割材料的种类、数量、消耗定额和应切割的毛坯数量；切割完成后，再填写实际切割成的毛坯数量和材料的实际消耗量等。根据切割的毛坯数量和消耗定额，计算出材料的定额耗用量后，可以与实际耗用量相比较，确定脱离定额的差异。材料定额消耗量、脱离定额差异，以及发生差异的原因均应填入表中，并由主管人员签字。

【例 7 − 9】兴唐公司 G101 材料切割核算单如表 7 − 17 所示。表中有关数字的计算如下：

应切割数量 = 612 ÷ 9 = 68（件）

材料定额耗用量 = 66 × 9 = 594（千克）

废料定额回收量 = 66 × 0.3 = 19.80（千克）

材料脱离定额差异 = (612 − 594) × 8 = 144（元）

废料脱离定额差异 = (19.80 − 20) × 1.5 = −0.3（元）

表 7 − 17 中，材料脱离定额差异 144 元为不利差异。由于废料回收价值可以冲减材料费用，实际回收废料 20 千克，比定额回收废料 19.80 千克多了 0.2 千克，可以多冲减材料费用 0.3 元。由于废料脱离定额差异是在减少了切割数量 2 件（68 − 66）以后形成的，所以 G101 材料多回收废料 0.3 元不能评价为有利差异。只有实际切割成毛坯数量等于或者大于应切割毛坯的数量，才能将超过定额回收废料的差异，认定为有利差异。

表 7－17　兴唐公司材料切割核算单

材料名称：G101　　计量单位：千克　　计划单价：8 元

产品名称：甲产品　　零件编号：LJ201　　图纸号：301

机床号：401　　切割人：唐星

切割日期：20××年 10 月 10 日　　完工日期：20××年 10 月 15 日

<table>
<tr><td colspan="2">发料数量/千克</td><td colspan="4">退回余料数量/千克</td><td colspan="2">材料实际消耗量/千克</td><td>废料实际回收量/千克</td></tr>
<tr><td colspan="2">630</td><td colspan="4">18</td><td colspan="2">612</td><td>20</td></tr>
<tr><td colspan="2">单位产品消耗定额/千克</td><td colspan="2">单位回收废料定额/千克</td><td colspan="2">应切割成毛坯数量/千克</td><td>实际切割成毛坯数量/千克</td><td>材料定额消耗量/千克</td><td>废料定额回收量/千克</td></tr>
<tr><td colspan="2">9</td><td colspan="2">0.3</td><td colspan="2">68</td><td>66</td><td>594</td><td>19.80</td></tr>
<tr><td colspan="2">材料脱离定额差异</td><td colspan="4">废料脱离定额差异</td><td colspan="2">脱离差异原因</td><td>责任者</td></tr>
<tr><td>数量/元</td><td>金额/元</td><td>数量/元</td><td colspan="2">单价/元</td><td>金额/元</td><td colspan="2" rowspan="2">技术不熟练且未按设计图纸切割，增加了毛边，减少了毛坯</td><td rowspan="2">唐星</td></tr>
<tr><td>18</td><td>144</td><td>－0.2</td><td colspan="2">1.5</td><td>－0.3</td></tr>
</table>

（3）盘存法

盘存法是指根据定期盘存的方法来计算材料的定额消耗量和脱离定额差异的方法。定期的“期”可以是工作班、工作日或者周、旬等。盘存法的核算程序如下。

①计算本期投产数量。根据本期完工产品数量加上期末在产品数量，减去期初在产品数量，计算出本期投产数量。其中，期末在产品数量是根据盘存数量（或账面数量）计算的。投产产品数量的计算公式如下：

本期投产产品数量＝本期完工产品数量＋期末在产品数量－期初在产品数量

需要说明的是，按照上述公式计算本期投产产品数量，必须满足以下条件，即原材料在生产开始时一次投入，期初和期末在产品都不再耗用原材料。如果原材料是随着生产的进度陆续投入，在产品还要耗用原材料，那么上述公式中的期初和期末在产品数量应改为按直接材料消耗定额计算的期初和期末在产品的约当产量。

②计算产品材料的定额消耗量。根据材料的消耗定额，计算出产品材料的定额消耗量。

③计算产品材料实际消耗量。根据材料的定额领料凭证、差异凭证及车间的盘存资料，计算出产品的材料实际消耗量。

④计算材料脱离定额差异。将产品的实际消耗量和定额消耗量进行比较，计算出材料脱离定额差异。

对于计算出的直接材料的定额消耗量和脱离定额差异，应分批或定期地按照成本计算对象基础汇总，编制直接材料定额费用和脱离定额差异汇总表。表中应填明该批或该种产品所耗各种原材料的定额消耗量、定额费用和脱离定额差异，并分析说明差异产生的原因。

【例 7－10】兴唐公司生产甲产品耗用 A 材料，甲产品期初在产品为 100 件，本期完工产品为 2 000 件，期末在产品为 300 件。生产甲产品使用的原材料在生产开始时一次投入，甲产品的原材料消耗定额为每件 4 千克，原材料的计划单价为每千克 20 元。限额领料单中载明的本期已实际领料数量为 8 400 千克。车间期初余料为 100 千克，期末余料为 40 千克。

根据上述有关资料计算如下：

①投产产品数量 = 2 000 + 300 - 100 = 2 200（件）

②直接材料定额消耗量 = 2 200 × 4 = 8 800（千克）

③直接材料实际消耗量 = 8 400 + 100 - 40 = 8 460（千克）

④直接材料脱离定额差异（数量）= 8 460 - 8 800 = -340（千克）（节约）

⑤原材料脱离定额差异（金额）= -340 × 20 = -6 800（元）（节约）

2. 直接人工费用脱离定额差异的计算

直接人工费用脱离定额差异的计算，因企业所采用的工资形式的不同而不同。

（1）计件工资形式下直接人工费用脱离定额差异的计算

在计件工资形式下，直接人工属于直接计入费用，在计件单价不变的情况下，按计件单价支付的生产工人薪酬就是定额工资，没有脱离定额差异。脱离定额差异往往仅指因工作条件变化而在计件单价之外支付的工资、津贴、补贴等。企业应当将符合定额的工资，反映在工作班记录、工序进程单等产量记录中；脱离定额差异应当单独设置“工资补付单”等凭证，并经过一定的审批手续。

（2）计时工资形式下直接人工费用脱离定额差异的计算

在计时工资形式下，由于实际人工费用总额到月底才能确定，因此，直接人工脱离定额差异不能在平时按照产品直接计算，只有在月末实际直接人工费用总额确定以后，才能计算。

①直接计入费用的计算。如果直接人工属于直接计入费用，则某种产品的直接人工脱离定额差异可按下式计算：

某种产品的直接人工脱离定额差异 = 该产品实际直接人工费用 -（该产品实际产量 × 该产品直接人工费用定额）

②间接计入费用的计算。如果直接人工属于间接计入费用，则某种产品的直接人工脱离定额差异应该按照下列公式计算：

a. $计划小时工资率 = \frac{计划产量的定额直接人工费用}{计划产量的定额生产工时}$

b. $实际小时工资率 = \frac{实际直接人工费用总额}{实际生产工时总数}$

c. 某产品的定额直接人工费用 = 该产品实际产量的定额生产工时 × 计划小时工资率

d. 某产品的实际直接人工费用 = 该产品实际产量的实际生产工时 × 实际小时工资率

e. 某产品直接人工费用脱离定额差异 = 该产品的实际直接人工费用 - 该产品的定额直接人工费用

从上述公式可以看出，要降低单位产品的计时人工费用，必须降低单位小时工资率和单位产品的生产工时。为此，企业不仅要严格控制直接人工费用总额，使之不超过计划；还要充分利用生产工时，使之不低于计划；并且要控制单位产品的工时消耗，使之不超过工时定额。

在定额法下，不论采用哪一种工资形式，都应根据上述核算资料，按照成本计算对象汇总编制定额生产工资和脱离定额差异汇总表。该表汇总反映产品的定额工资、实际工资、工资脱离定额差异及其产生的原因等资料，以考核和分析产品工资定额的执行情况，并据以计算产品的工资费用。

【例7－11】兴唐公司某车间(该车间同时生产甲、乙、丙三种产品)10月份计划产量的定额直接人工费用为15 000元,计划产量的定额生产工时为3 000小时;本月实际直接人工费用为16 960元,实际生产工时为3 200小时;本月甲产品定额工时为1 500小时,实际生产工时为1 450小时。

甲产品定额直接人工费用和直接人工脱离定额差异的计算如下:

①计划小时工资率＝15 000÷3 000＝5(元)

②实际小时工资率＝16 960÷3 200＝5.3(元)

③甲产品的定额直接人工费用＝1 500×5＝7 500(元)

④甲产品的实际直接人工费用＝1 450×5.3＝7 685(元)

⑤甲产品直接人工费用脱离定额的差异＝7 685－7 500＝＋185(元)

3. 制造费用脱离定额差异的计算

制造费用是企业为生产产品和提供劳务所发生的间接费用,在日常核算中不能按照产品直接确定费用脱离定额的差异,而只能根据月份的费用计划,按照费用的发生地点和费用项目,计算脱离计划的差异,据以对费用的发生进行控制和监督。对于材料费用,可采用限额领料单、超额领料单等定额凭证和差异凭证进行控制;对生产工具、零星费用,可采用"领用手册""费用定额卡"等凭证进行控制。对于超定额(计划)领用,要经过一定的审批手续。在这些凭证中,先要填明领用的计划数,然后登记实际发生数和脱离定额差异。

制造费用差异的日常核算,通常是指脱离费用定额的差异核算。各种产品应负担的制造费用脱离定额的差异,只有到月末将实际费用分配给各种产品以后,才能以其实际费用与定额费用相比较加以确定。其计算确定的方法(与计时工资脱离定额差异的计算方法相类似)如下:

(1)计划小时制造费用率 $=\dfrac{\text{计划产量的制造费用总额}}{\text{计划产量的定额生产工时总数}}$

(2)实际小时制造费用率 $=\dfrac{\text{实际制造费用总额}}{\text{各种产品实际生产工时总数}}$

(3)某产品定额制造费用＝该产品实际产量的定额生产工时×计划小时制造费用率

(4)某产品实际制造费用＝该产品实际生产工时×实际小时制造费用

(5)某产品制造费用脱离定额差异＝该产品实际制造费用－该产品定额制造费用

【例7－12】沿用【例7－11】的资料,兴唐公司某车间10月计划制造费用总额为24 000元,计划产量的定额生产工时总数为3 000小时;实际生产工时为3 200小时;实际发生制造费用为23 680元;本月甲产品定额工时为1 500小时,实际生产工时为1 450小时。

甲产品定额制造费用和制造费用脱离定额差异的计算如下:

①计划小时制造费用率＝24 000÷3 000＝8(元)

②实际小时制造费用率＝23 680÷3 200＝7.40(元)

③甲产品实际制造费用＝1 450×7.40＝10 730(元)

④甲产品定额制造费用＝1 500×8＝12 000(元)

⑤甲产品制造费用脱离定额差异＝10 730－12 000＝－1 270(元)

将产品的各项生产费用分别计算出符合定额费用的部分和脱离定额差异的部分,在产品的定额成本上,加上或者减去脱离定额差异,即可求得产品的实际成本。为了计算完工产品的实际成本，脱离定额差异还应在完工产品与月末在产品之间进行分配。由于采用定额法的企业有现成的定额成本资料，因此脱离定额差异在完工产品与月末在产品之间的分配，可采用定额比例法进行。

（三）材料成本差异的计算

在采用定额法计算产品成本的企业中，为了便于对产品成本进行考核和分析，材料的日常核算一般都按计划成本计价。因此，日常所发生的的直接材料费用，包括定额费用和脱离定额差异，都是按照计划单位成本计算的。直接材料定额费用是定额消耗量乘以计划单价；直接材料脱离定额差异是消耗量差异乘以计划单价。也就是说，上述直接材料脱离定额差异，是按计划单价反映的数量差异，即量差。因此，在月末计算产品的实际直接材料费用时，还应该考虑所耗直接材料应负担的成本差异，即价差。价差的计算公式如下：

某产品应分配的材料成本差异 =（该产品的材料定额费用 ± 材料脱离定额差异）× 材料成本差异率

【例 7 - 13】沿用【例 7 - 11】的资料，兴唐公司甲产品 10 月份所耗直接材料定额费用为 60 000 元，脱离定额差异为节约 1 000 元，材料成本差异率为节约 1.5%。

甲产品应分配的材料成本差异为：

(60 000 - 1 000) × (- 1.5%) = - 885(元)

为了简化核算，各种产品应分配的材料成本差异，一般由各产品的完工产品成本负担，月末在产品不再负担材料成本差异。

在有材料成本差异的情况下，产品实际成本的计算公式如下：

产品实际成本 = 定额成本 ± 脱离定额差异 ± 定额变动差异 ± 材料成本差异

（四）定额变动差异的计算

定额变动差异是指因修订消耗定额或生产耗费的计划价格而产生的新旧定额之间的差额。随着经济的发展、生产技术条件的变化、劳动生产率的提高等，企业的各项消耗定额、生产耗费的计划价格也应随之加以修订，定额成本也应及时修订。企业年度内修订定额一般在月初进行，在有定额变动的月份，本月投入产品的定额成本是按新定额计算的，只有月初在产品的定额成本是按旧定额计算的。因此，定额变动差异是指月初在产品账面定额成本与按新定额计算的定额成本之间的差异。

为了将按旧定额计算的月初在产品定额成本和按新定额计算的本月投入产品的定额成本，在新定额的同一基础上相加起来，应该计算月初在产品的定额变动差异，以调整月初在产品的定额成本。月初在产品定额变动差异，可以根据定额发生变动的在产品盘存数量或在产品账面结存数量和修订前后的消耗定额，计算出月初在产品消耗定额修订前和修订后的定额消耗量，进而确定定额变动差异。为了简化计算工作，可以按照单位产品费用的折算系数进行计算，其计算公式如下：

$$系数 = \frac{按新定额计算的单位产品费用}{按旧定额计算的单位产品费用}$$

月初在产品定额变动差异 = 按旧定额计算的月初在产品费用 ×（1 - 系数）

【例 7 - 14】兴唐公司甲产品的一些零件从本月 1 日起实行新的直接材料消耗定额，单位产品旧的直接材料费用定额为15元,新的直接材料费用定额为14.25元。该产品月初在产品按旧定额计算的直接材料定额费用为15 000元。

月初在产品定额变动差异计算结果如下:

系数 = 14.25 ÷ 15 = 0.95

月初在产品定额变动差异 = 15 000 × (1 − 0.95) = 750(元)

如果新定额低于旧定额而形成的定额变动差异,说明各种消耗定额的变动,表现为下降的趋势,在这种情况下,一方面应从月初在产品定额成本中扣除该项差异;另一方面,由于该项差异是月初在产品生产费用的实际支出,因此还应该将该项差异计入本月产品成本。相反,若消耗定额不是下降,而是升高,则应将计算出的定额变动差异加入月初在产品定额成本中,同时从本月产品成本中予以扣除。当有定额变动差异时,最终产品实际成本的计算公式为:

产品实际成本 = 定额成本 ± 脱离定额差异 ± 材料成本差异 ± 定额变动差异

(五)定额法应用举例

【例7−15】兴唐公司乙产品的各项消耗定额比较准确、稳定,成本计算采用定额法。原材料在生产开始时一次投入,材料成本差异率为−2%,月初、月末在产品的完工程度均为50%,本月投入工时定额3 500小时。从本月起将材料定额消耗量由原来的每件40千克修订为36千克,其余各项定额不变。为了简化核算,公司规定脱离定额差异按定额成本比例,在完工产品和月末在产品之间进行分配,定额变动差异和材料成本差异全部由完工产品成本负担。乙产品的有关资料如表7−18所示。

表7−18　乙产品有关资料

产量记录				
项目	月初在产品	本月投产	本月完工	月末在产品
产量/件	100	400	300	200
月初在产品成本				
项目	直接材料	直接人工	制造费用	合计
定额成本/元	40 000	3 000	2 000	45 000
脱离定额差异/元	−2 000	+240	+160	−1 600
本月发生的费用资料				
项目	直接材料	直接人工	制造费用	合计
实际发生费用/元	140 000	22 000	14 600	176 600
单位产品定额成本资料				
项目	直接材料	直接人工	制造费用	合计
定额耗用量	40千克	10小时	10小时	—
计划单价/元	10	6	4	—
定额成本/元	400	60	40	500

根据上述资料,采用定额法计算乙产品的实际成本,其步骤如下:

(1)编制本月乙产品定额成本和脱离定额差异汇总表,如表7−19所示。

表 7－19　乙产品定额成本和脱离定额差异汇总表

单位:元

项目	直接材料	直接人工	制造费用	合计
定额成本	144 000	21 000	14 000	179 000
实际成本	140 000	22 000	14 600	176 600
脱离定额差异	－4 000	＋1 000	＋600	－2 400

直接材料定额成本 $=400\times36\times10=144\ 000$(元)

直接人工定额成本 $=3\ 500\times6=21\ 000$(元)

制造费用定额成本 $=3\ 500\times4=14\ 000$(元)

(2)计算材料成本差异。

材料成本差异 $=(144\ 000-4\ 000)\times(-2\%)=-2\ 800$(元)

(3)计算月初在产品定额变动差异。

乙产品定额变动系数 $=\dfrac{36\times10}{40\times10}=0.9$

月初在产品定额变动差异 $=40\ 000\times(1-0.9)=+4\ 000$(元)

(4)编制产品成本计算表,如表 7－20 所示。

表 7－20　产品成本计算表

产品名称:乙产品　　　　单位:元

成本项目		直接材料	直接人工	制造费用	合计
月初在产品成本	定额成本	40 000	3 000	2 000	45 000
	脱离定额差异	－2 000	＋240	＋160	－1 600
月初在产品定额变动	定额成本调整	－4 000			－4 000
	定额变动差异	＋4 000			＋4 000
本月生产费用	定额成本	144 000	21 000	14 000	179 000
	脱离定额差异	－4 000	＋1 000	＋600	－2 400
	材料成本差异	－2 800			－2 800
生产费用合计	定额成本	180 000	24 000	16 000	220 000
	脱离定额差异	－6 000	＋1 240	＋760	－4 000
	材料成本差异	－2 800			－2 800
	定额变动差异	＋4 000			＋4 000
脱离定额差异分配率		－0.0333	＋0.0517	＋0.0475	
本月完工产品成本	定额成本	108 000	18 000	12 000	138 000
	脱离定额差异	－3 596.40	＋930.60	＋570	－2 095.80
	材料成本差异	－2 800			－2 800
	定额变动差异	＋4 000			＋4 000
	实际成本	105 603.60	18 930.60	12 570	137 104.20
月末在产品成本	定额成本	72 000	6 000	4 000	82 000
	脱离定额差异	－2 403.60	＋309.40	＋190	－1 904.20

直接材料脱离定额差异分配率 = -6 000 ÷ 180 000 = -0.0333

直接人工脱离定额差异分配率 = +1 240 ÷ 24 000 = 0.0517

制造费用脱离定额差异分配率 = +760 ÷ 16 000 = 0.0475

四、定额法的优缺点和应用条件

(一)定额法的主要优点

(1)有利于加强成本控制。通过对生产耗费及其脱离定额和计划的日常核算,能够在生产耗费发生的当时反映和监督脱离定额(或计划)的差异,从而有利于加强成本控制,可以及时、有效地促进生产耗费的节约,降低产品成本。

(2)便于对生产耗费和产品成本进行分析。由于产品成本是按照定额成本和各种差异分别核算的,因而便于对各项生产耗费和产品成本进行定期分析,有利于进一步挖掘降低成本的潜力。

(3)有利于提高成本的定额和计划管理工作水平。通过对脱离定额差异和定额变动差异的核算,有利于提高成本的定额管理和计划管理工作的水平。

(4)能够简化成本的分配计算工作。由于有着现成的定额成本资料,因而能够较为合理、简便地解决完工产品和月末在产品之间的分配费用问题,简化成本分配计算工作。

(二)定额法的主要缺点

采用定额法计算产品成本比采用其他方法核算工作量大。因为采用定额法必须制定定额成本,单独核算脱离定额差异,在定额变动时还必须修订定额成本,计算定额变动差异。

(三)定额法的应用条件

采用定额法计算产品成本,应具备以下条件:

(1)定额管理制度比较健全,定额管理工作的基础比较好。

(2)产品的生产已经定型,消耗定额比较准确、稳定。

定额法与生产类型并无直接联系,不论哪种生产类型,只要具备上述条件,都可以采用定额法计算产品成本。

第四节　各种成本计算方法的实际应用

在前一章内容中已经讲述了产品成本计算的基本方法,如品种法、分批法和分步法;在本章中又介绍了为了简化成本计算工作而采用的分类法以及为加强成本控制而采用的定额法。这都是常用的、典型的成本计算方法。

在实际工作中,一个企业可能有若干个车间,一个车间可能生产若干种产品,这些车间或产品的生产类型和管理要求并不一定相同,因而在一个企业或车间中,就有可能同时应用几种不同的产品成本计算方法。即使一种产品,在该产品的各个生产步骤,各种半成品和各个成本项目之间,生产类型或管理要求也不一定相同,因而在一种产品的成本计算中,也可能将几种成本计算方法结合起来应用。

一、几种产品成本计算方法同时应用

(1)一个企业的各个生产车间的生产类型不同,可以采用不同的成本计算方法。

①不同类型的生产车间可以采用不同的成本计算方法。比如,基本生产车间和辅助生产车间的生产类型不同:基本生产车间大批量、多步骤生产某种产品,而辅助生产车间大批量、单步骤生产水、电等,在这种情况下,对基本生产车间可以采用分步法计算产品成本,而对辅助生产车间则可以采用品种法计算产品成本。

②即使同为基本生产车间,若生产类型不同,也可以采用不同的成本计算方法。比如,第一车间、第二车间为两个封闭式的基本生产车间,第一车间大批量、单步骤生产 A 产品,第二车间小批量、单件生产 B 产品。在这种情况下,可以采用品种法计算 A 产品成本,采用分批法计算 B 产品成本。

(2)一个企业的各生产车间的生产类型相同,但管理上的要求不同,可以采用不同的成本计算方法。

比如,第一车间、第二车间两个基本生产车间分别大批量、多步骤生产 A 产品和 B 产品,管理上要求分步骤计算 A 产品成本,而对 B 产品则不要求分步骤计算成本。在这种情况下,对 A 产品应采用分步法计算其成本,对 B 产品则可以采用品种法计算其成本。

(3)一个车间生产多种产品,由于各种产品的生产类型或管理上的要求不同,可以采用不同的成本计算方法。

比如,一个基本生产车间生产 A、B 两种产品,A 产品已经定型,可以大批量进行生产;而 B 产品正处于小批量试制阶段。在这种情况下,A 产品可以采用品种法计算产品成本,B 产品则应采用分批法计算产品成本。

二、几种产品成本计算方法结合应用

(1)一种产品的不同生产步骤,由于生产特点和管理要求不同,可以采用不同的成本计算方法。

比如,在小批量、单件生产的机械厂,最终产品是经过铸造、机械加工、装配等相互关联的生产阶段完成的。就其最终产品来看,产品成本的计算应采用分批法,但从其产品生产的各个阶段来看,铸造车间可以采用品种法计算铸件的成本;加工、装配车间则可采用分批法计算各批产品成本;而铸造和加工、装配车间之间,则可采用逐步结转分步法结转铸件的成本;如果在加工和装配车间之间要求分步骤计算成本,但加工车间所产半成品种类较多,又不对外销售,不需要计算半成品成本,则在加工和装配车间之间可以采用平行结转分步法结转成本。这样,该厂就在分批法的基础上,结合使用了品种法和分步法,在分步法中还结合采用了逐步结转分步法和平行结转分步法。

(2)在一种产品的不同零部件之间,由于管理上的要求不同,也可以采用不同的成本计算方法。

比如,某种产品由若干零部件组装而成,其中不外售的零部件一般不要求单独计算成本;经常外销的零部件,管理上要求计算零部件成本,则应按照这些零部件的生产类型和管理要求,采用适当的成本计算方法单独计算成本。

(3)一种产品的不同成本项目,可以采用不同的成本计算方法。

比如,在大量、多步骤生产某种产品,且该产品原材料费用比重较大的情况下,原材料费用可以采用逐步结转分步法,分步骤计算该产品的原材料费用;其他成本项目的比重较小,则可以采用品种法等适当的成本计算方法,不分步计算该产品的其他成本项目的费用。

(4)产品成本计算的辅助方法,即分类法和定额法,是为了简化成本计算工作和加强定额管理而采用的方法,它们与生产类型的特点没有直接联系,在各种类型的生产中都可以应用,但必须与产品成本计算的基本方法,即品种法、分批法、分类法,结合起来应用。

总之,在实际工作中,应根据企业不同的生产特点和管理要求,并考虑到企业的规模和管理水平等具体条件,从实际出发,对各种成本计算方法加以灵活运用。

思 考 题

1. 什么是产品成本计算的辅助方法?
2. 简述分批法的特点和计算程序。
3. 简述采用系数法分配类内产品成本的具体步骤。
4. 简述分类法的优缺点和应用条件。
5. 什么是联产品、副产品、等级品?
6. 什么是定额法? 有何特点?
7. 简述定额法的计算程序。
8. 简述定额成本与计划成本的异同点。
9. 什么是脱离定额差异? 其计算主要包括哪些内容?
10. 什么的定额变动差异? 如何进行计算和调整?
11. 简述定额法的优缺点和应用条件。
12. 在什么情况下可以同时采用几种不同的成本计算方法?

第八章　成本报表的编制

【学习目标】

1. 理解成本报表的作用、种类和特点。
2. 掌握各种产品成本报表和各种费用报表的编制方法。
3. 掌握可比产品成本降低额和降低率的计算分析。

第一节　成本报表概述

成本报表是会计报表体系的重要组成部分，是企业对内提供成本信息的内部管理会计报表。成本报表是按照企业成本管理的需要，根据产品成本和期间费用的核算资料以及其他有关资料编制的，用以反映企业一定时期产品成本和期间费用水平及其构成情况的报告文件。

一、成本报表的作用

一般来说，成本报表是为企业内部管理需要而编制的，它对加强成本管理、提高经济效益有着重要的作用。成本报表的作用主要表现在以下几个方面。

（一）反映企业报告期内产品成本水平

产品成本是反映制造企业生产技术、经营成果的一项综合性指标，制造企业在一定时期内的物资消耗、劳动效率、工艺水平、生产经营管理水平等，都会直接或间接地在产品成本中综合地体现出来。通过编制成本报表能够及时地揭示企业在生产、技术、质量、管理等方面取得的成绩和存在的问题，不断总结经验，提高企业经济效益。

（二）反映企业成本计划的完成情况

成本报表中所反映的各项产品成本指标，对掌握制造企业一定时期的成本水平，分析和考核产品成本计划的完成情况及加强成本管理具有重要作用。

（三）为制定成本计划提供依据

成本计划是在报告年度产品成本实际水平的基础上，结合报告年度成本计划执行情况，考虑计划年度中可能出现的有利因素和不利因素而编制的，所以报告年度成本报表所提供的资料，是制定计划年度成本计划的重要参考依据，各管理部门还可以根据成本报表的资料对未来时期的成本进行预测。

(四)为企业的成本决策提供信息

对成本报表进行分析,可以发现成本管理工作中存在的问题,揭示成本差异对产品成本升降的影响程度,从而把注意力集中放在那些引起成本不正常变动的影响因素上,查明原因和责任,以便采取有针对性的措施,促使成本水平的不断降低,为企业挖掘降低成本的潜力指明方向。

二、成本报表的种类

成本报表的种类、格式、编制报表项目、编制方法、报送时间和报送对象,都不是由国家统一规定的,而是由企业根据自身生产经营过程的特点和成本管理的要求所设置的,并随着生产条件的变化、管理要求的提高,适时进行修改和调整。成本报表按其反映的内容可以分为以下几种。

(一)反映产品成本情况的报表

反映产品成本情况的报表,主要反映企业为生产一定种类和一定数量产品所支出的生产费用的水平及其构成情况,并与计划、上年实际、历史最好水平或同行业同类产品先进水平相比较,反映产品成本的变动情况和变动趋势。这类报表主要包括商品产品成本表、主要产品单位成本表。

(二)反映各种费用支出的报表

反映各种费用支出的报表,主要反映企业在一定时期内各种费用总额及其构成情况的报表,并与计划、上年实际对比,反映各项费用支出的变动情况和变动趋势。这类报表主要包括制造费用明细表、销售费用明细表、管理费用明细表和财务费用明细表等。

(三)特殊目的的成本报表

这类报表主要反映企业在报告期内某些成本、费用发生的具体情况和成本管理中某些特定、重要的信息。通过对这些信息的反馈和分析,可以有针对性地采取措施,从而加强企业的成本管理。这类报表一般根据企业实际需要灵活设置。例如,企业为了提高经济责任管理效果而编制的责任成本表;为了提高产品质量管理效果而编制的质量成本表等。

三、成本报表的特点

成本报表作为对内报表,与现行会计准则规定的对外报表相比较,具有如下特点。

(一)针对性更强

在市场经济条件下,成本是商业秘密,不对外公开,成本报表作为内部报表主要是为企业内部经营管理者服务,满足企业领导以及各部门、车间和岗位责任人员对成本信息的需求。因而成本报表的内容要有针对性。

(二)灵活性更强

成本报表的内容、格式以及编制方法均由企业自行决定和设计。为适应不同的管理要求,会计部门除定期编报全面反映成本计划完成情况的报表外，还可以对某一方面问题，或从某一侧面编制报表，进行重点反映；报表格式可以灵活多样，报表内容、涉及的指标可多可少；可以事后编报，也可以事中编报或事前预报。成本报表的编报更具有灵活性。

（三）更注重时效性

作为内部报表的成本报表，除了满足定期考核和分析成本计划的完成情况定期编报一些报表外，为了及时反馈成本信息，及时揭示成本工作中存在的问题和技术经济指标变动对成本的影响，还可以采用日报、周报或旬报的形式，定期或不定期地向有关部门和人员编报不同内容的成本报表，以最大限度地发挥成本信息在企业管理方面的重要作用。随着信息技术的快速发展，成本报表的时效性特征将日益突出。

四、成本报表的编制要求

虽然成本报表的种类、格式、指标的设计，以及编报时间、编制方法和报送对象等由企业自行决定。但是，企业在设置成本报表时，也应当符合内部管理会计报表设置的要求。

（一）设置成本报表的基本要求

1. 成本报表的专题性

成本报表有些是反映企业成本的全貌，有些则反映企业成本中某一方面或某些方面。作为内部报表的成本费用报表，其专题性强调的是成本报表的设置应适应成本管理中某一方面的需要，突出成本管理中的重点问题，对成本形成产生重大影响或费用发生集中的部门，应单独设置有关成本费用报表，以提供充分的成本信息，从而满足企业内部成本管理的需要。

2. 成本报表指标的实用性

成本报表的指标设置应以适应企业内部成本管理的需要为标准。成本指标既可按完全成本进行反映，也可按变动成本和固定成本来反映，还可以考虑将成本指标与生产工艺规程以及各项消耗定额对照，以便从最原始的资料入手，分析成本升降的原因，挖掘降低产品成本的潜力。

3. 成本报表格式的针对性

成本费用报表格式的设计，应能针对某一具体业务的特点及其存在的问题，重点突出，简明扼要，切忌表式复杂庞大，避免无用的烦琐计算。

（二）编报成本报表的要求

1. 数字真实

成本报表的各项指标必须如实反映成本信息，不能任意估计、弄虚作假、篡改数字；并要保持前后各期的成本报表在会计计量、计算和填列方法上的一致，如客观条件发生变化需变更时，必须在报表附注栏中作出说明。

2. 计算准确

成本报表的各项指标数据，必须按照企业在设置成本报表时规定的计算方法计算；报表中的各种相关数据，如本期报表与上期报表之间，同一时期不同报表之间，同一报表不同项目之间具有勾稽关系的数据，应当核对相符。

3. 内容完整

编制的各种成本报表必须齐全;各项报表指标和表外各项补充资料必须逐一填列;文字说明清晰全面,即任何项目都应当完整全面地填列,不能任意取舍。

4. 编报及时

按规定的期限及时编制成本报表,及时反映成本信息。成本报表有的可以定期编报,有的可以不定期编报。比如,反映费用支出和成本形成主要指标的报表,既可以按月编制,也可以按旬、按周、甚至按日、按班编制,并及时提供给有关部门负责人和成本管理者,使企业管理者能够把握时机,迅速做出决策。

第二节　成本报表的编制

一、成本报表的编制方法

(一)成本报表反映的内容

各种成本报表,有的反映本期产品的实际成本;有的反映本期经营管理费用的实际发生额;有的可能反映实际成本或实际费用的累计数。为了考核和分析成本计划的执行情况,这些报表一般还反映有关的计划数和某些补充资料。

(二)成本报表填列方法

(1)成本报表中的实际成本、费用,应根据有关的产品成本或费用明细账的实际发生额填列。

(2)表中的累计实际成本、费用,应根据本期报表的本期实际成本、费用加上上期报表的累计实际成本、费用计算填列。

(3)如果有关明细账中记有期末累计实际成本、费用,可以直接根据有关的明细账相应数据填列。

(4)成本报表中的计划数,应根据有关的计划填列。

(5)成本报表中其他资料和补充资料,应按编制规定填列。

二、商品产品成本表的编制

商品产品成本表是反映企业在报告期内生产的全部商品产品(包括可比产品和不可比产品)总成本的一种成本报表。商品产品成本表可以从两个不同角度进行编制和分析。

一是按商品产品种类反映的商品产品成本表。反映企业在报告期所生产全部商品产品的总成本和各种主要产品(含可比产品和不可比产品)单位成本及总成本。利用此表可以定期、总括地考核和分析企业全部商品产品成本计划的完成情况和可比产品成本降低计划的完成情况,对企业商品产品成本从总体上进行评价,为进一步分析指明方向。

二是按成本项目反映的商品产品成本表。汇总反映企业在报告期发生的全部生产费用(按成本项目反映)和全部商品产品总成本。利用此表可以定期、总括地考核和分析企业全部生产费用和全部商品产品总成本计划的完成情况,对企业成本工作从总体上进行评价,并为进一步分析指明方向。

下面举例说明按上述两种不同角度编制产品生产成本表的方法。

(一)按产品种类反映的商品产品成本表的编制

按产品种类反映的商品产品成本表,由基本报表和补充资料部分两个部分组成。

(1)基本报表部分包括可比产品、不可比产品和全部商品产品。可比产品是指企业过去曾经正式生产过,有完整的成本材料可以进行比较的产品。不可比产品是指企业本年度初次生产的新产品,或虽非初次生产,但以前仅属试制而未正式投产的产品,缺乏可比的成本资料。

(2)补充资料部分只填列本年累计实际数,包括可比产品成本降低额;可比产品成本降低率;按现行价格计算的商品产值;产值成本率。

可比产品成本降低额,是指可比产品本年累计实际总成本比按上年实际平均单位成本计算的累计总成本降低的数额。超支用负数表示。

假设:JDE 表示可比产品成本降低额;$ZCB_{本年}$表示本年累计实际总成本;$ZCB_{上年}$表示按上年实际平均单位成本计算的累计总成本。

则可比产品成本降低额为:$JDE = ZCB_{上年} - ZCB_{本年}$

可比产品成本降低率是指可比产品成本降低额与按上年实际平均单位成本计算的累计总成本的比率,超支率用负数表示。假设:JDL 表示可比产品成本降低率。其计算公式为:

可比产品成本降低率:$JDL = \dfrac{JDE}{ZCB_{上年}} \times 100\%$

产值成本率指产品总成本与商品产值的比率,通常以每百元商品产值总成本表示。其计算公式为:

$$产值成本率(元/百元) = \frac{产品总成本}{商品产值} \times 100$$

【例 8－1】兴唐公司 20××年 12 月,按产品品种反映的商品产品成本如表 8－1 所示。

表 8－1　商品产品成本表(按产品种类反映)

编制单位:兴唐公司　　　　　　　　20××年 12 月

产品名称			可比产品			不可比产品			全部产品
			合计	A 产品	B 产品	合计	C 产品	D 产品	
实际产量/件	本月	①		100	40		20	10	
	本年累计	②		1 000	500		200	100	
单位成本/元	上年实际平均	③		60	580				
	本年计划	④		55	570		100	300	
	本月实际	⑤＝⑨÷①		57	560		110	290	
	本年累计实际平均	⑥＝⑫÷②		56	585		105	310	

续表

产品名称			可比产品			不可比产品			全部产品
			合计	A产品	B产品	合计	C产品	D产品	
本月总成本/元	按上年实际平均单位成本计算	⑦=①×③	29 200	6 000	23 200				
	按本年计划单位成本计算	⑧=①×④	28 300	5 500	22 800	5 000	2 000	3 000	33 300
	本期实际	⑨	28 100	5 700	22 400	5 100	2 200	2 900	33 200
本年累计总成本/元	按上年实际平均单位成本计算	⑩=②×③	350 000	60 000	290 000				
	按本年计划单位成本计算	⑪=②×④	340 000	55 000	285 000	50 000	20 000	30 000	390 000
	本年实际	⑫	348 500	56 000	292 500	52 000	21 000	31 000	400 500

补充资料（本年累计实际数）：

（1）可比产品成本降低额1 500元（本年计划降低额8 500元）。

（2）可比产品成本降低率0.429%（本年计划降低率为2.972%）。

（3）按现行价格计算的商品产值1 250 000元。

（4）产值成本率32.04元/百元（本年计划产值成本率为31元/百元）。

1. 成本计划的有关规定

在成本计划中，对不可比产品只规定本年的计划成本；而对可比产品不仅规定计划成本指标，而且规定成本降低计划指标，即本年度可比产品计划成本比上年度（或以前年度）实际成本的降低额和降低率。

2. 基本报表部分填列的方法

商品产品成本表的基本报表部分，应反映各种可比和不可比产品本月及本年累计的实际产量、实际单位成本和实际总成本。为了反映企业当年全部商品产品成本计划完成情况，基本报表部分还应反映各种可比和不可比产品本月和本年累计按计划单位成本（第④栏）计算的总成本（第⑧栏、⑪栏）。

（1）本月数，应根据本月产品成本明细账中的有关记录填列。

（2）本年累计的实际产量（第②栏）和累计实际总成本（第⑫栏），应根据本月数加上上月本表的累计数计算填列。

（3）累计实际平均单位成本（第⑥栏），应根据累计实际总成本（第⑫栏），除以累计实际产量（第②栏）计算填列。

（4）计划单位成本，应根据本年成本计划填列。

（5）本月和本年累计计划总成本，应根据计划单位成本分别乘以本月实际产量和本年累计实际产量计算填列。

（6）上年实际平均单位成本，应根据上年度12月本表全年累计实际平均单位成本填列。

(7)本月和本年累计实际总成本,应根据上年实际平均单位成本分别乘以本月实际产量和本年累计实际产量计算填列。

(8)不可比产品由于过去没有正式生产过,没有成本资料可以比较,因而不必填列第③、第⑦、第⑩栏。

3. 补充资料部分

商品产品成本表的补充资料部分只填列本年累计实际数。以表 8-1 中的资料为例计算如下:

(1)可比产品成本降低额:

$$JDE = ZCB_{上年} - ZCB_{本年} = 350\ 000 - 348\ 500 = 1\ 500(元)$$

(2)可比产品成本降低率:

$$JDL = \frac{JDE}{ZCB_{上年}} \times 100\% = \frac{1\ 500}{350\ 000} \times 100\% = 0.429\%$$

本年可比产品成本计划降低率 2.972%、计划降低额 8 500 元,根据可比产品成本降低计划填列。

(3)按现行价格计算的商品产值。根据有关的统计资料填列。

(4)产值成本率:

$$产值成本率 = \frac{产品总成本}{商品产值} \times 100 = \frac{400\ 500}{1\ 250\ 000} \times 100 = 32.04(元/百元)$$

(二)按成本项目反映的商品产品成本表的编制

【例 8-2】兴唐公司 20××年 12 月,按成本项目反映的商品产品成本表的格式如表 8-2 所示。

表 8-2　商品产品成本表(按成本项目反映)

编制单位:兴唐公司　　　　20××年 12 月　　　　单位:元

项目	本年计划数	本月实际数	本年累计实际数
直接材料	180 000	15 000	170 000
直接人工	85 000	8 000	90 000
制造费用	120 000	10 000	130 000
生产费用合计	385 000	33 000	390 000
加:在产品、自制半成品期初余额	22 000	16 400	24 000
减:在产品、自制半成品期末余额	18 000	16 200	13 500
商品产品成本合计	389 000	33 200	400 500

1. 成本表的组成和栏目的设置

表 8-2 按成本项目反映的商品产品成本表分为生产费用和商品产品成本两个部分。生产费用部分按成本项目反映;商品产品成本部分是在生产费用合计数的基础上,加减期初、期末在产品和自制半成品余额计算的商品产品成本合计数。

生产费用和商品产品成本可以按本年计划数、本月实际数和本年累计实际数分栏反映,以便于分析利用。

2. 表内各项目的填列的方法

(1)本年计划数。应根据成本计划有关资料填列。

(2)本月实际数。应根据各种产品成本明细账所记本月生产费用合计数,按成本项目分别汇总填列。

(3)本年累计实际数。应根据本月实际数,加上上月本表的本年累计实际数计算填列。

(4)期初、期末在产品和自制半成品余额数。应根据各种产品明细账的期初、期末在产品成本和各种自制半成品明细账的期初、期末余额,分别汇总填列。

(5)产品成本合计数。以生产费用合计数加上在产品、自制半成品期初余额,减去在产品、自制半成品期末余额,即可计算出商品产品成本合计数。

三、主要产品单位成本表的编制

(一)主要产品的含义

主要产品是指企业经常生产、在企业全部商品产品中所占比重较大、能概括反映企业生产经营面貌的那些产品。主要产品单位成本表是反映企业在报告期内生产的各种主要产品单位成本水平和构成情况的报表。该表应按主要产品分别编制,是对商品产品成本表所列各种主要产品成本的补充说明。主要产品单位成本表内容包括产量、单位成本和主要技术经济指标三个部分。

(二)主要产品单位成本表的作用

(1)可以按照成本项目分析和考核主要产品单位成本计划的执行情况。

(2)可以按照成本项目将本月实际和本年累计实际平均单位成本,与上年实际平均单位成本和历史先进水平进行对比,了解单位成本的变动情况。

(3)可以分析和考核各种主要产品的主要技术经济指标的执行情况,进而查明主要产品单位成本升降的具体原因。

(三)主要产品单位成本表的编制

【例 8-3】兴唐公司 B 产品单位成本表的格式和内容如表 8-3 所示。

表 8-3 主要产品单位成本表

20××年 12 月　　本月计划产量:35 件

本月实际产量:40 件

产品名称:B 产品　　计量单位:件　　本年累计计划产量:400 件

产品规格:××　　销售单价:900 元　　本年累计实际产量:500 件

成本项目	历史先进水平	上年实际平均	本年计划	本月实际	本年累计实际平均
直接材料/元	350	365	365	360	370
直接人工/元	90	105	100	88	100
制造费用/元	110	110	105	112	115
产品单位成本/元	550	580	570	560	585

续表

成本项目	历史先进水平	上年实际平均	本年计划	本月实际	本年累计实际平均
主要技术经济指标					
甲材料/千克	17	19	18	16	16
乙材料/千克	30	31	30	28	32

表中各项数字填列方法如下：

(1)产量

①本月及本年累计计划产量应根据生产计划填列；

②本月及本年累计实际产量应根据产品成本明细账或产成品成本汇总表填列；

③销售单价应根据产品定价表填列。

(2)单位成本

①历史先进水平，根据历史上该种产品成本最低年度本表的实际平均单位成本填列。

②上年实际平均单位成本，根据上年度主要产品单位成本表累计实际平均单位成本填列。

③本年计划单位成本，根据本年度成本计划填列。

④本月实际单位成本，根据产品成本明细账或产成品成本汇总表填列。

⑤本年累计实际平均单位成本，根据该种产品成本明细账所记自年初至报告期末完工入库产品实际总成本除以累计实际产量计算填列。

(3)主要技术经济指标

即该种产品主要原材料的耗用量，应根据业务技术核算资料填列。

四、各种费用报表的编制

各种费用是指企业在生产经营过程中，各个车间、部门为进行产品生产、组织和管理生产经营活动所发生的制造费用、销售费用、管理费用和财务费用。前者属于产品成本的组成部分，后三种属于期间费用。

(一)制造费用明细表的结构和编制方法

制造费用明细表的简化格式如表 8-4 所示。

表 8-4 制造费用明细表

20××年 12 月　　单位：元

项目	本年计划数	上年同期实际数	本月实际数	本年累计实际数
职工薪酬	100 000	11 000	12 000	110 000
机物料消耗	50 000	4 800	4 900	51 000
⋮	⋮	⋮	⋮	⋮
合计	400 000	22 000	23 000	420 000

表中各项目的填制方法如下：

(1)本年计划数，根据成本计划中的制造费用计划填列；

(2)上年同期实际数,根据上年同期制造费用明细表的本月实际数填列;

(3)本月实际数,应根据"制造费用"总账科目所属各基本生产车间制造费用明细账的本月合计数汇总计算填列;

(4)本年累计实际数,根据车间制造费用明细账的本月末累计数汇总计算填列。

(二)管理费用明细表的结构和编制方法

管理费用明细表的简化格式如表 8-5 所示。

表 8-5 管理费用明细表

20××年 12 月

单位:元

项目	本年计划数	上年同期实际数	本月实际数	本年累计实际数
职工薪酬	150 000	12 000	14 000	170 000
机物料消耗	60 000	5 800	4 000	65 000
⋮	⋮	⋮	⋮	⋮
合计	500 000	32 000	34 000	520 000

表中各项目的填制方法如下:

(1)本年计划数,根据企业行政管理部门的管理费用计划填列;

(2)上年同期实际数,根据上年同期管理费用明细表的累计实际数填列;

(3)本月实际数,应根据管理费用明细账的本月合计数填列;

(4)本年累计实际数,根据管理费用明细账的本月末累计数计算填列。

(三)销售费用明细表的结构和编制方法

销售费用明细表的简化格式如表 8-6 所示。

表 8-6 销售费用明细表

20××年 12 月

单位:元

项目	本年计划数	上年同期实际数	本月实际数	本年累计实际数
职工薪酬	80 000	6 000	7 000	82 000
机物料消耗	9 000	1 800	2 000	10 000
⋮	⋮	⋮	⋮	⋮
合计	200 000	32 000	34 000	220 000

表中各项目的填制方法如下:

(1)本年计划数,根据本年销售费用计划填列;

(2)上年同期实际数,根据上年同期销售费用明细表的累计实际数填列;

(3)本月实际数,应根据销售费用明细账的本月合计数填列;

(4)本年累计实际数,根据销售费用明细账的本月末累计数计算填列。

(四)财务费用明细表的结构和编制方法

财务费用明细表的简化格式如表 8-7 所示。

表 8－7　财务费用明细表

20××年 12 月　　　　单位:元

项目	本年计划数	上年同期实际数	本月实际数	本年累计实际数
利息支出(减利息收入)	30 000	1 200	1 250	32 000
汇兑损失(减汇兑收益)	7 000	800	700	7 500
金融机构手续费	2 000	300	400	2 100
其他筹资费用	1 500	400	300	1 400
合计	40 500	2 700	2 650	43 000

表中各项目的填制方法如下:

(1)本年计划数,根据本年财务费用计划填列;

(2)上年同期实际数,根据上年同期财务费用明细表的累计实际数填列;

(3)本月实际数,应根据财务费用明细账的本月合计数填列;

(4)本年累计实际数,根据财务费用明细账的本月末累计数计算填列。

思考题

1. 简述成本报表的作用。
2. 简述成本报表的种类和特点。
3. 什么是可比产品、不可比产品、可比产品成本降低额、可比产品成本降低率?
4. 商品产品成本表有几种编制的形式? 有何区别?

第九章　成本报表分析

【学习目标】

1. 理解和掌握成本分析的一般程序和方法。

2. 掌握商品产品成本计划完成情况分析、可比产品成本降低计划完成情况分析、主要产品单位成本分析、各种费用报表分析以及成本效益分析的方法。

3. 理解技术经济指标变动对单位成本影响的分析方法。

第一节　成本分析概述

成本分析是为了满足企业各管理层次了解成本状况及进行经营决策的需要，以成本报表所提供的核算资料为依据，运用科学的分析方法，通过分析各项指标的变动及指标之间的相互关系，揭示各项成本指标计划的完成情况和原因，从而达到对企业成本工作的全面、本质的认识，寻找降低成本的潜力。

一、成本分析的任务

(一)揭示成本差异产生的原因，掌握成本变动的规律

成本计划在执行过程中会受到多方面因素的影响，主要有技术因素和经济因素，宏观因素和微观因素，人的因素和物的因素。成本分析运用科学的方法，从指标、数据入手，找出差距，揭示矛盾，查明各种积极因素和消极因素及其对经济指标的影响程度，并分清主观原因和客观原因，从而逐步认识和掌握成本变动规律，以便采取措施，不断提高企业经济管理水平。

(二)评价成本计划完成情况，考核成本责任单位工作绩效

通过对成本计划完成情况的全面、系统地分析，对成本计划本身及其执行情况进行合理的评价，考核成本责任单位工作绩效，总结本期实施成本计划的经验教训，以便今后更好地完成计划任务，并为下期成本计划的编制提供重要依据。

(三)检查落实国家有关方针、政策和财经纪律的执行情况

企业生产经营活动必须遵守国家有关方针、政策和财经纪律，以保证国家利益和人民利益不受侵害。因此，分析企业是否降低成本和提高经济效益，就必须以国家的方针、政策和财经纪律为依据，及时纠正违反纪律的不合理行为。比如，企业有无通过压低产品质量、牺牲消费者利益来降低产品成本等。

（四）挖掘降低成本的潜力，不断提高经济效益

成本分析的根本任务是为了挖掘降低成本的潜力，促使企业以较少的劳动消耗生产出更多更好的使用价值，实现更快的价值增值。因此，成本分析的核心就是围绕着提高经济效益不断挖掘降低成本的潜力，充分认识未被利用的劳动和物资资源，寻找利用不完善的部分及其原因，发现进一步提高利用效率的可能性，以便从各方面揭示矛盾，找出差距，制定措施，不断提高企业的经济效益。

二、成本分析的原则

（一）全面分析与重点分析相结合

成本是企业经济活动情况的综合反映，只有从经济活动的各个方面相互联系地进行全面研究，才能真正揭示成本升降的原因。全面分析就是要求成本报表分析的内容具有全局性、广泛性，要以产品成本形成的全过程为对象，结合生产经营各阶段的不同性质和特点，做到事前进行预测分析，事中进行控制分析，事后进行考核分析。分析时应抓住重点，找出关键性问题，进行透彻地分析。只有将主要问题分析清楚了，才能提出恰当的改进措施，促使成本进一步降低。

（二）定量分析与定性分析相结合

定量分析是通过对成本变动数量的分析，来揭示成本指标的变动幅度及各因素的影响程度。定性分析是通过对成本性质的分析，揭示影响成本费用各因素的性质、内在联系及其变动的趋势。定量分析是定性分析的基础，定性分析是定量分析的进一步补充和说明。进行成本分析必须在定量分析的基础上进行科学的定性分析，才能使成本分析更加深入、更加透彻。

（三）纵向分析和横向分析相结合

进行成本分析时，不仅要从企业内部范围进行本期与上期的对比分析、本期与计划的对比分析、本期与历史先进水平的对比分析，还要加强与国内外同行业先进水平相对比，找出差距，取长补短，激发企业的赶超精神，达到或超过先进水平。

（四）成本分析与成本考核相结合

为了达到成本分析的目的，应该将成本分析结果同企业内部各部门业绩考核相结合，将降低成本的任务落实到各责任部门，使得各职能部门的责任目标更具体、更明确，并且可及时将执行任务的结果进行反馈，使成本分析更实际、更深入。

三、成本分析的一般程序

（一）明确分析目标，制定分析计划

进行成本分析工作，首先要确定成本分析的目标、要求、范围，以及需要解决的问题，并在此基础上制定成本分析计划，合理进行组织分工，周密安排分析进度，以提高成本分析工作的

效率和工作质量。

(二)广泛收集资料,掌握全面情况

进行成本分析,必须占有详细的资料,掌握全面情况,这是正确进行成本分析的基础。成本分析需要的资料包括成本报表资料和其他有关的计划、统计、业务技术资料等。收集资料要实事求是,并进行必要的审核和整理,去粗取精、去伪存真。只有根据客观、相关的资料和情况进行分析,才能得出正确的、有指导意义的结论。

(三)从总体分析入手,深入进行因素和项目分析

从总体入手,深入进行因素和项目分析,确定各种差异及其影响因素。成本分析应从全部商品成本计划和各项费用计划完成情况的总括分析开始,然后按照影响成本计划完成情况的因素逐步深入、具体地进行分析。从总括评价开始,可以防止片面性,并从复杂的影响因素中找出要进一步分析的问题。但是,分析不能停留在对成本总体指标计划完成情况的总评价上。为了弄清成本升降的具体原因,进一步评价企业成本工作,还必须在总括分析的基础上,根据总括分析中发现的问题及其影响因素,对重点产品的单位成本及其成本项目或重点费用项目进行深入具体的分析,防止成本分析的表面化、片面性。

(四)结合实际情况,查明各种因素变动的具体原因

影响成本指标变动的因素可能有多方面,而各种因素的变动原因有可能是多种多样的。因此,要深入进行成本分析,必须结合企业内、外部的实际情况,相互联系地研究生产技术、生产组织和经营管理等方面的情况,查明各种因素变动的原因,以便采取措施,挖掘降低产品成本和节约费用开支的潜力。

(五)以全面、发展的观点对企业成本工作进行评价

评价成本工作的优劣,不仅要看是否完成计划、达到目标,还要联系竞争对手,分析企业在市场竞争中是否具有竞争优势。另外,社会经济和企业经济的运行过程都在不断地发展变化,因此不能用静止的观点进行分析,要用战略、发展的观点,把企业的工作与社会发展的要求联系起来考虑。要注意企业内部条件和外部环境的变化对企业成本工作的影响,正确处理短期与长期经济效益的关系。

(六)编写成本分析报告

在上述各方面、各层次成本分析和全面、客观评价企业成本管理工作的基础上,编写成本分析报告。

从成本分析的一般程序可以看出,成本分析的过程,实际上是成本指标的分解和综合相结合的过程。通过分解可以使分析不断深入,通过综合分析才能获得对企业成本工作全面、本质的认识。这一程序也体现了定性分析和定量分析相结合的原则要求。没有定性分析就弄不清事物的本质、趋势和与其他事物的联系;没有定量分析就弄不清影响因素的数量界限及事物发展的阶段性和特殊性。

第二节　成本分析方法

成本分析的方法是进行成本分析的重要手段。在实际工作中成本分析的方法有很多，企业应根据分析的目的、分析对象的特点以及掌握的资料等情况，确定应采用哪种方法进行成本分析。

一、比较分析法

比较分析法是指将两个或两个以上相关的数据（指标）进行对比，从数量上确定差异的一种分析方法。其主要作用在于揭示客观上存在的差距，并为进一步分析奠定基础。比较分析法的基数由于分析目的不同而有所不同。实际工作中通常有以下几种形式。

（一）同期实际与计划或定额指标对比

以分析期成本的实际指标与成本的计划或定额指标对比，找出分析期成本或费用与计划成本或费用之间的差异，提示成本计划或定额的完成情况。实际数与计划数或定额之间差异的产生，除了成本管理水平的原因外，还可能是由于计划或定额太保守或不切实际造成的。

（二）本期实际与前期实际指标对比

以分析期的实际成本指标与前期（上期、上年同期或历史最好水平）的实际成本指标对比，可以反映企业成本、费用指标的变动情况和变动趋势，了解企业生产经营工作的改进情况。

（三）本企业实际与国内外同行业先进指标对比

以本企业实际成本指标与国内外同行业先进指标对比，可在更大的范围内发现与先进水平的差距，从而学习先进，推动企业改进经营管理，赶上和超越先进。

需要说明的是，比较分析法只适用于同质指标的数量对比，在应用时要注意指标的可比性。进行对比的各项指标，在经济内容、计算方法、计算期和影响指标形成的客观条件等方面，应具有共同基础。在某些情况下，为了使对比的指标具有可比性，可以将对比的指标作必要的调整换算。如对比费用指标，可以先将随产量变动而变化的费用计划指标按产量增减幅度进行调整，然后再同实际进行对比。

二、比率分析法

比率分析法是指通过计算和对比经济指标的比率进行数量分析的一种方法。采用这一方法，先要把对比的数值变成相对数，求出比率，然后再进行对比分析。具体形式有以下几种。

（一）相关指标比率分析

相关指标比率是指将两个性质不同但又相关的指标对比求出比率，然后再以实际数与计划（或前期实际）数比较，进行数量分析的一种方法。通过相关比率的计算，可以排除不同企业之间和同一企业不同期间的某些不可比因素，有利于企业经营管理者进行成本效益分析和经营决策。

在实际工作中,由于各单位的规模存在差异,单纯地对它们的产值、销售收入和利润等进行绝对值比较,难以说明经营效益的好坏,如果将成本指标与反映生产、销售等生产经营成果的产值、销售收入、利润指标对比求出产值成本率和成本利润率指标,将其进行比较,就能有效地分析和比较生产耗费的经济效益。其计算公式如下:

$$产值成本率=\frac{全部商品产品生产成本}{商品产值}\times 100\%$$

$$销售成本率=\frac{产品总成本}{销售收入}\times 100\%$$

$$成本利润率=\frac{利润总额}{产品总成本}\times 100\%$$

(二)构成比率分析

构成比率是指某些经济指标的各个组成部分占总体的比重。比如,将构成从成本的各个成本项目同产品成本总额相比,计算其占成本的比重,确定成本的构成比率;然后将不同时期的成本构成比率相比较,通过观察产品成本构成的变动,掌握经济活动情况,了解企业改进生产技术和经营管理对产品成本的影响。成本的构成比率计算公式如下:

$$直接材料费用比率=\frac{直接材料费用}{产品总成本}\times 100\%$$

$$直接人工费用比率=\frac{直接人工费用}{产品总成本}\times 100\%$$

$$制造费用比率=\frac{制造费用}{产品总成本}\times 100\%$$

(三)动态比率分析

动态比率分析或称趋势分析,是将不同时期同类指标的数值对比求出比率,进行动态比较,据以分析该项指标的增加速度和变动趋势的方法。通过这种分析,可以判断企业某些方面业务的趋势,从其变化中发现企业在生产经营方面所取得的成绩或不足。在动态比率分析中,由于对比的标准不同,又可以分为基期指数和环比指数两种。

1. 基期指数

基期指数也称定基比率,是指在连续的若干期之间,以某个时期为基期,其他各期均与该时期的基数进行对比,求出比率。其计算公式如下:

$$基期指数=\frac{分析期指标数额}{固定期指标数额}$$

2. 环比指数

环比指数也称环比比率,是指在连续的若干期之间,分别以上一时期为基期,本时期与基数(上一时期)进行对比,求出比率。其计算公式如下:

$$环比指数=\frac{本时期指标数额}{前一期指标数额}$$

【例9-1】假定兴唐公司甲产品某年四个季度实际单位成本分别为100元、103元、105元、104元。

(1)以第一季度100元为基数,采用基期指数计算如下:

第二季度：$(103 \div 100) \times 100\% = 103\%$

第三季度：$(105 \div 100) \times 100\% = 105\%$

第四季度：$(104 \div 110) \times 100\% = 104\%$

通过计算可以看出：甲产品单位成本第二、第三季度比第一季度有上升的趋势，但第四季度又有所下降，如图9－1所示。

(2)采用环比指数计算如下：

第二季度比第一季度：$(103 \div 100) \times 100\% = 103\%$

第三季度比第二季度：$(105 \div 103) \times 100\% = 101.94\%$

第四季度比第三季度：$104 \div 105 \times 100\% = 99.05\%$

通过计算可以看出，甲产品的单位成本第二、第三季度呈上升趋势，第四季度又有所下降，如图9－1所示。

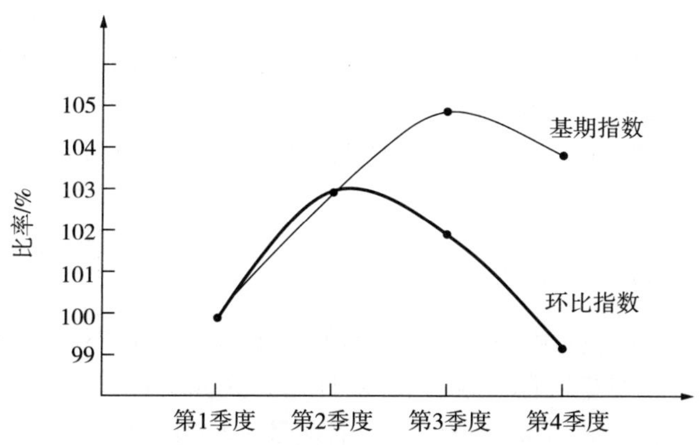

图9－1　基期指数、环比指数示意图

三、连环替代法

连环替代法也称因素替换法，是指用来计算几个相互联系的因素对综合经济指标变动影响程度的一种分析方法。

(一)连环替代法的计算原理

假设：T表示综合经济指标；对T影响的因素分别为A、B、C。

假定计划数(标准数)为$T = A \times B \times C$；实际数为$T_1 = A_1 \times B_1 \times C_1$

则：实际数与计划数的差异为：$T_1 - T = A_1 \times B_1 \times C_1 - A \times B \times C$

当A、B、C三个因素发生变化时对T的影响计算如下：

(1)计划数为：$T = A \times B \times C$　　①

(2)当因素A变动时，由A变为A_1时：

$T_A = A_1 \times B \times C$　　②

因素A变动的影响为：②－①得：$T_A - T = (A_1 - A) \times B \times C$

(3)当因素B变动时，由B变为B_1时：

$T_B = A_1 \times B_1 \times C$　　③

因素 B 变动的影响为：③ - ②得：$T_B - T_A = A_1 \times (B_1 - B) \times C$

(4)当因素 C 变动时，由 C 变为 C_1 时：

$T_C = A_1 \times B_1 \times C_1$ ④

因素 C 变动的影响为：④ - ③得：$T_C - T_B = A_1 \times B_1 \times (C_1 - C)$

最后将三个因素变动后的结果合计在一起（T_C即为 T_1）即：

$T_1 - T = A_1 \times B_1 \times C_1 - A \times B \times C$

（二）连环替代法的计算程序

(1)以基数（计划数）为计算基础。

(2)按照公式中所列因素的同一顺序，逐次以各因素的实际数替换其基数，每次替换后实际数就被保留下来。有几个因素就替换几次，直到所有的因素都变成实际数为止，每次替换后都求出新的计算结果。

(3)每次替换后的所得结果与其相邻近的前一次计算结果相比较，两者的差额就是某一因素变动对综合经济指标变动的影响程度。

(4)计算各因素变动影响的代数和。这个代数和应等于被分析指标实际数与基数的总差异数。

（三）连环替代法的举例说明

【例 9 - 2】假设材料费用总额是受三个因素影响的，即产品产量、单位产品材料消耗量和材料单价。按照各因素的相互依存关系，列出的计算公式如下：

材料费用总额 = 产品产量 × 单位产品材料消耗量 × 材料单价

各项指标和实际资料如表 9 - 1 所示。

表 9 - 1 产品各项指标

指标	计划数	实际数	差异
产品产量/件	50	52	+2
单位产品材料消耗量/千克	30	28	-2
材料单价/元	20	22	+2
材料费用总额/元	30 000	32 032	+2 032

首先，利用比较法将材料费用总额的实际数与计划数对比，确定实际脱离计划的差异，作为分析对象。差异是由产量增加、单位产品材料消耗量降低和材料单价升高三个因素综合影响的结果。

其次，按照上述公式，用连环替代法测定各因素变动对材料费用总额变动的影响程度。具体计算如下：

①以计划数为基数：50 × 30 × 20 = 30 000（元）

②第一次替换：52 × 30 × 20 = 31 200（元）

② - ①产量变动影响：31 200 - 30 000 = +1 200（元）

③第二次替换：52 × 28 × 20 = 29 120（元）

③－②单位产品材料消耗量变动影响:29 120－31 200＝－2 080(元)

④第三次替换:52×28×22＝32 032(元)

④－③材料单价变动影响:32 032－29 120＝＋2 912(元)

⑤变动影响合计:＋1 200－2 080＋2 912＝＋2 032(元)

通过计算可以看出,虽然单位产品材料消耗量降低使材料费用节约2 080元,但由于产量增加,特别是材料单价的升高,使材料费用增加2 032元。进一步分析应查明材料消耗节约和材料价格升高的原因,然后才能对企业材料费用总额变动情况做出评价。

(四)连环替代法的特点

1. 计算程序的连续性

连环替代法的计算是严格按照各因素的排列顺序,逐次以一个因素的实际数替换其基数。除第一次替换外,每个因素的替换都是在前一个因素替换的基础上进行的。

2. 因素替换的顺序性

运用这一方法的关键问题是正确确定各因素的替换顺序,如果改变替换顺序,会得出不同的计算结果。确定各因素替换顺序的做法是:

(1)如果既有数量指标又有质量指标,数量在前,质量在后。

(2)如果既有实物量指标又有价值量指标,实物量在前,价值量在后。

(3)如果有几个数量指标和质量指标,要分清哪个是基本因素,哪个是次要因素,然后根据他们的关系确定替换顺序。

3. 计算条件的假定性

运用这一方法在测定某一因素变动影响时,是以假定其他因素不变为条件的。因此,计算结果只能说明是在某种假定条件下计算的结果。

四、差额计算法

差额计算法是连环替代法的一种简化形式。运用这一方法时,先要确定各因素实际数与计划数之间的差异,然后按照各因素的排列顺序,依次求出各因素变动的影响程度。

以连环替代法计算原理的资料为例,说明差异计算法的原理。

第一个因素(A)变动的影响:$(A_1-A)\times B\times C$

第二个因素(B)变动的影响:$A_1\times(B_1-B)\times C$

第三个因素(C)变动的影响:$A_1\times B_1\times(C_1-C)$

最后合计在一起的结果为:$A_1\times B_1\times C_1-A\times B\times C$

仍以【例9－2】资料为例,以差额计算法测定各因素影响程度如下:

(1)分析对象:

32 032－30 000＝＋2 032(元)

(2)各因素影响程度:

①产量变动影响:(＋2)×30×20＝＋1 200(元)

②单位产品材料消耗量变动影响:52×(－2)×20＝－2 080(元)

③材料单价变动影响:52×28×(＋2)＝＋2 912(元)

④变动影响合计:＋1 200－2 080＋2 912＝＋2 032(元)

第三节 商品产品成本计划完成情况分析

一、按产品种类分析

按产品种类分析全部商品成本计划的完成情况，既要从总体出发，分析全部商品成本计划完成的总括情况，也要分析每种商品产品成本计划的完成情况。通过分析既可以对全部商品产品成本计划的完成情况有总括了解，同时也为进一步分析指明方向和重点。

【例9－3】根据表8－1资料编制商品产品成本计划完成情况分析表，如表9－2所示。

表9－2 本年累计商品产品成本计划完成情况分析表

产品名称	计划总成本/元	实际总成本/元	实际比计划升降额/元	实际比计划升降率/%
1. 可比产品	340 000	348 500	+8 500	+2.50
其中：A产品	55 000	56 000	+1 000	+1.82
B产品	285 000	292 500	+7 500	+2.63
2. 不可比产品	50 000	52 000	+2 000	+4.00
其中：C产品	20 000	21 000	+1 000	+5.00
D产品	30 000	31 000	+1 000	+3.33
合计	390 000	400 500	+10 500	+2.69

表9－2中的数字计算如下：

本年累计全部商品产品成本实际比计划升降额＝实际总成本－计划总成本

＝400 500－390 000＝＋10 500（元）

$$本年累计全部产品成本计划完成率=\frac{400\ 500}{390\ 000}\times100\%=102.69\%$$

成本升降率＝102.69%－100%＝＋2.69%

上述计算表明，本年全部商品产品累计实际总成本超过计划10 500元，升高2.69%。其中可比产品成本实际比计划超支8 500元。不可比产品成本实际比计划超支2 000元。值得注意的是，从表8－1可知，本月（12月）全部商品产品总成本实际比计划降低了100元（即33 200－33 300），降低0.3%，说明年末工作有所好转。

二、按成本项目分析

按成本项目分析全部商品产品成本计划完成情况，可根据前述的商品产品成本表（按成本项目反映）所提供的资料以及其他有关计划、核算资料，采用比较分析法、构成比率分析法等方法进行分析。

（一）比较分析法

表8－2商品产品成本表（按成本项目反映）是12月编制的，因而其本年累计实际数和本

年计划数都是整个年度的生产费用和产品成本。采用比较分析法，将产品成本合计数、生产费用合计数及其各个成本项目费用的本年累计实际数与本年计划数进行对比分析，揭示差异，以便为进一步分析指出方向。

1. 商品产品成本合计数比较

表 8 -2 中的商品产品成本合计，本年累计实际数高于本年计划数，实际超出计划 11 500 元（400 500 -389 000）。成本超支的原因是多方面的：可能是由于产品单位成本的升高；也可能是由于产品产量和产品品种构成的变动，因为各种产品单位成本降低、升高的幅度不同。进一步分析应结合有关的明细资料，查明影响产品总成本变动的主要因素和因素变动的主要原因，对产品总成本的升高是否合理做出评价。

2. 生产费用合计数的比较

从表 8 -2 中的生产费用合计数来看，本年累计实际数高于本年计划数 5 000 元（390 000 -385 000），与上述产品总成本情况基本相同。当然也可能不一致，因为这其中尚有期初、期末在产品和自制半成品余额的变动影响。

3. 各个成本项目的比较

就表 8 -2 中各个成本项目来看，直接材料的本年累计实际数与本年计划数相比，降低了 10 000 元（170 000 -180 000）。直接人工的本年累计实际数与本年计划数相比，升高了 5 000 元（90 000 - 85 000）。制造费用的本年累计实际数与本年计划数相比，升高了 10 000 元（130 000 -120 000）。直接材料、直接人工和制造费用的本年累计实际数与本年计划数相比，升降的情况和升降的幅度各不相同。分析时也不能停留在指标对比上，还应进一步查明影响指标变动的因素和原因。

（二）构成比率分析法

对于各成本项目的费用，可以计算构成比例，并在本年累计实际数、本月实际数和本年计划数之间进行对比分析。表 8 -2 中各项指标计算如下：

1. 本年计划数构成比率

（1）直接材料费用比率 =（180 000 ÷385 000）×100% =46.75%

（2）直接人工费用比率 =（85 000 ÷385 000）×100% =22.08%

（3）制造费用比率 =（120 000 ÷385 000）×100% =31.17%

2. 本月实际数构成比率

（1）直接材料费用比率 =（15 000 ÷33 000）×100% =45.46%

（2）直接人工费用比率 =（8 000 ÷33 000）×100% =24.24%

（3）制造费用比率 =（10 000 ÷33 000）×100% =30.30%

3. 本年累计实际数构成比率

（1）直接材料费用比率 =（170 000 ÷390 000）×100% =43.59%

（2）直接人工费用比率 =（90 000 ÷390 000）×100% =23.08%

（3）制造费用比率 =（130 000 ÷390 000）×100% =33.33%

计算结果比较如表 9 -3 所示。

表 9－3　成本项目构成比例分析

项目	本年计划构成比率/%	本月实际构成比率/%	本年累计实际构成比率/%	本年实际与本年计划比较	本年实际与本月实际比较
	①	②	③	③比①	③比②
直接材料	46.75	45.46	43.59	降低	降低
直接人工	22.08	24.24	23.08	升高	降低
制造费用	31.17	30.30	33.33	升高	升高

以本年累计实际数与本年计划数相比，生产费用中直接材料费用比重有所下降，直接人工费用的比重有所升高，制造费用比重有所升高。以本年累计实际数与本月实际数相比，直接材料费用比重有所下降，直接人工费用的比重有所下降，而制造费用比重有所升高。

通过指标对比，只能了解指标变动的一般情况，由于各指标变动受多种因素影响，因此分析时，还应结合调查了解的情况和明细核算资料进一步查明原因，以便对其变动的合理性做出判断。

第四节　可比产品成本降低计划完成情况分析

一、分析的程序

（一）取得分析所需资料

可比产品成本降低计划完成情况分析的资料来源于可比产品成本降低计划指标和计划完成情况的资料。可比产品成本降低计划指标的资料反映在企业的成本计划之中，计划完成情况的资料可以从前述的商品产品成本表（按产品种类反映）中取得。

（二）确定分析对象

分析可比产品成本降低计划的完成情况，首先应确定分析对象，即将可比产品成本实际降低额、降低率指标与计划降低额、降低率指标进行对比，确定实际脱离计划的差异。

（三）确定影响因素

确定影响可比产品成本降低计划完成情况的因素和各因素的影响程度。影响可比产品成本降低计划完成情况的因素，概括起来有三个，即产品产量、产品品种构成和产品单位成本。

1. 产品产量

成本降低计划是根据计划产量制定的，实际降低额和降低率都是根据实际产量计算的。因此，产量的增减必然会影响可比产品成本降低计划的完成情况。但是，产量变动的影响有其特点：假定其他条件不变，即产品品种构成和产品单位成本不变，单纯产量变动只影响成本降低额，而不影响成本降低率。

2. 产品品种构成

产品品种构成是指各种产品在总产品中所占的比重。由于各种产品的成本降低程度不同,因而当产品品种构成发生变动时,就会使可比产品成本降低额和降低率升高或降低。在分析中之所以要单独计量产品品种构成变动影响,目的在于揭示企业取得降低产品成本真实成果的具体途径,从而对企业成本管理工作做出正确评价。

3. 产品单位成本

可比产品成本降低计划额是本年度计划成本比上年度实际成本的降低数,而实际降低额则是本年度实际成本比上年度实际成本的降低数。因此,当本年度可比产品实际单位成本比计划单位成本降低或升高时,必然会引起成本降低额和降低率的变动。产品单位成本的降低意味着生产中活劳动和物化劳动消耗的节约。因此,分析时应特别注意这一因素的变动影响。

(四)确定各因素的影响程度

按照连环替代法的计算程序,在确定各因素变动对成本降低计划完成情况的影响程度时,应以在计划产量、计划品种构成和计划单位成本情况下的成本降低计划为基础,然后用各个因素的实际数逐次替换计划数。

1. 产品产量变动的影响

为了确定产量变动的影响程度,首先必须求得在实际产量、计划品种构成情况下,以本年计划单位成本计算的总成本与按上年实际平均单位成本计算的总成本相比较的成本降低额和成本降低率,然后再以此与计划降低额和计划降低率相比较,求得其影响程度。

2. 产品品种构成变动的影响

为了确定产品品种构成变动的影响,必须求得在实际产量、实际品种构成情况下,以本年计划单位成本计算的总成本与按上年实际平均单位成本计算的总成本相比较的降低额和降低率,然后再以此与在实际产量、计划品种构成和计划单位成本情况下的降低额和降低率相比较,求得其影响程度。

3. 产品单位成本变动的影响

为了确定产品单位成本变动的影响,必须求得在实际产量、实际品种构成情况下,以本期实际总成本与按上年实际平均单位成本计算的总成本相比较的降低额和降低率,然后在以此与在实际产量、实际品种构成和计划单位成本下的降低额和降低率相比较,求得其影响程度。

(五)做出总括评价

根据上述分析结果,可以对可比产品成本降低计划完成情况做出总括评价。根据总括评价提出的问题,在深入实际查明原因后,才能明确企业成本管理工作中的成绩和问题,从而对上述可比产品成本降低计划的完成情况做出确切评价和提出努力的方向。

二、成本降低计划完成情况分析

【例9-4】假定【例8-1】中企业本年可比产品成本降低计划如表9-4所示。可比产品成本升降情况的分析,可以按产品品种进行(即分别按A产品、B产品分析),也可以按全部可比产品进行分析。由于成本降低计划一般按全部可比产品综合规定,因而分析一般按全部产品综合进行。

表 9-4 可比产品成本降低计划表

可比产品	全年计划产量/件	单位成本/元		总成本/元		计划降低指标	
		上年实际平均	本年计划	按上年实际平均单位成本计算	按本年计划单位成本计算	降低额/元	降低率/%
A 产品	900	60	55	54 000	49 500	4 500	8.333
B 产品	400	580	570	232 000	228 000	4 000	1.724
合计	—			286 000	277 500	8 500	2.972

根据表 9-4 中资料计算如下：

可比产品成本计划降低额 = 286 000 - 277 500 = 8 500(元)

可比产品成本计划降低率 = (8 500 ÷ 286 000) × 100% = 2.972%

可比产品成本计划降低计划的完成情况，详见根据表 8-1 编制的可比产品成本降低计划完成情况分析表，如表 9-5 所示。

表 9-5 可比产品成本降低计划完成情况分析表

可比产品	总成本/元		计划完成情况	
	按上年实际平均单位成本计算	本期实际	降低额/元	降低率/%
A 产品	60 000	56 000	4 000	6.667
B 产品	290 000	292 500	-2 500	0.862
合计	350 000	348 500	1 500	0.429

在取得上述资料的基础上，就可以对可比产品成本降低计划的完成情况进行分析了。

(一)分析可比产品成本降低计划的完成情况

计划降低额 8 500 元；计划降低率 2.972%

实际降低额 1 500 元；实际降低率 0.429%

实际脱离计划差异：

降低额 = 1 500 - 8 500 = -7 000(元)

降低率 = 0.429% - 2.972% = -2.543%

从以上计算可以看出，可比产品成本降低计划没有完成，实际比计划少降低 7 000 元，或 2.543%。

(二)确定分析因素

影响可比产品成本的因素有三个，即产品产量、产品品种构成和产品单位成本。下面分析一下各因素之间的关系，首先看下面的公式：

假设：$D_{上}$ 表示上年实际平均单位成本；$D_{本}$ 表示本年累计实际单位成本；C 表示实际产量。

(1)可比产品按上年实际平均单位成本计算的总成本 = 上年实际平均单位成本 × 实际产量

则：可比产品按上年实际平均单位成本计算的总成本 = $D_{上} \times C$

(2)可比产品本年累计实际总成本 = 本年累计实际单位成本 × 实际产量

则:可比产品本年累计实际总成本 = $D_{本} \times C$

(3)可比产品成本降低额 = 可比产品按上年实际平均单位成本计算的总成本 - 可比产品本年累计实际总成本

则:可比产品成本降低额 = $(D_{上} \times C) - (D_{本} \times C) = C \times (D_{上} - D_{本})$

(4)可比产品成本降低率 = 可比产品成本降低额 ÷ 可比产品按上年实际平均单位成本计算的总成本

则:可比产品成本降低率 $= \dfrac{C \times (D_{上} - D_{本})}{D_{上} \times C} = \dfrac{D_{上} - D_{本}}{D_{上}}$

从上述公式可以看出,假定产品品种、产品单位成本不变的情况下,单纯产量变动,会使成本降低额发生同比例的增减,即: $C \times (D_{上} - D_{本})$;但不影响降低率,即:$(D_{上} - D_{本}) \div D_{上}$,与产量($C$)无关。

所以,影响可比产品成本降低额变动的因素有三个,即产品产量、产品品种和单位成本;而影响可比产品成本降低率的因素有两个,即产品品种和单位成本。同时也说明了产量变动影响有其特点:假定其他条件不变,即产品品种构成和产品单位成本不变,单纯产量变动只影响成本降低额,而不影响成本降低率。

【例9-5】假定【例9-4】中本期产品实际产量比计划提高20%,而产品品种构成和单位成本不变,即假定A、B产品的实际产量都比计划提高20%,其成本降低额和降低率如表9-6所示。

表9-6　单纯产量变动影响计算表

可比产品	总成本/元		产量变动影响	
	按上年实际平均单位成本计算	本期实际	降低额/元	降低率/%
A产品	54 000×120% =64 800	49 500×120% =59 400	5 400	8.333
B产品	232 000×120% =278 400	228 000×120% =273 600	4 800	1.724
合计	343 200	333 000	10 200	2.972

表9-6中的计算表明,单纯产量变动使成本降低额由计划的8 500元增加到10 200元,而降低率不变,仍然为2.972%,与计划相同。反过来可以据此推算出单纯产量变动对成本降低额的影响,其计算公式如下:

按上年实际平均单位成本计算的总成本×计划降低率 = 单纯产量变动下的成本降低额

343 200×2.972% =10 200(元)

(三)确定各因素变动的影响程度

根据表8-1的资料,按照用连环替代法的计算程序,分析计算由于产品产量、产品品种和产品单位成本三个因素的变动,对可比产品成本降低计划完成情况的影响程度。以各因素的计划成本为基础数据,然后用各个因素的实际数逐次替换计划数。

1.产品产量变动的影响

(1)按计划产量、计划品种和计划单位成本计算的成本:

降低额 =286 000 -277 500 =8 500(元)

降低率 =(8 500÷286 000)×100% =2.972%　　①

(2)按实际产量、计划品种和计划单位成本计算的成本:

降低额 =350 000 ×2.972% =10 402(元)

降低率 =2.972% ②

原因解释:由于单纯产量变动只影响成本降低额,而不影响成本降低率,故降低率是不变的,利用降低率公式反算即可得到降低额。

降低率 = 降低额 ÷ 按上年实际平均单位成本计算的总成本

(3)产品产量变动的影响:② - ①

降低额:10 402 -8 500 =1 902(元)

降低率:2.972% -2.972% =0

2. 产品品种构成变动的影响

(1)按实际产量、实际品种和计划单位成本计算的成本

降低额 =350 000 -340 000 =10 000(元)

降低率 =(10 000 ÷350 000) ×100% =2.857% ③

(2)品种构成变动的影响:③ - ②

降低额:10 000 -10 402 = -402(元)

降低率:2.857% -2.972% = -0.115%

3. 产品单位成本变动的影响

(1)按实际产量、实际品种和实际单位成本计算的成本

降低额 =350 000 -348 500 =1 500(元)

降低率 =(1 500 ÷350 000) ×100% =0.429% ④

(2)产品单位成本变动的影响:④ - ③

降低额:1 500 -10 000 = -8 500(元)

降低率:0.429% -2.857% = -2.428%

以上计算程序和计算结果如表 9 -7 所示。

表 9 -7 连环替代法的计算程序及结果

指 标	降低额/元	降低率/%
①按计划产量、计划品种和计划单位成本计算的成本降低数	8 500	2.972
②按实际产量、计划品种和计划单位成本计算的成本降低数	350 000 ×2.972% =10 402	2.972
② - ①产量变动的影响	1 902	0
③按实际产量、实际品种和计划单位成本计算的成本降低数	350 000 -340 000 =10 000	(10 000 ÷350 000) ×100% =2.857%
③ - ②产品品种构成变动的影响	-402	-0.115%
④按实际产量、实际品种和实际单位成本计算的成本降低数	350 000 -348 500 =1 500	(1 500 ÷350 000) ×100% =0.429%
④ - ③产品单位成本变动的影响	-8 500	-2.428%
可比产品成本降低计划结果	-7 000	-2.543

以上方法还可以简化为：

根据表 8 - 1 商品产品成本表（按产品种类反映），可以先计算出由于产品单位成本变动使可比产品未完成成本降低额计划，少降低 8 500 元（340 000 - 348 500），约合降低率为 -2.428%（（-8 500/350 000）×100%）。

由于在其他因素不变的条件下，单纯产量变动只影响降低额，而不影响降低率，因而成本降低率比计划少降低 2.543%，只受产品品种构成和产品单位成本两个因素变动影响。已知产品单位成本变动影响成本降低率少降低 2.428%，因此产品品种构成变动对成本降低率的影响应为：

-2.543 -（-2.428%）= -0.115%

据此可求得产品品种构成变动对成本降低率的影响程度：

350 000 ×（-0.115%）= -402.50（元）*

（* 由于计算成本降低率指标的小数点后的数字系四舍五入，因而倒求成本降低额时，计算结果与前面方法计算结果出现尾差。）

利用余额计算法，从实际脱离计划的总差异额中减去以上两个因素变动的影响数额，即可求得产品产量变动对成本降低额的影响程度：

-7 000 -（-8 500）-（-402.50）=1 902.50

（四）对成本降低计划完成情况做出总括评价

根据以上分析结果，可以对可比产品成本降低计划完成情况做出总括评价。总的来看，企业未完成可比产品成本降低计划，实际比计划少降低额了 7 000 元，或降低率少完成了 2.543%。原因主要是由于产品单位成本升高，使成本少降低了 8 500 元，约合降低率为 -2.428%。值得注意的是，本月（12 月）A 产品单位成本虽然低于上年全年实际平均成本，却高于本年计划和本年累计实际平均成本；而乙产品则相反，本月实际单位成本比上年实际平均、本年计划和本年累计实际平均成本都低。进一步应结合单位成本分析查明原因。此外，产量增加使成本实际比计划多降低 1 902 元，而品种构成变动却使成本实际比计划少降低 402 元。对于这一变动原因需结合生产分析和销售分析查明原因。

第五节　主要产品单位成本分析

一、主要产品单位成本分析概述

（一）主要产品单位成本分析的意义

分析主要产品单位成本的意义，在于揭示各种产品单位成本及其各个成本项目的变动情况，尤其是各项消耗定额的执行情况；确定产品结构、工艺和操作方法的改变，以及有关技术经济指标变动对产品单位成本的影响，查明产品单位成本升降的具体原因。

（二）分析的依据和程序

1. 分析的依据

分析主要依据主要产品单位成本表、成本计划和各项消耗定额资料，以及反映各项技术经济指标的业务技术资料等。

2. 分析的程序

分析的程序一般是先检查各种产品本月(或本季度、本年度等)实际单位成本与计划水平、与上年实际水平、与历史最好水平进行比较的升降情况;然后按成本项目分析其增减变动,查明造成单位成本升降的具体原因。为了在更大的范围内找差距、挖潜力,在可能的条件下,还可以组织厂际同类产品单位成本的对比分析。

3. 编制产品单位成本分析表

根据前述的主要产品单位成本表(表 8 - 3)有关数据,以本月实际数据为基数,与其他各项指标进行比较计算出差异。编制 12 月 B 产品单位成本分析表,详如表 9 - 8 所示。

表 9 - 8 B 产品单位成本分析表

20××年 12 月

单位:元

成本项目	历史最好水平	上年实际平均	本年计划	本年累计实际平均	本月实际	差异			
						比历史最好水平	比上年实际水平	比本年计划	比本年累计实际平均
直接材料	350	365	365	370	360	+10	-5	-5	-10
直接人工	90	105	100	100	88	-2	-17	-12	-12
制造费用	110	110	105	115	112	+2	+2	+7	-3
单位产品成本	550	580	570	585	560	+10	-20	-10	-25

二、主要产品单位成本变动情况分析

(一)单位产品成本的对比

从表 9 - 8 中单位产品成本可知,B 产品本月实际单位成本比上年实际平均、本年计划、本年累计实际平均都降低了,虽然还未达到历史最好水平,但总的情况是好的。

(二)成本项目对比

从表 9 - 8 中各成本项目对比可以看出,产品单位成本的降低主要是由于直接材料、直接人工的节约,说明企业在降低 B 产品直接材料、直接人工消耗方面,在改进乙产品的生产组织和劳动组织、提高劳动生产效率方面采取了措施,取得了成绩。

但是,制造费用本月实际比上年实际平均、本年计划都超支了,说明还存在薄弱环节。为了查明产品单位成本及其成本项目变动的原因,还需进一步对各个成本项目特别是重点项目,即变动影响大的项目做具体分析。

三、主要成本项目分析

企业在一定时期产品单位成本的高低,是与该时期的生产技术、生产组织的状况和经营管理水平,以及采取的技术组织措施效果相联系的。因此,紧密结合企业技术经济方面的资料,查明成本升降的具体原因,是进行产品单位成本各个成本项目分析的要点。下面以直接材料、直接人工和制造费用等主要成本项目为例,说明分析的一般方法。

(一)直接材料项目的分析

1. 影响直接材料费用变动的主要因素

直接材料费用的变动,主要受单位产品原材料消耗数量和原材料价格两个因素的变动影响。其变动影响的计算方法如下:

原材料消耗数量变动(量差)的影响 =(实际单位消耗量 - 计划单位消耗量)× 原材料计划单价

原材料价格变动(价差)的影响 =(原材料实际单价 - 原材料计划单价)× 单位产品原材料实际耗用量

原材料消耗量变动的影响 + 原材料价格变动的影响 =(原材料实际单价 × 单位产品原材料实际耗用量)-(原材料计划单价 × 计划单位消耗量)

【例 9 -6】假定有关资料如表 9 -9 所示。

表 9 -9　B 产品直接材料项目分析表

原材料名称	耗用量/千克		单价/元		直接材料费用/元		差异	
	计划	实际	计划	实际	计划	实际	数量/千克	金额/元
甲材料	16	14	11	12.40	176	173.60	-2	-2.40
乙材料	25	23.30	7.56	8	189	186.40	-1.70	-2.60
合计					365	360		-5

从表 9 -9 中可以看出,B 产品直接材料费用实际比计划降低 5 元。

(1)由于耗用量变动,使材料费用降低 34.85 元,其中:

甲材料:-2 ×11 = -22(元)

乙材料:-1.7 ×7.56 = -12.85(元)

合计:-22 +(-12.85) = -34.85

(2)由于价格变动,使材料费用升高 29.85(元),其中:

甲材料:(12.40 -11) ×14 =19.60(元)

乙材料:(8 -7.56) ×23.3 =10.25(元)

合计:19.60 +10.25 =29.85(元)

两个因素变动共使 B 产品直接材料费用降低 5 元(-34.85 +29.85)。

在原材料消耗量和原材料价格两个因素中,原材料价格变动多属外界因素,需要结合市场供求和材料价格变动情况具体分析。这里只分析原材料消耗量的变动和变动原因。

2. 影响原材料消耗量变动的原因

例 9 -6 的计算表明,由于原材料消耗数量变动使 B 产品单位产品直接材料费用降低 34.50 元。影响其原因有很多,归纳起来主要有以下几点。

①产品或产品零部件结构的变化;

②原材料加工方法的改变;

③材料质量的改变;

④原材料代用或配料比例的变化；

⑤原材料综合利用；

⑥生产中产生废料数量和废料回收利用情况的变化；

⑦工人的劳动态度、技术操作水平、机械设备性能以及奖惩措施等。

(1)产品或产品零部件结构的变化

在保证产品质量的前提下，改进产品设计，使产品结构合理、体积缩小、重量减轻，就能减少原材料消耗，降低直接材料费用。由于改进产品设计，减轻产品重量对单位产品直接材料费用的影响可按下式计算：

$$\text{产品重量变动对单位产品直接材料费用的影响}=\left(1-\frac{\text{变动后产品重量}}{\text{变动前产品重量}}\right)\times\text{变动前单位产品直接材料费用}$$

(2)原材料加工方法的改变

原材料加工方法是否合理，直接影响产品的原材料消耗。改进工艺和加工方法或采取合理的套裁下料措施，减少毛坯的切削余量和工艺损耗，就能提高原材料利用率，节约原材料消耗，降低产品成本。原材料利用率是反映原材料有效利用程度的指标，其计算公式为：

$$\text{原材料利用率}=\frac{\text{产品有效重}}{\text{投入生产的原材料重量}}\times 100\%$$

原材料利用率变动对单位产品直接材料费用的影响，可按下列公式计算：

$$\text{原材料利用率变动对单位产品直接材料费用的影响}=\left(1-\frac{\text{变动前的原材料利用率}}{\text{变动后的原材料利用率}}\right)\times\text{变动前单位产品直接材料费用}$$

(3)材料质量的改变

企业生产所有的原材料质量如何，不仅会影响产品质量，而且会影响原材料的消耗量。生产中实际耗用的原材料质量如高于计划规定，可能会提高产品质量，或者节约材料消耗，但材料费用会升高；反之，如果质量低于计划要求，价格虽低，但会增大材料的消耗量，增加生产操作时间，或者降低产品质量。

(4)原材料代用或配料比例的变化

在保证产品质量的前提下，采用廉价的代用材料，选用经济合理的技术配方，就会节约原材料消耗或降低原材料费用。其计算方法如下：

原材料代用而形成的节约（或超支）=（原使用的原材料消耗量 - 代用的原材料消耗量）×该材料的计划单价

原材料配料比例变动对单位产品直接材料的影响 = 单位产品实际耗用配料总量 ×（按实际配方计算的平均单价 - 按计划配方计算的平均单价）

(5)原材料综合利用

有些工业企业在利用原材料生产主产品的同时，还生产副产品，开展原材料的综合利用。这样就可以将同样多的直接材料费用分配到更多品种和数量的产品中去，从而降低主产品的直接材料费用。

(6)生产中产生废料数量和废料回收利用情况的变化

生产中废料增多，使用同样数量的原材料，取得的合格品数量就会减少。所以，提高技术，加强质量管理，减少和消灭废料，就可以用同样的原材料生产出更多更好的产品，这是节约原材料消耗的重要途径。在加工过程中所发生的废料，如果能够回收利用或者向外出售，可以减少原材料费用。因此必须妥善组织废料的回收，分类整理，有效利用。

此外，生产工人的劳动态度、技术操作水平、机械设备性能以及材料节约奖励制度的实施等等，都会影响原材料消耗数量的增减。

（二）直接人工项目的分析

产品单位成本中直接人工费用的确定，与企业采用的工资形式有着密切的关系。分析产品单位成本中的工资费用，必须按照不同的工资形式和直接人工费用计入成本的方法来进行。

1. 计件工资形式

在计件工资形式下，计件单价不变，单位成本中的工资费用一般也不变。企业将工资直接计入产品成本，单位产品的直接人工的多少，决定于生产这种产品的产量增加及其工资的高低。它们之间的关系可用下列计算公式表示：

$$产品单位直接人工=\frac{直接工资费用}{产品产量}$$

通过上述计算公式可以看出，产品产量增长的幅度超过工资增长的幅度，必然会相应地降低单位产品成本中的工资额；反之就会增加。

产品产量和生产工人工资额对单位成本直接人工影响的计算公式如下：

$$产量差异的影响=\frac{直接工资计划数}{产量实际数}-单位产品直接工资计划数$$

$$直接工资额差异的影响=单位产品直接工资实际数-\frac{直接工资计划数}{产量实际数}$$

产品产量的增加，主要依靠调动劳动者的积极性，开展技术革新，改变产品设计与工艺，以及提高工人的技术熟练程度等途径来实现。在分析产品产量变动时应深入实际，认真总结提高产量的经验，挖掘提高产量的潜力，以促进产品成本的降低。直接工资额变动的原因主要是生产工人等级结构的变动、工人工资的调整、奖金的发放和加班加点工资的变动等。在分析时应查明支付加班工资的原因；对于出勤率下降，则应查明缺勤时间增多的原因，以便及时采取措施，提高出勤率。

2. 计时工资形式

如果企业生产多种产品，产品成本中的直接人工费用一般是按生产工时比例分配计入的。这时产品单位成本中直接人工费用的多少，取决于生产单位产品的工时消耗和每小时工资两个因素。它们之间的关系可用下列计算公式表示：

单位产品直接人工＝单位产品工时消耗×小时工资率

在上述的计算公式基础上，可以计算单位产品耗用工时和小时工资率变动对直接人工的影响，计算公式如下：

直接人工效率差异＝（实际工时－计划工时）×计划小时工资率

直接人工小时工资率差异＝（实际小时工资率－计划小时工资率）×实际工时

单位产品工时消耗变动，即人工成本的用量差异，通常称为人工效率差异，它反映了劳动生产率的高低。劳动生产率越高，单位产品的生产工时消耗就越少，它们分配的直接人工费用也就越少。劳动生产率差异产生的原因，不仅有机器设备性能、材料质量和生产工艺以及产品设计改变等外因，还有工人的技术熟练程度、劳动纪律和劳动态度等内因。所以，应深入实际调查研究，并结合班组核算的资料，才能查明单位产品工时变动的具体原因。

小时工资率变动,即人工成本的价格差异,反映生产工人平均工资的高低,小时工资率越高,单位产品成本中包含的工资费用就越高。小时工资率是直接工资总额与生产工时消耗总额的比率。因此,小时工资率的高低受两方面因素的影响:一方面受直接工资总额变动的影响,它的变动原因如上所述;另一方面受生产工时总额变动的影响,它主要决定于出勤率和工时利用率的高低。出勤率和工时利用率越高,生产性工时越多,生产工时总额就越大,小时工资率也就越低。

通过表 9-8 可以看出,B 产品单位成本中的直接人工费用,本月实际数不仅低于本年计划数、上年实际平均数和本年累计实际平均数,而且低于历史先进水平,情况是好的。

【例 9-7】假定 B 产品每件所耗工时数和每小时工资的计划数和实际数如表 9-10 所示。

表 9-10　B 产品直接人工项目分析表

项 目	单位产品所耗工时/小时	每小时工资/元	单位产品成本中的直接人工费用/元
本年计划	2.5	40	100
本月实际	2	44	88
直接人工费用差异	-0.5	+4	-12

将实际与计划对比,B 产品单位成本中直接人工费用本月实际数比本年计划数降低 12 元。采用差额法计算分析各因素影响程度如下:

单位产品所耗工时变动影响 = -0.5 ×40 = -20(元)

每小时工资变动影响 = +4 ×2 = +8(元)

两因素影响程度合计 = -20 +8 = -12(元)

以上计算分析表明,B 产品单位成本中直接人工费用节约 12 元,完全是工时消耗大幅度节约的结果。而每小时工资则是超支的。单位产品所耗工时的节约,可能是由于改进了生产技术或提高了工人劳动的熟练程度,从而提高了劳动生产率的结果。每小时工资的提高,由于它受计时工资总额和生产工时总数两个因素的变动影响,应结合这两个因素的分析查明原因。

(三)制造费用项目的分析

制造费用是车间为组织和管理生产所发生的费用,由部分不能直接计入产品成本的直接费用和生产车间开展生产管理活动发生的直接费用组成。产品单位成本中制造费用的分析,通常与计时工资形式下直接人工费用的分析相类似。单位产品制造费用的高低取决于单位产品的生产工时和小时分配率这两个因素。它们之间的关系可用公式表示如下:

单位产品的制造费用 = 单位产品生产工时 × 小时分配率

其中:小时分配率 = 制造费用总额 ÷ 生产工时消耗总额

在上述计算公式的基础上,可以计算单位产品耗用工时和小时分配率变动对制造费用的影响,计算公式如下:

制造费用效率差异 = (实际工时 - 计划工时) × 计划小时分配率

制造费用小时分配率差异 = (实际小时分配率 - 计划小时分配率) × 实际工时

如果在进行直接人工成本分析时,已经查明了单位产品所耗工时变动和生产工时利用好坏的具体原因,则此时只需要根据前述按成本项目反映的产品成本表中制造费用总额变动的分析,并结合制造费用明细表中制造费用各费用项目具体变动的分析,就可以了解产品单位成本中制造费用变动的种种原因。

【例9－8】假定B产品每件所耗工时数和每小时制造费用的计划数和实际数如表9－11所示。

表9－11　B产品制造费用项目分析表

项 目	单位产品所耗工时/小时	每小时工资/元	单位产品成本中的直接人工费用/元
本年计划	2.5	42	105
本月实际	2	56	112
制造费用差异	-0.5	+14	+7

根据表9－11中的资料,采用差额计算法分析各因素影响程度如下:

单位产品所耗工时变动影响 = －0.5×42 = －21(元)

每小时制造费用变动影响 = ＋14×2 = ＋28(元)

两个因素影响程度合计 = －21＋28 = ＋7(元)

在进行上述产品成本计划完成情况的分析中,还要注意以下问题:

(1)成本计划本身的正确性。计划如果不正确、不科学,就难以作为衡量的标准和考核的依据。尤其是不可比产品,因为过去没有正式生产过,缺乏完整、可靠的成本资料作为制定计划的依据。

(2)成本核算资料的真实性。如果成本计划是正确的,而成本核算资料不真实,也难以正确评价企业成本计划的完成程度和生产耗费的经济效益。检查成本核算资料是否真实,关键是看生产费用的归集和分配是否严格遵守了规定的成本开支范围,是否正确划分了各个月份、各种产品以及完工产品与在产品之间的费用界限,有无乱计成本、少计成本等任意调剂成本的现象

(3)降低成本的主观、客观因素。为了分清企业或车间在降低成本方面的主观努力和客观因素影响,划清经济责任,在评价企业成本工作时,应从实际成本中扣除客观因素和相关车间、部门工作的影响。

第六节　制造费用和各项期间费用的分析

一、分析的意义

制造费用、销售费用、管理费用和财务费用,虽然有的是作为生产费用计入产品成本,比如制造费用;有的是作为期间费用直接计入当期损益,各自的经济用途不同,但是它们都是由许多具有不同经济性质和不同经济用途的费用组成的。这些费用支出的节约或浪费,往往与行政管理部门、销售部门和生产车间工作的质量和有关责任制度、节约制度的贯彻执行情况密切相关。

向企业领导层和各有关部门、车间编报上述报表,分析这些费用的支出情况,不仅是促进

节约各项费用支出、杜绝一切铺张浪费、不断降低成本和增加盈利的重要途径,也是推动企业改进生产经营管理工作,提高工作效率的重要措施。

二、分析的方法

由于各种费用都是按照整个公司(总厂)或分厂、车间、部门编制计划加以控制的,因而各种费用的分析只能按照整个公司(总厂)或分厂、车间、部门来进行。

(一)分析的步骤

对上述各种费用进行分析时,首先应根据各费用明细表中的资料,以本年实际数与本年计划数相比较,确定实际脱离计划的差异,然后分析差异的原因。

由于各种费用所包括的费用项目具有不同的经济性质和用途,各项费用的变动又分别受不同因素变动的影响,因此,在确定费用实际支出脱离计划的差异时,应按各种费用组成项目分别进行,而不能只检查各种费用总额计划的完成情况,不能用其中一些费用项目的节约来抵补其他费用项目的超支。

在按费用组成项目进行分析时,由于费用项目多,因此每次分析只能抓重点项目分析。对费用支出占总支出比重较大的,或与计划相比发生较大偏差的项目进行分析。

(二)各项费用分析的一般方法

下面以管理费用的年度分析为例,说明各项费用分析的一般方法。

管理费用的分析主要从管理费用总额、管理费用项目和管理费用结构三个方面进行。

【例9-9】假设兴唐公司根据管理费用明细表资料编制的管理费用分析表,如表9-12所示。

表9-12 管理费用分析表

20××年度

项目	本年计划/元	占比/%	本年实际/元	占比/%	差异/元	差异率/%
职工薪酬	150 000	30	170 000	32.69	+20 000	13.33
机物料消耗	60 000	12	65 000	12.50	+5 000	8.33
办公费	50 000	10	54 000	10.38	+4 000	8.00
差旅费	20 000	4	18 000	3.46	-2 000	-10.00
会议费	30 000	6	25 000	4.81	-5 000	-16.67
中介机构费	15 000	3	15 000	2.88	0	0
业务招待费	16 000	3.2	18 000	3.46	+2 000	+12.50
税金	20 000	4	19 000	3.65	-1 000	-5
研究费	30 000	6	32 000	6.15	+2 000	6.67
修理费	17 000	3.4	16 000	3.08	-1 000	-5.88
折旧费	14 000	2.8	13 000	2.50	-1 000	-7.14

续表

项目	本年计划/元	占比/%	本年实际/元	占比/%	差异/元	差异率/%
周转材料摊销	13 000	2.6	12 000	2.31	-1 000	-7.69
技术转让费	18 000	3.6	18 000	3.46	0	0
其他	47 000	9.4	45 000	8.67	+2 000	+4.26
合计	500 000	100	520 000	100	+20 000	+4.00
其中:固定费用	150 000	30	148 200	28.5	-1 800	-1.2
变动费用	350 000	70	371 800	71.5	+21 800	6.23

通过管理费用分析表可以看出,本年实际比计划增长了 20 000 元。增长幅度为 4% 。但为了正确反映管理费用超支和节约的程度,还应该根据费用与产量的依存关系将管理费用分为固定费用和变动费用两大类,并将计划数中的变动费用按本年实际生产量进行调整后,再与本年实际数比较,所得差额才是管理费用总额的超支或节约额。

现根据上述资料,按本年实际生产量调整本年计划管理费用如下:

按本年实际产量计算(增长率为 5%):

计划管理费用总额 = 350 000 × (1 + 5%) + 150 000 = 517 500(元)

再计算管理费用总额比计划的增减额:520 000 - 517 500 = 2 500(元)

分析说明:在考虑本年实际生产量的变动会影响管理费用中变动费用总额的情况下,本年实际管理费用总额比本年计划增长 2 500 元,增长率为 0.48% 。说明企业在管理费用计划基础上略有超支。

从管理费用各项目的情况看,引起管理费用实际比计划超支的项目主要有职工薪酬、机物料消耗、办公费、业务招待费等,应作为重点项目,进一步深入分析。

在分析各费用项目的差异时,要注意不同费用项目支出的特点,不能简单地把任何超过计划的费用支出都看做是不合理的;同样,对某些费用项目支出的减少也要做具体分析:有的可能是企业工作成绩,有的则可能是企业工作中的问题。分析时,除以本年实际数与本年计划数相比检查计划完成情况外,为了从动态上观察、比较各项费用的变动情况和变动趋势,还应将本月实际数与上年同期实际数对比,以了解企业工作的改进情况,并将这一分析与推行经济责任制结合,与检查各项管理制度的执行情况结合,以推动企业改进经营管理,提高工作效率,降低各项费用支出。

第七节　成本效益分析

在企业生产经营中,成本费用与企业的经济效益有着密切、直接的联系。节约劳动耗费,降低产品成本是提高企业经济效益的重要途径。因此,要全面评价企业的成本管理工作,就不能局限于成本费用指标的变动分析,还应该将成本费用指标与反映企业经济效益方面的指标联系起来,从而全面地分析、评价企业劳动耗费的经济效益,即要进行成本效益分析。

反映企业成本效益的指标有很多,其中最为常用的有产值成本率、主营业务成本费用率和成本费用利润率等指标。

一、产值成本率分析

(一)产值成本率的概念

产值成本率是企业全部商品生产成本与商品产值的比率,它也可以用每百元商品产值所消耗的生产成本来表示。其计算公式如下:

$$产值成本率=\frac{全部商品产品生产成本}{商品产值}\times 100\%$$

$$或:产值成本率(元/百元)=\frac{全部商品产品生产成本}{商品产值}\times 100$$

产值成本率可以反映产品的劳动耗费与生产成本之间的关系;产值成本率越低,表明产品劳动耗费的经济效益越高,反之经济效益越低。

(二)产值成本率的分析方法

分析产值成本率,一般是先运用比较法,将本期实际数与计划、上期实际、上年实际平均或同类企业实际数对比,检查其计划的完成程度,分析其发展变化趋势和与同类企业的差距。在此基础上进一步分析,分析其影响产值成本率变动的各个因素,确定各因素的影响程度。

(三)产值成本率变动因素的计算分析

1. 影响产值成本率指标变动的因素

影响产值成本率指标变动的因素,归纳起来主要有:

(1)产品品种构成的变动;

(2)产品单位成本的变动;

(3)在商品产值按现行价格计算时,还有价格变动的影响。

2. 各因素影响程度的计算方法

(1)以计划(或上年实际)产值成本率指标为基础:

$$产值成本率=\frac{按计划产量、计划单位成本计算的总成本}{按计划产量、计划出厂价格计算的商品产值}\times 100 \quad ①$$

(2)按实际产品品种构成、计划单位成本、计划出厂价格计算的每百元商品产值的产值成本率:

$$产值成本率=\frac{按实际产量、计划单位成本计算的总成本}{按实际产量、计划出厂价格计算的商品产值}\times 100 \quad ②$$

将式②与式①相比较,就可求得由于产品品种构成变动影响的数额。

(3)按实际产品品种构成、实际单位成本、计划出厂价格计算的每百元商品产值的产值成本率:

$$产值成本率=\frac{按实际产量、实际单位成本计算的总成本}{按实际产量、计划出厂价格计算的商品产值}\times 100 \quad ③$$

将式③与式②相比较,就可求得由于产品单位成本变动影响的数额。

(4)按实际产品品种构成、实际单位成本、实际出厂价格计算的每百元商品产值的产值成本率:

$$产值成本率=\frac{按实际产量、实际单位成本计算的总成本}{按实际产量、实际出厂价格计算的商品产值}\times 100 \quad ④$$

将式④与式③相比较，就可求得由于出厂价格变动影响的数额。

在上述各影响因素中，出厂价格的变动一般是属于客观因素，而且如果采用不变价格，可以消除这个因素的影响。产品品种构成的变动，情况较为复杂，特别是在不同年度的动态分析中，应结合生产分析进行，以便准确评价这一因素变动的影响。在单位成本变动影响中，也要注意区分哪些是由于企业工作质量造成的，哪些是属于客观原因，如价格变动等。

除了分析商品产品全部成本的产值成本率外，还可以根据实际需要，分别计算和比较某一成本项目的产值成本率指标，如每百元商品产值直接材料费用，每百元商品产值直接人工费用等。

【例 9－10】兴唐公司 20××年度生产和销售 A、B 两种产品。该年度这两种产品的产量、成本、价格及每百元产值成本的资料如表 9－13 所示。

表 9－13　A、B 产品有关资料表

产品	产量/件		单价/元		单位成本/元		产值/元		总成本/元		产值成本率/%	
	计划	实际	计划	实际	计划	实际	计划	实际	计划	实际	计划	实际
A	200	240	60	65	40	38	12 000	15 600	8 000	9 120	66.67	58.46
B	400	380	80	76	60	56	32 000	28 880	24 000	21 280	75	73.68
合计	—	—	—	—	—	—	44 000	44 480	32 000	30 400	72.73	68.35

通过表 9－13 的资料，并进行比较可知，该企业 20××年度的产值成本率完成了计划，即计划为 72.73%，实际为 68.35%，产值成本率实际较计划的差异为 －4.38%，且甲、乙两种产品均完成了计划。在总体分析的基础上，采用连环替代法进一步进行因素分析如下：

(1)计划产值成本率 = (32 000 ÷ 44 000) × 100% = 72.73%

(2)按实际产品品种结构、计划单位成本、计划出厂价格计算的产值成本率

$$=\frac{40\times 240+60\times 380}{60\times 240+80\times 380}\times 100\% =72.32\%$$

产品品种结构变动影响为：(2)－(1)，即 72.32% －72.73% = －0.41%

(3)按实际产品品种结构、实际单位成本、计划出厂价格计算的产值成本率

$$=\frac{38\times 240+56\times 380}{60\times 240+80\times 380}\times 100\% =67.86\%$$

产品单位成本变动影响为：(3)－(2)，即 67.86% －72.32% = －4.46%

(4)按实际品种结构、实际单位成本、实际出厂价格计算的产值成本率

$$=\frac{38\times 240+56\times 380}{65\times 240+76\times 380}\times 100\% =68.35\%$$

产品出厂价格变动影响为：(4)－(3)，即 68.35% －67.86% =0.49%

各因素变动影响的合计为：－0.41% +(－4.46%) +0.49% = －4.38%

二、主营业务成本费用率分析

(一)主营业务成本费用率的概念

主营业务成本费用率是本期的主营业务成本及期间费用等与主营业务收入的比率。它也可以用每百元主营业务收入所耗的成本费用来表示。其计算公式如下:

$$\text{主营业务成本费用率}=\frac{\text{主营业务成本}+\text{期间费用}}{\text{主营业务收入}}\times 100\%$$

$$\text{或:主营业务成本费用率(元/百元)}=\frac{\text{主营业务成本}+\text{期间费用}}{\text{主营业务收入}}\times 100$$

主营业务成本费用率指标反映主营业务收入耗用成本费用的水平,可以较为全面地反映企业生产经营过程中各种劳动耗费的经济效益。该指标越低,说明企业的经济效益越好。

为了进一步对主营业务成本费用率进行分析,可以将上述主营业务成本费用率的计算公式进行分解如下:

$$\begin{aligned}\text{主营业务成本费用率}&=\frac{\text{主营业务成本}+\text{期间费用}}{\text{主营业务收入}}\times 100\%\\&=\left(\frac{\text{主营业务成本}}{\text{主营业务收入}}+\frac{\text{期间费用}}{\text{主营业务收入}}\right)\times 100\%\\&=\frac{\text{主营业务成本}}{\text{主营业务收入}}\times 100\%+\frac{\text{期间费用}}{\text{主营业务收入}}\times 100\%\\&=\text{主营业务成本率}+\text{主营业务费用率}\end{aligned}$$

(二)主营业务成本费用率的分析方法

分析主营业务成本费用率,一般是先运用比较法,将本期实际数与计划、上期实际、上年实际平均或同类企业实际数对比,检查其计划的完成程度,分析其发展变化趋势和与同类企业的差距。在此基础上进一步分析,分析其影响主营业务成本费用率变动的各个因素,确定各因素的影响程度。

(三)主营业务成本率变动因素的计算分析

1. 影响主营业务成本率指标变动的因素

影响主营业务成本率指标变动的因素,归纳起来主要有:

(1)销售产品的品种构成的变动;

(2)产品单位成本的变动;

(3)销售单价的变动。

2. 各因素影响程度的计算方法

(1)以计划(或上年实际)主营业务成本率为基础:

$$\text{主营业务成本率}=\frac{\text{按计划销售量、计划单位成本计算的总成本}}{\text{按计划销售量、计划价格计算的主营业务收入}}\times 100\% \qquad ①$$

(2)按实际产品品种构成、计划单位成本、计划价格计算的主营业务成本率:

$$\text{主营业务成本率}=\frac{\text{按实际销售量、计划单位成本计算的总成本}}{\text{按实际销售量、计划价格计算的主营业务收入}}\times 100\% \qquad ②$$

将式②与式①相比较，就可求得由于产品品种构成变动影响的数额。

(3)按实际产品品种构成、实际单位成本、计划价格计算的主营业务成本率：

$$主营业务成本率=\frac{按实际销售量、实际单位成本计算的总成本}{按实际销售量、计划价格计算的主营业务收入}\times 100\% \quad ③$$

将式③与式②相比较，就可求得由于产品单位成本变动影响的数额。

(4)按实际产品品种构成、实际单位成本、实际价格计算的主营业务成本率：

$$主营业务成本率=\frac{按实际销售量、实际单位成本计算的总成本}{按实际销售量、实际价格计算的主营业务收入}\times 100\% \quad ④$$

将式④与式③相比较，就可求得由于价格变动影响的数额。

(四)主营业务费用率变动因素的计算分析

1. 影响主营业务费用率指标变动的因素

影响主营业务费用率指标变动的因素，归纳起来主要有：

(1)销售量的变动；

(2)期间费用的变动；

(3)价格的变动。

2. 各因素影响程度的计算方法

对主营业务费用率变动进行因素分析时，可采用以下方法：

$$(1)销售量变动的影响=\left(\frac{计划的期间费用}{\sum 产品计划价格\times 该产品实际销售量}-\frac{计划期间费用}{计划销售收入}\right)\times 100\%$$

$$(2)期间费用变动的影响=\frac{实际期间费用-计划期间费用}{\sum 产品计划价格\times 该产品实际销售量}\times 100\%$$

$$(3)价格变动的影响=\left(\frac{实际期间费用}{实际销售收入}-\frac{实际期间费用}{\sum 产品计划价格\times 该产品实际销售量}\right)\times 100\%$$

3. 各影响因素计算分析实例

【例9－11】假定兴唐公司生产和销售A，B两种产品，期初无库存商品，本期生产的产品全部出售。本期计划的期间费用为2 320元，实际期间费用为2 960元。本期的其他有关资料如表9－14所示。

表9－14　A、B产品其他有关资料表

产品	销售量/件		单价/元		单位成本/元		收入/元		总成本/元	
	计划	实际	计划	实际	计划	实际	计划	实际	计划	实际
A	200	240	60	65	40	38	12 000	15 600	8 000	9 120
B	400	380	80	76	60	56	32 000	28 880	24 000	21 280
合计	—	—	—	—	—	—	44 000	44 480	32 000	30 400

(1)根据以上资料，计算本期计划和实际的主营业务成本费用率分别为：

计划主营业务成本费用率＝(32 000＋2 320)÷44 000×100%＝78%

实际主营业务成本费用率＝(30 400＋2 960)÷44 480×100%＝75%

由以上计算结果可以看出，该企业本期实际的主营业务成本费用率比计划规定的低，完成了计划，其差异为 -3%（$75\%-78\%$）。

（2）根据以上资料，对主营业务成本费用率指标进行分解，分别计算本期计划和实际的主营业务成本率和主营业务费用率。其计算结果如下：

①计划主营业务成本、费用率。

计划主营业务成本率 $=(32\,000 \div 44\,000)\times 100\% = 72.73\%$

计划主营业务费用率 $=(2\,320 \div 44\,000)\times 100\% = 5.27\%$

②实际主营业务成本、费用率。

实际主营业务成本率 $=(30\,400 \div 44\,480)\times 100\% = 68.35\%$

实际主营业务费用率 $=(2\,960 \div 44\,480)\times 100\% = 6.65\%$

由以上计算结果可以看出，该企业本期实际的主营业务成本率比计划规定的低，完成了计划，其差异为 -4.38%（$68.35\%-72.73\%$）。而本期实际的主营业务费用率比计划规定的高，未完成计划，其差异为 $+1.38\%$（$6.65\%-5.27\%$）。

（3）在对主营业务成本费用率指标分解分析的基础上，可以对主营业务成本率指标和主营业务费用率指标分别进行进一步的分析。

1）影响主营业务成本率变动的因素与影响产值成本率指标的因素是类似的，主要有：销售产品的品种构成、产品单位成本以及销售单价。其分析方法与产值成本率的因素分析法相同，这里不再赘述。

2）影响主营业务费用率变动的因素主要有：销售量、期间费用以及价格。根据上述资料，利用前述的计算公式，对主营业务费用率变动进行因素分析，其分析过程如下：

①销售量变动的影响 $=\left(\dfrac{2\,320}{60\times 240+80\times 380}-\dfrac{2\,320}{44\,000}\right)\times 100\% = -0.09\%$

②期间费用变动的影响 $=\dfrac{2\,960-2\,320}{60\times 240+80\times 380}\times 100\% = 1.43\%$

③价格变动的影响 $=\left(\dfrac{2\,960}{65\times 240+76\times 380}-\dfrac{2\,960}{60\times 240+80\times 380}\right)\times 100\% = 0.04\%$

各因素变动影响的合计为：$-0.09\%+1.43\%+0.04\% = +1.38\%$

三、成本费用利润率分析

（一）成本费用利润率的概念

成本费用利润率是指企业一定期间的利润总额与成本、费用总额的比率。其计算公式为：

成本费用利润率 $=\dfrac{\text{利润总额}}{\text{成本费用总额}}\times 100\%$

成本费用利润率指标，反映每一元成本费用可获得的利润，体现企业生产经营耗费与财务成本之间的关系。成本费用利润率是一个综合反映企业成本效益优劣的重要指标。该指标越高，说明企业经济效益越好，越低则说明企业经济效益越差。

（二）成本费用利润率的分析方法

分析成本费用利润率一般是运用比较法，通过该项指标的本年实际数与本年计划数对比，或与上年实际数对比，按指标形成的各项因素，查明其变动原因及其对指标升降的影响，为加强成本管理,制定控制成本费用的措施提供有用的信息。

由于企业利润指标可以有多种表示形式,比如营业利润、利润总额、净利润等;成本费用也可以分为主营业务成本和各项期间费用等,不同的利润值与相应的成本费用指标之间的比率,说明不同的问题。因此,成本费用利润率的分析,应根据企业的实际情况和成本管理的实际需要来进行,要分清之间的区别。

例如,由于利润总额中包括投资收益、营业外收入和营业外支出,而这三个项目与成本费用没有内在联系,对比结果不利于深入的分析。因此,分析时应扣除这三个项目,将成本费用与营业利润对比,计算成本费用营业利润指标。其计算公式如下:

$$\text{成本费用营业利润率}=\frac{\text{营业利润额}}{\text{成本费用总额}}\times 100\%$$

再如,企业的主营业务是利润主要的经常性来源,其成本投入的经济效益对企业经济效益的优劣有着决定性影响。因此,在进行成本效益分析时,应予以重点关注。为此,可以计算和分析主营业务成本毛利率指标。其计算公式如下:

$$\text{主营业务成本毛利率}=\frac{\text{主营业务收入}-\text{主营业务成本}}{\text{主营业务成本}}\times 100\%$$

或:主营业务成本毛利率 =(主营业务毛利 ÷ 主营业务成本)×100%

【例 9-12】兴唐公司 2016 年度和 2017 年度的有关资料如表 9-15 所示。

表 9-15　有关资料表

单位:元

项　目	2016 年度	2017 年度
主营业务成本	200 000	250 000
期间费用	50 000	60 000
主营业务毛利	54 000	65 000
营业利润	65 000	74 400
利润总额	62 500	86 800

根据表 9-15 的资料,可计算出该企业 2016 年度与 2017 年度有关利润率指标,其计算过程如下所示。

1. 成本费用利润率

(1)2016 年度:

$$\text{成本费用利润率}=\frac{62\ 500}{200\ 000+50\ 000}\times 100\%=25\%$$

(2)2017 年度:

$$\text{成本费用利润率}=\frac{86\ 800}{250\ 000+60\ 000}\times 100\%=28\%$$

(3)2017 年度比 2016 年度成本费用利润率提高 3%(28% -25%)。

2. 主营业务成本毛利率

(1)2016 年度:主营业务成本毛利率 =(54 000 ÷ 200 000)×100% =27%

(2)2017 年度:主营业务成本毛利率 =(65 000 ÷ 250 000)×100% =26%

(3)2017 年度比 2016 年度主营业务成本毛利率降低 1%(26% -27%)。

3. 成本费用营业利润率

(1)2016 年度:

$$成本费用营业利润率 = \frac{65\ 000}{200\ 000 + 50\ 000} \times 100\% = 26\%$$

(2)2017 年度:

$$成本费用营业利润率 = \frac{74\ 400}{250\ 000 + 60\ 000} \times 100\% = 24\%$$

(3)2017 年度比 2016 年度成本费用营业利润率降低 2%(24% -26%)。

由上述计算分析可以看出,尽管 2017 年度比 2016 年度成本费用利润率有所提高,但主营业务成本毛利润和成本费用营业利润率均有所降低。因此,应结合企业生产经营的其他有关资料和部分情况进行深入的分析。

第八节　技术经济指标变动对产品成本影响的分析

一、概述

产品成本是反映企业生产经营和管理水平的重要综合指标,企业的主要技术经济指标变动,会影响生产过程中物化劳动和活劳动的消耗,影响产品成本指标。在对产品成本计划完成情况进行分析后,再对与产品成本有关的主要技术经济指标的变动进行分析,可以从生产、技术领域中查明影响成本升降的内在因素,找到通过改善技术经济指标来降低成本的途径。

(一)技术经济指标的含义

技术经济指标是指与企业生产技术特点有内在联系的各种经济指标。由于各类企业生产技术特点不同,因而用来考核企业经济活动的技术经济指标也不一样。企业的技术经济指标从不同的角度反映生产经营活动的效果,其完成的好坏必然会直接或间接地影响产品成本水平。

(二)编报主要技术经济指标变动对产品成本影响分析表的意义

(1)查明成本升降的原因。可以使成本分析深入到生产技术领域,使经济分析与技术分析相结合,具体查明成本升降的原因。

(2)促进各项技术经济指标的完成。可以将企业降低产品成本的目标与车间生产工人技术操作质量和效果联系起来,从而使广大职工关心成本,变少数人算账为多数人算账,并从提高经济效益的角度促进各项技术指标的完成。

(3)发挥成本分析的能动作用。可以把成本分析工作与日常的生产技术和经营管理工作结合起来,变定期分析为经常分析,从而更好地发挥成本分析及时指导和调节生产实践的能动作用。

二、技术经济指标变动对产品成本的影响分析

技术经济指标变动对产品成本的影响主要表现在对产品单位成本的影响上。各项技术经济指标变动对产品单位成本影响的途径是不同的,因而分析其变动影响的方法也不一样。一

种产品单位成本的高低取决于该种产品的总成本和总产量的高低，其计算公式为：

$$产品单位成本=\frac{总成本(料、工、费)}{总产量}$$

从各项技术经济指标同产品单位成本的关系看，概括起来主要有三种情况：

（1）直接影响产品产量和质量，间接影响成本的指标，如劳动生产率、设备利用率的升降等；

（2）既影响产品产量和质量，又直接影响成本的指标，如产品成品率、废品率等；

（3）只影响成本的指标，如原材料利用率等。

（一）产品产量变动对单位成本影响的分析

从技术经济指标的角度分析，产品成本包括固定成本和变动成本两部分。产量变动不会使单位变动成本发生变动，只会使单位固定成本发生变动。也就是说，产量变动对单位成本的影响是，会使固定成本相对节约或超支，但固定成本的绝对额不变，只是单位产品成本中分摊的固定成本数额发生变动。其变动的影响可通过下式计算：

$$\begin{matrix}产品产量变动影响\\单位成本的降低额\end{matrix}=\left(1-\frac{1}{产量计划完成率}\right)\times变动前单位成本中的固定费用$$

$$\begin{matrix}产品产量变动影响\\单位成本的降低率\end{matrix}=\left(1-\frac{1}{产量计划完成率}\right)\times变动前固定费用在单位成本中所占的比重$$

【例9－13】假定兴唐公司生产A产品的计划产量为200件，实际产量为220件，每件计划单位成本40元，其中固定成本12元（占30%），变动成本28元。

根据资料，计算其产量计划完成率为110%（220÷200×100%）。

$$\begin{matrix}产品产量变动影响\\单位成本的降低额\end{matrix}=\left(1-\frac{1}{110\%}\right)\times12\approx1.08(元)$$

$$\begin{matrix}产品产量变动影响\\单位成本的降低率\end{matrix}=\left(1-\frac{1}{110\%}\right)\times30\%\approx2.7\%$$

上述计算表明，由于A产品的产量增长110%，使其单位成本下降2.7%，单件成本中的固定成本的节约额为1.08元。

（二）产品质量变动对单位成本影响的分析

产品质量变动对产品成本的升降有直接影响。在众多的反映产品质量的指标中，这里仅介绍废品率的分析方法。

废品率是指某一产品生产过程中废品数量与该产品的全部生产数量的比率。废品率的变动对成本的影响是直接的。随着废品率降低，合格品率会提高，在送验数量和总耗费不变的情况下，单位合格品成本会随着产量的增加而降低。废品率变动对单位成本产生影响的计算方法如下：

$$\begin{matrix}废品率变动影响\\单位成本的降低额\end{matrix}=\begin{matrix}变动前单位成本\\中的废品损失\end{matrix}\times\left(1-\frac{实际废品率\times变动前合格品率}{变动前废品率\times实际合格品率}\right)$$

$$\begin{matrix}废品率变动影响\\单位成本的降低率\end{matrix}=\frac{废品率变动影响单位成本的降低额}{变动前产品单位成本}\times100\%$$

【例9－14】仍以【例9－13】资料为例，假设A产品计划单位成本中废品损失为5元，因提高工作质量，实际废品率由4%下降为3%。

$$废品率变动影响单位成本的降低额 = 5 \times \left(1 - \frac{3\% \times 96\%}{4\% \times 97\%}\right) \approx 1.29（元）$$

$$废品率变动影响单位成本的降低率 = (1.29 \div 40) \times 100\% \approx 3.23\%$$

上述计算结果表明，由于废品率降低1%，使A产品单位成本下降3.23%，成本降低额为1.29元。

（三）劳动生产率变动对单位成本影响的分析

劳动生产率的提高是以降低单位产品所耗工时为基础的，会导致单位产品中直接工资成本的降低；但是，劳动生产率的提高往往又伴随着小时工资率的增长，所以，只有当劳动生产率的增长速度高于小时工资率的增长速度时，产品成本才会降低。劳动生产率和小时工资率两个因素变动对单位成本都会产生影响。其计算方法如下：

$$\begin{array}{l}劳动生产率和小时工资率\\影响单位成本的降低额\end{array} = \begin{array}{l}变动前单位产品\\成本中的工资成本\end{array} \times \left(1 - \frac{1 + 平均工资增长\%}{1 + 劳动生产率增长\%}\right)$$

$$\begin{array}{l}劳动生产率和小时工资率\\影响单位成本的降低率\end{array} = \frac{成本的降低额}{变动前产品单位成本} \times 100\%$$

【例9－15】仍以【例9－13】资料为例，假设A产品计划单位成本40元，其中：直接工资支出12元，实际生产中，平均工资增长25%，劳动生产率提高15%。

$$\begin{array}{l}劳动生产率和小时工资率\\影响单位成本的降低额\end{array} = 12 \times \left(1 - \frac{1 + 25\%}{1 + 15\%}\right) = -1.04（元）$$

$$\begin{array}{l}劳动生产率和小时工资率\\影响单位成本的降低率\end{array} = \frac{-1.04}{40} \times 100\% = -2.6\%$$

上述计算表明，由于劳动生产率增长的幅度小于小时工资增长的幅度，使该产品单位成本提高了2.6%，成本增加1.04元。

（四）原材料消耗变动对单位成本影响的分析

直接材料占产品成本比重很大，减少材料消耗是降低产品成本的一个重要方面。其中，提高材料利用率又是减少材料消耗的重要途径。下面就以材料利用率为例来说明原材料变动对单位成本的影响。

材料利用率是反映生产过程中利用的材料数量和投入生产的材料数量的比例。其计算公式如下：

$$材料利用率 = \frac{生产中利用的材料数量}{投入生产的材料数量} \times 100\%$$

材料利用率变动对单位成本影响的计算方法如下：

$$\begin{array}{l}材料利用率变动影响\\单位成本的降低额\end{array} = \begin{array}{l}变动前单位成\\本中材料费用\end{array} \times \left(1 - \frac{变动前材料利用率}{材料实际利用率}\right)$$

$$\begin{array}{l}材料利用率变动影响\\单位成本的降低率\end{array} = \frac{成本降低额}{变动前产品单位成本} \times 100\%$$

【例9－16】仍以【例9－13】资料为例，假设在A产品计划单位成本40元中，原材料占24元。如果材料利用率由72%上升到75%，对单位成本的影响为：

$$\text{材料利用率变动影响单位成本的降低额}=24\times\left(1-\frac{72\%}{75\%}\right)=0.96(\text{元})$$

$$\text{材料利用率变动影响单位成本的降低率}=\frac{0.96}{40}\times100\%=2.4\%$$

上述计算表明,因为材料利用率提高3%,使该产品单位成本下降2.4%,成本降低额为0.96元。

对于各项技术经济指标的分析过程及其计算结果,可以将其作为工作绩效或工作中的差距,向有关部门报告,也可以以预报分析的形式,向有关部门报告,说明各项技术经济指标在挖掘和提高经济效益方面的重要性以及所存在的差距。

思考题

1. 简述报表分析的任务和原则。
2. 简述报表分析的一般程序。
3. 什么是比较分析法?常用的形式有几种?
4. 什么是连环替代法?简述其计算程序。
5. 采用连环替代法改变因素的排列顺序后,计算结果为什么会不同?
6. 什么是品种结构?改变品种结构为什么会影响成本降低任务的完成程度?
7. 技术经济指标有哪些类型?